Evi Simeoni Isabell Werth

Vier Beine tragen meine Seele

PIPER

Zu diesem Buch

»Was uns Reiter jeden Tag in den Stall treibt, das ist der unbedingte Wunsch, sich immer aufs Neue mit den Pferden zu beschäftigen. Dieses nie versiegende Interesse an ihren Charakteren, ihren Eigenheiten und Talenten. Das Aufgehen darin, ein Pferd zu beobachten und eine Vision von seinen künftigen Möglichkeiten zu entwickeln. Ich kann gar nicht genug Pferde auf mich wirken lassen, am liebsten würde ich tagelang auf einer Apfelsinenkiste sitzen und mir nichts als Pferde ansehen. Der Erfolg ist nur die Krönung des Ganzen. Die Liebe und die Faszination, ein Pferd, und damit auch sein Talent, zu erkennen, ist die Grundlage meiner Verbindung zu diesen Tieren.«
Mit Kopf und Herz, Leib und Seele hat sich Isabell Werth den Pferden verschrieben. Dieses Buch erzählt, wie es der Ausnahmesportlerin gelang, rund dreißig Pferde in den Spitzensport zu bringen.

Isabell Werth, geboren 1969, ist deutsche Rekord-Olypionikin und die erfolgreichste Reiterin der Welt. Allein bei Olympischen Spielen hat sie acht Goldmedaillen gewonnen, und ihre Karriere ist noch nicht zu Ende. Sie ist weltbekannt im Reitsport; im Dressurreiten orientieren sich auch etablierte Konkurrenten an ihr, für Hobbyreiter ist sie ein Idol. Niemand hat es geschafft, den Reitsport so lange zu prägen wie sie.

Evi Simeoni, geboren 1958, ist seit mehr als 30 Jahren Sportreporterin der *FAZ* und berichtet genauso lange über die Reiterei. Sie wurde u. a. mit dem Theodor-Wolff-Preis ausgezeichnet und ist Autorin der Sport-Romane »Schlagmann« und »Rückwärtssalto«.

Evi Simeoni Isabell Werth

VIER BEINE TRAGEN MEINE SEELE

Meine Pferde und ich

Mit 29 Abbildungen

PIPER

Mehr über unsere Autorinnen, Autoren und Bücher:
www.piper.de

Unser Versprechen für mehr Nachhaltigkeit
• Klimaneutrales Produkt
• FSC®-zertifiziertes Papier
• Hergestellt in Europa

FSC www.fsc.org MIX Papier | Fördert gute Waldnutzung FSC® C021394

Aktualisierte Taschenbuchausgabe
ISBN 978-3-492-24523-4
1. Auflage Dezember 2019
4. Auflage August 2024

Umschlaggestaltung: FAVORITBUERO, München
Umschlagabbildung: Jacques Toffi
Satz: Uhl + Massopust, Aalen
Gesetzt aus der Adobe Garamond
Litho: Lorenz & Zeller, Inning am Ammersee
Gedruckt von ScandBook in Litauen
Printed in the EU

Inhalt

1 Rheinberg 11

2 Gigolo 39

3 Der Doktor 79

4 Rollkur-Alarm 117

5 Satchmo 131

6 Madeleine 165

7 Totilas 195

8 Bella Rose 209

9 Die Piaffe 231

10 Doping 257

11 Weihegold 287

12 Der Mensch darf sich tragen lassen 317

Danksagung 337

Anhang 339

Isabell Werths wichtigste Pferde 339

Isabell Werths größte Erfolge 341

In memoriam Dr. Uwe Schulten-Baumer

Liebst du den Tanz? Das Pferd ist ein Tänzer an deiner Hand: ein Tänzer in die Unendlichkeit. Aus dem Schwung, den du ihm mitteilst, folgt die Leichtigkeit, folgt das Schweben. Alle Kraft fühlst du sich unter deinem Sattel vereinigen. Das Land bleibt hinter dir zurück. Die Welt fließt an dir vorüber. Dein Tänzer trägt dich davon.

Aus Rudolf G. Binding: *Reitvorschrift für eine Geliebte*

Der Autor erhielt für diese Schrift bei den Olympischen Spielen 1928 in Amsterdam, wo Kunstwettbewerbe noch zum Wettkampfprogramm gehörten, eine Silbermedaille.

1 Rheinberg

Dem, der einem guten Pferd ins Auge blickt, braucht man nichts mehr zu erklären. Ein Pferd ist ein Pferd ist ein Pferd. Das Beste an ihm ist sein Pferd-Sein. Es schaut uns an, aufmerksam und gelassen, und wir sehen uns selbst neu in seinem dunklen Blick. Wir schnuppern sein Aroma. Es ist herrlich, duftet nach herbem Gras und Getreide, nach der wohligen Wärme des Stalls und der Süße von Äpfeln und Rüben. Und wonach noch? Fernweh? Sehnsucht nach Nähe? Mit appetitlichem Krachen zerbeißt es eine Möhre, während es uns weiter beobachtet.

Es erlaubt uns, seine Nüstern zu berühren – sie sind so zart, vergleichbar nur mit der Haut eines Babys. Wenn es mit seinen Lippen ein Stück Apfel aus unseren Händen klaubt, kräuselt sich die Nase. Das Pferd atmet schnaubend aus. Wenn es sich auf der Weide langsam voranarbeitet, stetig und vorsichtig das Gras rupfend, strahlt es Frieden aus. Es gibt uns ein Gefühl von ruhiger Gegenwart. Wenn es einen Hügel hinaufgaloppiert, verwandelt es sich in eine Wolke aus Tempo und Sauerstoff. Pferde können einen Menschen fesseln und nie wieder loslassen.

Mit kaum einem anderen Lebewesen kann sich der Mensch über so viele Jahre so eng verbinden wie als Reiter mit einem Pferd. Er pflegt, putzt und bürstet es, lässt zu, dass es seine Nase an seiner Schulter reibt, er steigt auf, umfängt es mit seinen Beinen, manchmal für Stunden. Er folgt mit seinem Körper der faszinierenden Mechanik seiner Bewegungen, er wird gewiegt, geschaukelt, hochgeworfen und wieder aufgefangen, er bewegt nicht sein Pferd, sondern lässt sich von seinem Pferd bewegen. Es ist bereit, ihn zu tragen.

Wieso nur interessieren sich die Pferde so sehr für uns? Wieso sind die meisten beseelt von dem Wunsch, uns Menschen zu gefallen? Es uns recht zu machen? Wieso haben viele von ihnen das Bedürfnis, sich von uns anführen zu lassen? Es ist ein Geschenk, das sie uns machen, und sie haben im Lauf der Jahrhunderte einen hohen Preis dafür bezahlt, aber sie bleiben beharrlich auf unserer Seite.

Die Verbindung des Reiters mit dem Pferd ist immer gegenseitig. Körperlich. Sinnlich. Und im idealen Fall korrespondieren hier zwei Seelen aus verschiedenen Welten auf einem Terrain, das nur ihnen beiden gehört.

Auch Isabell Werths Passion für Pferde beginnt nicht beim Ehrgeiz. Sie lebt eine lange Liebesgeschichte. Zu der gehört allerdings, dass sie viel von den Pferden verlangt, intensiv mit ihnen arbeitet. Disziplin und Selbstkritik sind selbstverständlich für sie als Sportlerin und Unternehmerin. Das zeigen auch die Ströme von Tränen, die sie im Laufe ihrer Karriere auf allen möglichen Siegerpodesten geweint hat, wenn endlich der Leistungsdruck nachließ. Dort oben auf dem Treppchen hat aber nur selten das uneingeschränkte Glück auf sie gewartet. Dort oben empfindet sie vielmehr Stolz, Genugtuung, Bestätigung, Befriedigung ihres Ehrgeizes und Erleichterung. Die vollkommenen Augenblicke des Glücks erlebt sie im Stillen, zu Hause, ganz ohne Publikum, wenn sie auf ihren Pferden sitzt im Hier und Jetzt.

»Der Winter ist vorbei, das Frühjahr naht, und alles fängt an, grün zu werden und zu blühen. Du kommst mit deinem Pferd raus und reitest und du denkst, schöner kann es nicht sein. Das ist für mich einer der totalen Glücksmomente auf dem Pferd. Das Gefühl zu haben, ganz unabhängig von einem Wettkampf, dass das Pferd bei mir ist, und ich bei ihm, das ist Glückseligkeit.«

Wer auf ihrem Hof in Rheinberg die Pferde besucht, kann sich auf ausgiebige Streicheleinheiten freuen. Da stehen sie nebeneinander im ordentlich aufgeräumten Stall, die Stars der Branche, und spitzen die Ohren. Weihegold, die schwarze Schöne. Bella Rose, die Kate Moss unter den Pferden. Der einst so unberechenbare Satchmo, der längst in Rente ist und sich zunehmend in einen Pferde-Buddha verwandelt. Emilio, der Shootingstar. Belantis, Isabells große Zukunftshoffnung, der in seiner Box steht wie ein Pegasus aus Nebel. Sie alle wenden sich freundlich ihrem Besucher zu, beschnuppern ihn und fangen an zu kommunizieren. Offensichtlich sind sie auf ihre Art genauso kontaktfreudig wie die Chefin.

Auch Don Johnson, genannt Johnny, der übermütige Rowdy, schaut so sanftmütig und aufmerksam, als könnte er kein Wässerchen trüben. Erst ein genauerer Blick in seine Box mit ihren seltsamen Sicherungen und Gummiteilen bringt es an den Tag: Wenn ihn der Spieltrieb packt, macht er Kleinholz aus seiner Umgebung, macht seine Tränke kaputt, ohne Rücksicht darauf, dass er sich selbst dabei verletzen könnte. So hat er schon wichtige

Turniere verpasst, sogar die Olympischen Spiele 2016. War ihm egal, Hauptsache Rabatz. Kein Teil in seiner Box, das nicht schon einmal ersetzt werden musste. Don Johnson hat es sogar schon fertiggebracht, in der Reithalle einen Spiegel einzuschlagen. Isabell winkt gelassen ab, ja, das ist eben ein frecher Junge. Er bockt auch gerne mal, wenn sie in seinem Sattel sitzt, und riskiert sogar, sie in den Dreck zu werfen. Natürlich wehrt sie sich und weist ihn in die Schranken. Johnny, mach keinen Quatsch! Vielleicht weiß er ja, dass sie in Wahrheit ganz gerne mit ihm in den Ring steigt. Später sagt sie dann milde lächelnd, er ist nur beleidigt, ich habe mich nicht genug um ihn gekümmert.

Mit Kopf und Herz, Leib und Seele hat sich Isabell den Pferden verschrieben. Sie ist ein Mensch, der Sicherheit ausstrahlt, Seelenruhe, eine feste Erdung, unerschütterliche Stabilität. Nichts an ihr ist auf Wirkung aus, es zählt, was geschieht. Ihre Nerven scheinen aus Stahl zu sein, sie schaut mit herausforderndem Blick in die Welt hinaus und macht allen klar, dass sie vor nichts und niemandem Angst hat. Und doch stürzen ihre Pferde, diese großen, empfindlichen Tiere, sie immer wieder in tiefe Zweifel und manchmal sogar fast in Verzweiflung.

Diese Isabell kennt die Öffentlichkeit kaum. Sie kann strahlend und lustig sein, in Interviews oder auf Empfängen, und manchmal so schallend lachen, dass sich die Leute umdrehen. Das weist eher auf eine rheinische Frohnatur hin als auf ein Sensibelchen. Und die Wettkämpfe, die man auf Turnieren und im Fernsehen verfolgen kann, sind erst recht nichts für Romantiker. Im Dressurviereck spitzt sie die Lippen vor lauter Konzentration, runzelt die Stirn vor lauter Willenskraft, steckt die Zunge in die Wange, man sieht ihr an, dass sie mit jeder Faser auf Höchstleistung ausgerichtet ist. Das war am Anfang so, als sie im großen Sport die Zügel aufnahm. Und das ist drei Jahrzehnte und viele Medaillen später nicht anders. Ja, es scheint sogar manchmal so, als wären die Dosen der Droge Wettkampf, die sie regelmäßig braucht, noch ein wenig größer geworden. Immer wieder bereitet sie sich – wohl unbewusst, aber zuverlässig – ihre Adrenalinbäder. Und das geht ungefähr wie das Spiel der Katze mit der Maus: Wenn sie den Sieg in einer Prüfung einem Herausforderer überlassen muss, und der womöglich schon so töricht war, zu hoffen, dass das nun in dem Stil weitergehen werde – dann kann es ihm ganz schlecht ergehen. Am nächsten Tag schlägt das Isabell-Werth-Imperium zurück und zerbricht den Widerstand ihres Gegners nur noch schmerzhafter. Sie hat ihm den Teppich bereitet, und zieht ihn gleich wieder weg. So tankt sie auf. Das ist ihr ganz persönlicher Kampfstoff.

Isabell, das Wettkampf-Monster? Natürlich braucht sie für solche Extravaganzen ein Pferd, mit dem sie das Feld kontrollieren kann, und darauf hat niemand eine Garantie, selbst der stärkste Reiter nicht. Immer wieder hat sie Durststrecken durchgemacht, in denen der Erfolg ausblieb, weil die Spitzenpferde fehlten, und eine Weile nur noch zähes Durchhalten gefragt war. Doch in der Spätphase ihrer Karriere ist es ihr gelungen, sogar mehrere Asse ins Spiel zu bringen. Es ist kein Zufall, dass sie es fertiggebracht hat, in der Weltrangliste gleichzeitig mehrere Toppositionen zu besetzen. Im Sommer 2019 gelang ihr dabei der verblüffendste Coup: Die Welt- und Europameisterin Isabell Werth mit Bella Rose verdrängte die Weltcupsiegerin Isabell Werth mit Weihegold vom ersten Platz der Weltrangliste. Welch eine Überlegenheit! Seit den Olympischen Spielen 2016 in Rio de Janeiro ist sie die erfolgreichste Reiterin der Geschichte. Sie gewann bis zum vorolympischen Jahr 2019 sechs olympische Goldmedaillen, neun Weltmeistertitel und zwanzig Europameistertitel. Und warum ans Aufhören denken, wenn es so gut läuft? Das Erstaunlichste daran ist die Vielfalt: Während auch die prägenden Figuren ihres Sports meistens nur mit einem oder zwei Pferden hochkarätige internationale Erfolge erreichten, qualifizierte Isabell Werth insgesamt acht Pferde für Championate, also Olympische Spiele, Welt- und Europameisterschaften.

Etwa dreißig Pferde hat sie in den Spitzensport gebracht. Eine monumentale Leistung, wie sie keinem anderen Reiter nur annähernd gelungen ist. Darum wohl hat sich nach Jahren des Kampfes und der Rechtfertigungen ihre Rolle langsam verändert: Sie wird immer mehr zur respektierten Grande Dame des Dressurreitens, die nichts mehr beweisen muss. Manchmal schon jenseits von Neid und Missgunst erlebt sie die dritte Etappe ihrer Laufbahn, in deren besten Momenten nicht mehr der Kampf, die Konkurrenz und die Bewährung im Vordergrund stehen und Sterne auf sie herabregnen wie bei ihrem Sieg 2017 beim Weltcup-Finale in Omaha. Ihr war natürlich auch damals bewusst, dass sie die Gejagte bleiben würde, so lange sie ihren Sport so dominierte. Darum genoss sie den magischen Augenblick umso mehr. Die Konkurrenz holte Luft für neue Attacken, aber der Druck würde sich künftig anders anfühlen für Isabell. Sie hatte begonnen, mit dem Kampf zu spielen.

Isabell weiß, dass es im Sport nie etwas geschenkt gibt. Aber damals, in Omaha, schien auf einmal alles ganz leicht.

Und auf dem Siegerpodest strahlte sie und verspritzte Champagner, statt schmerzhafte Tränen zu weinen. Eine neue Isabell. Sie machte aus der Zeremonie ein Freudenfest.

»Es sind solche Momente, die mich manchmal innehalten lassen. Bin ich angekommen? Schließt sich jetzt der Kreis? All die Herausforderungen, die noch auf mich warten, all die jungen Pferde, die ich noch voranbringen will, dazu das Unternehmen und die Familie füllen meistens meine Gedanken so aus, dass keine Zeit bleibt für Sentimentalitäten. Meistens falle ich abends erschöpft in mein Bett und weiß schon, dass auch der kommende Tag wieder genau durchgetaktet sein wird, ob nun auf dem Turnier, in der eigenen Reithalle oder bei den Promotion-Terminen. Aber fest steht: Am liebsten schlafe ich zu Hause ein, auf unserem Hof in Rheinberg, umgeben von meiner Familie.«

Da gehört sie hin seit dem Tag ihrer Geburt am 21. Juli 1969. Es war der Tag, als der erste Mensch den Mond betrat. Isabell aber ist erdverbunden geblieben. Sie braucht den Ort, an dem sie aufgewachsen ist, der ihr ganzes Leben, ihre Persönlichkeit und ihre Träume widerspiegelt. An den sie sich sehnt, wenn sie irgendwo über die Autobahn jagt. Und an dem sie die Energie tankt, die sie für den angespannten Alltag braucht.

Als Isabell ein Kind war, hat sie sich an der Abgeschiedenheit ihres Zuhauses manchmal gestört. Überall musste man hingefahren werden, auch zum Reitverein. Heute ist sie glücklich über das Idyll und fühlt sich enorm privilegiert, in einer solchen Geborgenheit aufgewachsen zu sein. Es gab zwar keine gemeinsamen Urlaube mit den Eltern – einer musste immer zu Hause bleiben und sich um die Tiere auf dem Hof kümmern. Aber wenn sie zu Hause war, dann waren ihre Eltern immer da, immer greifbar, und nicht nur, wenn es Probleme gab.

Bodenständig ist ihre Familie – Landwirte seit Generationen. Auf dem Hof im Winterswicker Feld in Rheinberg am Niederrhein leben die Werths auch heute noch wie glückliche Insulaner, die sich gegenseitig Schutz und Sicherheit bieten. Familie ist alles. Zu den besten Zeiten lebten vier Generationen auf dem Hof. Die Großmutter, die 102 Jahre alt wurde, und erst in ihren letzten beiden Jahren ernsthaft schwächelte. Die Eltern Heinrich und Brigitte, zwei lebhafte, nicht sehr groß gewachsene Menschen, die dem Hof die Seele geben. Isabell mit ihrem Lebenspartner Wolfgang Urban und Sohn Frederik und ihre drei Jahre ältere Schwester Claudia mit Familie. Isabell ist heute die Chefin. Dass sie jetzt die Entscheidungen trifft, macht ihrem Vater Heinrich, einem fröhlichen Mann mit reichlich rheinischem Mutterwitz, nichts aus. Im Gegenteil.

»Sie ist der King im Familienclan«, sagt er stolz bei einem Kaffeestündchen an Isabells langem Esstisch.

Als Isabell Kind war, bestellte er die 22 Hektar Land nahezu alleine. Mutter Brigitte bestritt den Haushalt, der umfangreich war. Siebenundzwanzig Jahre lang wohnten Vater Heinrichs Eltern mit im Haus. Er produzierte auf den Feldern Gerste, Hafer, Mais oder Zuckerrüben. Dazu kam Tierhaltung, hauptsächlich Milchkühe, Schweinezucht und Ferkelaufzucht. Außerdem gab es Hühner mit Hahn, Gänse, Enten, Hunde, Katzen.

»Alle Tiere, die der liebe Gott geschaffen hat«, sagt Heinrich Werth.

Eine Zeit lang züchtete er sogar Nutrias und Tauben. Und natürlich Pferde, allerdings schon lange nicht mehr für die Arbeit, sondern fürs Vergnügen. Er betrieb eine klassische Mischwirtschaft, wie es sie jahrhundertelang fast unverändert gab, die aber heute fast ausgestorben ist. Inzwischen sind die Höfe im ganzen Winterswicker Feld stillgelegt, die Gebäude in Wohnhäuser umgewandelt, und die Familien haben ihr Land an große Agrarunternehmen verpachtet. Die alte Lebensform stirbt aus. Es geht heute um Masse und Fläche, es wird intensiv gedüngt und mit großen Maschinen gearbeitet – kleine Betriebe lohnen sich nicht mehr.

Heinrich Werth gehört zur letzten Generation von Landwirten, die auf die altbewährte Art wirtschafteten. Er ist ein Bauer durch und durch, aber sein Leben war noch härter als das seiner Vorfahren. Er konnte sich keine Angestellten mehr leisten wie die Generation seiner Eltern. Auch Brigitte Werth musste anders anpacken als ihre Mutter und Schwiegermutter, die zeitlebens ein Dienstmädchen für sich beschäftigen konnten. Dafür warf der Hof nun nicht mehr genug ab. Und auch eine Kinderschar als kostenloser Arbeitstrupp war keine Lösung mehr wie einst, als zwölfköpfige und noch größere Familien keine Seltenheit waren.

Heinrich Werth hat als Kind sogar die Zeit noch erlebt, als mit Pferden geackert wurde. Er musste sein Arbeitsleben lang, tagaus, tagein schwere Lasten heben und tragen, weil zunächst die Mechanisierung nicht so fortgeschritten war wie heute. Die Ankunft des Mähdreschers etwa bedeutete eine große Erleichterung. So arbeitete Heinrich Werth bienenfleißig auf seinem Hof, stand im Morgengrauen auf, um zu füttern und zu melken, saß tagelang auf dem Trecker, und war irgendwann platt. Es sei ihm mit fünfzig Jahren erheblich schlechter gegangen als mit achtzig, sagt er. Sein Rücken streikte, die Bandscheiben, der Ischiasnerv, zeitweise musste er sogar im Rollstuhl sitzen. Aber er beklagte sich nie. Zufriedenheit sei ihm das Wichtigste, sagt er. Und eine Familie, die zusammenhält.

»Meine Schwester und ich wuchsen inmitten all der Tiere auf. Wir liebten und hätschelten die Ferkel und die Kälbchen und hatten die Pflicht, uns um die Kaninchen zu kümmern. Jeden Tag konnte man mit einem neuen Tierbaby rechnen, und wir liefen hin, streichelten sie und fanden sie süß. Wir wussten natürlich, dass diese Tiere irgendwann geschlachtet und gegessen würden. Aber so war das eben, man lebte von dem, was auf dem Hof produziert werden konnte. Wir hatten auch kein Problem, der Biologielehrerin das obligatorische Schweineauge zum Sezieren in die Schule mitzubringen, während die Klassenkameradinnen entsetzt zu kreischen anfingen. Sobald ein Ferkel fünfzig Kilo hatte, war es so weit. Wenn ein Schwein geschlachtet wurde, freuten wir Mädchen uns auf den Veterinär, der das Fleisch auf Trichinen untersuchte. Er ließ uns durch das Mikroskop schauen. Auch Wurstmachen war für uns eine selbstverständliche Sache und bestimmt nichts Abstoßendes. Ganz spannend – und ganz lecker. Am Abend wurde ein Stück vom frischen Fleisch gebraten oder gekocht und alle freuten sich darauf und ließen es sich schmecken.«

Der Vater kannte jede einzelne Kuh und jedes Schwein und übernahm die Verantwortung für ihr Wohlergehen. Es war ein Leben mit und von den Tieren des Hofes. Selbst wenn man sie eines Tages schlachten ließ, verlor man nicht den Respekt vor ihnen. Man war ihnen körperlich nahe und ekelte sich nicht. Wenn sie krank waren, wurden sie behandelt, und es wurde nicht geruht, bis sie wieder gesund waren. Dreihundertfünfundsechzig Tage im Jahr kümmerte sich die Familie darum, dass die Tiere versorgt waren und es ihnen gut ging. Trotzdem war klar: Es waren Nutztiere, keine Schmusepartner und kein Spielzeug.

»Als Kind geht man total unvoreingenommen vor, ohne darüber nachzudenken. Das Pferd ist da, der Hund ist da. Und man entwickelt nicht von Haus aus eine Angst, sondern das Tier ist Teil des täglichen Lebens, ist fast schon Teil der Familie. Man geht morgens in den Stall, die Tiere werden gefüttert, es ist ein Rhythmus, ist schlicht Verantwortung, und damit wächst man auf.«

Isabell kriegte alles mit. Wenn die Sauen ihre Ferkel bekommen hatten, durften sie sich zum Beispiel auf der Wiese tummeln. Und einen Eber gab es auch. Allerdings lehrte einer dieser aggressiven Kaventsmänner Isabell eines Tages das Fürchten.

»Mein Vater hatte einen neuen Eber gekauft. Einem Eber wurden normalerweise gleich, wenn er kam, die Hauer abgesägt, weil die messerscharf sein konnten, aber bei diesem war das noch nicht gemacht worden. Nebenan war die Kuhwiese, und dieser Eber hatte offenbar nie in seinem Leben Kühe gesehen. Er drehte völlig am Rad und hat drei Kühe aufgeschnitten, davon war eine sofort reif für den Schlachter. Die anderen versuchte man noch zu nähen. So was zu erleben, wie schnell so was umschlagen und gefährlich werden kann – das hat mich tief beeindruckt.«

Durch das enge Aufwachsen mit all den unterschiedlichen Tieren hat Isabell eine selbstverständliche Beziehung zu ihnen entwickelt. Ausgesprochen natürlich und instinktgeleitet. Die Tiere haben sich auf sie eingelassen, und sie hat sich sehr für sie interessiert, sich geöffnet, und ist Beziehungen eingegangen, die nicht mit Worten zu beschreiben sind. Kinder gehen auf Tiere zu, ohne gleich etwas von ihnen zu erwarten, einfach, weil es sie gibt. Einen so unverstellten Zugang kann ein Stadtkind sich unmöglich erwerben. Es kann sich nicht vorstellen, wie das ist, mit einem Tier so eng zu verwachsen und ein gegenseitiges Abhängigkeitsverhältnis einzugehen. Die Zuwendung, die damals begann, ist der Schlüssel zu Isabells Freude am Leben mit Pferden. Und auch zu ihrem Erfolg. Mit den Jahren hat sie dieses besondere Verständnis weiterentwickelt, verfeinert, mit neuen Erfahrungen angereichert. Und professionalisiert. Vermenschlicht, nennt sie das Instrumentalisieren einer Fähigkeit, die sie einst so mühelos erwarb, wie andere Kinder neben ihrer Muttersprache von der Nanny noch Französisch oder Portugiesisch mitlernen. Nur dass Isabell sich mit der Sprache, die ihr zuflog, nicht nur ein Land, sondern ein ganzes Universum erschließen konnte.

Die Tiere scheinen zu Isabell zu sprechen, und sie scheint sie hören zu können.

»Eine Gabe«, sagt ihr Vater. »Wir haben da nicht dran gedreht oder geschraubt.«

»Wir werden manchmal gefragt, woher sie das hat«, sagt ihre Mutter. »Es war der liebe Gott, der ihr so viel Gefühl gegeben hat.«

Isabells Antizipationsfähigkeit ist legendär. Sie weiß, was ein Pferd gleich tun wird, obwohl ein Außenstehender keinerlei Anzeichen dafür wahrnehmen kann. Sie ist auf diese Weise in der Lage, vorzubeugen, die Reaktionen in sinnvolle Bahnen zu lenken, oder Schlimmeres zu verhüten. Sie kann sich in das Sensorium eines Pferdes einklinken und seine individuellen Verhaltensweisen verstehen und interpretieren lernen.

»Ich spüre es irgendwo in einer Faser meines Körpers. In einem mir selbst bisher unbekannten Nerv. In der Hand, im Hintern, in der Seite, irgendwo im Körper. Irgendwie erstarrt das Pferd ganz kurz, es wirkt ein winziges bisschen nervös, es reagiert eine Nuance anders als sonst. Ich kann es nicht erklären, aber das Gefühl ist da. Nur eine kleine Wahrnehmung manchmal, ein instinktives Stutzen, ein Bauchgefühl, das sich später bestätigt. Dann sage ich mir: Schau an, da hast du richtig gelegen, und integriere diese Facette in meinen Erfahrungsschatz. Es ist eine Form von Kommunikation und Instinkt. Der Instinkt spielt eine große Rolle. Er hat sich im Laufe der Zeit stark verfeinert und weiterentwickelt durch die vielen unterschiedlichen Pferde, die ich geritten habe. Von meinem dicken kleinen Pony bis zum Grand-Prix-Pferd.

Gigolo, mein erstes Gold-Pferd, war in Sachen Kommunikation ein großzügiger Lehrmeister. Er gab sich mir ganz und brachte eine extreme, ehrliche Leistungsbereitschaft mit. Ich horchte nicht nur in ihn hinein und lernte, mit seinem überschäumenden Ehrgeiz umzugehen. Er konzentrierte sich auch auf mich und die Wettkampfsituation und spielte mit. Als Grand-Prix-Debütantin nahm ich das als selbstverständlich hin. Aber das zuverlässige Herz dieses Pferdes war ein großes Geschenk für mich in dieser Phase meiner Laufbahn.«

Mit Gigolo konnte sie jahrelang den Attacken von Anky van Grunsven standhalten, ihrer größten Rivalin aus den

Niederlanden, mit der sie sich atemraubende Duelle lieferte.

Später kam Satchmo und warf alles über den Haufen, was Gigolo Isabell gelehrt hatte. Auch ein gehfreudiges Pferd. Aber mit welch einem Überraschungsmoment! Sie spitzte die Ohren, schärfte den Blick, strengte den Verstand an und stellte ihr Nervensystem auf Empfang. Und doch blieb er selbst für sie unberechenbar.

»Keiner hat meine Sinneswahrnehmung ähnlich gefordert und geschärft wie Satchmo, mein zweiter großer Lehrer nach Gigolo.«

Je sensibler ein Pferd ist, desto schwieriger ist es. Ein Pferd, das charakterlich normal ist, bereitet einem Reiter wenig Probleme. Es eignet sich allerdings nicht für die Aufgaben, die Isabell ihm stellen will. Es ist in der Lage, Lektionen zu lernen, aber es wird sich nicht in der Weise in die Darbietung einbringen können, wie es sollte. Es wird nicht merken, wann es ums Ganze geht und im entscheidenden Moment nicht mitkämpfen. Es wird keinen Zauber entfalten, die Zuschauer nicht anrühren. Es fehlt ihm das Besondere. Und es würde Isabell Werth unterfordern.

Sie liebt und braucht die Pferde, die in Reiterkreisen als heiße Öfen bezeichnet werden. Sie neigen dazu, sich bei der Arbeit mental mit Strom aufzuladen, sich in einen Zustand des Eifers hineinzusteigern. Je heißer sie werden, desto ausdrucksvoller sind ihre Auftritte. Bis zu dem einen Punkt, an dem alles kippt, an dem sie nicht mehr erreichbar sind für ihren Reiter und vor lauter Übereifer in die totale Hysterie verfallen. An dieser Kipplinie entlangzuarbeiten, ist die große Herausforderung für einen Weltklasse-Dressurreiter. Jeder Auftritt ein Grenzerlebnis, dort, wo das Genie jeden Moment in den Wahnsinn umzukippen droht. Dort, auf Messers Schneide, fühlt sich die Wettkämpferin Isabell am wohlsten. Diese Momente lassen sie nicht etwa vor Angst erstarren. Sie genießt sie wie eine Akrobatin den Kitzel ganz oben im Zirkuszelt und zieht daraus Energie.

Ohnehin sieht Isabell ihre Aufgabe nicht darin, möglichst reibungslos ans Ziel zu kommen. Das Ganze muss einen besonderen Kick haben. Und noch wichtiger ist der Weg dorthin: Die Kunst, die unterschiedlichsten Pferde über ihre Schwachpunkte hinweg zur Höchstleistung zu bringen.

Ihre Eltern sind immer wieder verblüfft von ihrer Tochter.

»Sie schaut sich ein vierundzwanzig Stunden altes Fohlen an«, erzählt Vater Heinrich munter, »und sagt Ihnen so ungefähr, wo sein Weg entlangführen wird.«

Das beeindruckt ihn als erfahrenen Landwirt ganz besonders.

Oder die Geschichte mit Amaretto: Das arme Pferd war eigentlich der Kronprinz, der Gigolo nachfolgen sollte, doch es war nicht gesund. Ständige Koliken quälten den Wallach, sodass er schließlich in die Tierklinik Hochmoor gebracht werden musste. Wenn sie nicht zu einem Turnier musste, besuchte und beobachtete Isabell ihr Pferd stundenlang in der Krankenbox, sie stand ihm bei und versuchte herauszufinden, wie sie ihm doch noch würde helfen können. Irgendwann sagte sie zu Professor Bernhard Huskamp, dem Leiter der Klinik: Immer, wenn Amaretto die Lefzen hochzieht und kräuselt, kündigt sich eine Kolik an. Der Chef winkte erst ab, wurde dann stutzig, schließlich neugierig, nahm sich einen Stuhl und setzte sich ein paar Stunden zu Amaretto in die Box. Und tatsächlich: Er stellte fest, dass Isabell recht hatte. Wenn Amaretto die Lefzen auf eine bestimmte Weise hochzog, war eine Kolik im Anmarsch und das Pferd legte sich kurz darauf hin.

Auch Vater Werth, der erfahrene Bauer, staunte: »Der Professor sagt: Ich sag nichts mehr. So was kann man nicht lernen.«

Immer, wenn Pferde krank werden, ist Isabells Sorge groß. Schließlich kann ein Erreger ihre ganze Pferdepopulation bedrohen. So wie Anfang 2018, als sich von einem Tag auf den anderen ein rätselhafter Infekt in Isabells Stall ausbreitete. Gerade zurückgekehrt von einem glanzvollen Turnierauftritt, wurde sie fast überrollt von dieser Heimsuchung. Die fiebrige Krankheit äußerte sich zum Teil derart dramatisch, dass sie zwei Pferde verlor. Der Kampf gegen den Erreger brachte sie und ihr ganzes Team an den Rand ihrer Kräfte. Mehr als hundert Pferde mussten über Wochen mehrmals täglich kontrolliert werden. Darunter nicht nur ihre eigenen, sondern auch wertvolle Gastpferde, für die sie die Verantwortung übernommen hatte. Der Tierarzt war Dauergast, und wenn er nicht da war, permanent am Telefon. Irgendwann versagten sogar mehrere Fieberthermometer wegen Überlastung den Dienst und mussten ersetzt werden.

Draußen war es so kalt, dass die Kanister mit Desinfektionsmittel einfroren. Es wurden Schleusen mit Desinfektionsmatten eingerichtet, um eine Übertragung auszuschließen. Glücklicherweise standen Isabells aktuelle Turnierpferde in einem separaten Stalltrakt und waren darum von der Infektwelle nicht betroffen. Sie erhielten Stärkungsmittel für das Immunsystem. Das ganze Team im Stall Werth musste plötzlich eine regelrechte Schlacht schlagen.

Isabell, die Nervenstarke, die jede sportliche Herausforderung fast schon mit Vergnügen annimmt, war angesichts der ungewissen Lage und ihrer eigenen Ohnmacht so angespannt wie selten. Gerade noch hatte im Pressedienst des Weltverbandes gestanden, so glücklich und entspannt wie in dieser sportlichen Phase habe sie noch niemals in ihrer Karriere gewirkt. Einen Tag später bestätigte sich abermals die alte Weisheit: Die Probleme kommen immer dann, wenn du am wenigsten darauf gefasst bist. Das mag für viele Bereiche gelten. Aber ganz besonders im Umgang mit verletzbaren Lebewesen. Und in Momenten, da die ganze Erfahrung nicht mehr weiterhilft.

Mit Pferden umgegangen und geritten wurde schon immer in der Familie Werth. Vater Heinrich nahm an Jagden teil. Mutter Brigitte, Tochter von Gemüse- und Obstbauern aus der Nähe von Bonn, brachte eine Stute namens Palette mit in die Ehe, mit der sie spazieren ritt und sich im Verein mit etwas vergnügte, was Isabell ein bisschen despektierlich »typisches Hausfrauenreiten« nennt.

Isabell begann so früh mit dem Reiten, dass sie sich an ihr erstes Pony kaum mehr erinnern kann. Mit fünf Jahren saß sie zum ersten Mal auf Illa. Ein schwarzes Pferdchen – mehr weiß sie nicht mehr. Dann kam Sabrina. Isabell war noch keine acht Jahre alt, als sie die erste Feuerprobe bestehen musste. Sabrina erschrak direkt vor dem Haus vor irgendetwas, scheute, Isabell fiel herunter und stürzte auf die Treppe, direkt aufs Gesicht. Noch heute hat sie kleine Narben auf der Stirn von den Steinchen, sie sich dort hineingebohrt hatten. Die Nase war aufgerissen, die Lippen sogar innen aufgeplatzt – sie wurde ins Krankenhaus gebracht und genäht. Zu den Wunden im Gesicht kam eine Gehirnerschütterung. Eine Woche lang musste sie in der Klinik bleiben und alles mit der Schnabeltasse zu sich nehmen. Zu ihrem Vater sagte sie wütend, dass jetzt Schluss sei mit der Reiterei, er könne Sabrina weggeben. Einen Tag später, so erzählt Heinrich Werth, habe sich das schon wieder ganz anders angehört.

»Hör mal Papa«, kündigte sie an, »der werde ich zeigen, wer hier das Sagen hat.«

Die Schimmelstute durfte dann aber doch nicht auf dem Hof bleiben – zu schreckhaft für kleine Mädchen.

Isabell und ihre Schwester Claudia wuchsen wie von selbst in das Reitervereinsleben hinein, genau wie man sich das bei geselligen Rheinländerinnen so vorstellt. Im Reitverein Graf von Schmettow Eversael, nicht weit vom Hof gelegen, spielte sich ein großer Teil ihrer Jugend ab.

»Die erste Zigarette wurde hinter der Reithalle geraucht. Den ersten Apfelkorn gab es hinter dem Wall.

Dreimal die Woche erschienen wir beiden Schwestern mit unseren Ponys zum Reitunterricht, zweimal zur Dressur, einmal zum Springen. Am Wochenende wurde ausgeritten mit zehn oder fünfzehn Kindern, alle mit einem Rucksack auf dem Rücken. Wir machten Spielchen, Geschicklichkeitsreiten, Indianerspiele, Ringestechen, Karnevalsreiten. Die Pferde mussten Hütchen, Herzchen, Glitzer und Glimmer tragen, sie wurden ebenso fantasievoll verkleidet wie wir. Es wurde über Wiesen gejagt und mit den Pferden im Rhein gebadet. Beim Ponyrennen verzweifelte ich fast, weil meine Funny kleiner war als Claudias Fee und nicht den Zug in die Führungsposition spürte, sodass ich es trotz äußerster Bemühungen nicht schaffte, an meiner Schwester vorbeizukommen. Funny war ein 1 Meter 27 großes Welshpony, Fee zwei Zentimeter größer und eher der drahtige Typ. Funny schaffte es bei unseren Rennen im allerbesten Fall nur bis zu Fees Schweif. Aber sie war trotzdem super. Brav, faul, dick, klein, ein bisschen mopsig. Sie sprang überhaupt nicht gerne, ich fiel trotz all meiner Überredungskunst regelmäßig herunter, eigentlich immer, manchmal zwei- oder gar dreimal die Stunde. Die Herausforderung war es, einmal eine Springprüfung zu beenden, ohne herunterzufallen.«

Doch Isabell blieb zäh. Und ihre Mutter scheint angesichts der durch die Luft katapultierten Tochter gute Nerven bewahrt zu haben. Sie fragte sich nur, woher ihre Tochter die Energie nahm, immer wieder aufs Pferd zu klettern, wenn sie heruntergefallen war. Mutter Brigitte fuhr ihre Töchter nicht nur zum Verein, sondern auch zu den ersten Turnieren und unterstützte ihre Leidenschaft, so gut sie konnte. Mit ihren Ponys boten sie auch anderen Kindern auf Großpferden unverdrossen Paroli. Heinrich Werths Eltern, mit denen die Familie das Haus teilte, und die noch aus der alten Bauernwelt stammten, opponierten zwar. Pferde zum Spaß halten? Nur für die Kinder? Nutzloses Herumfahren, obwohl in der Zeit zu Hause gearbeitet werden könnte? Mutter Brigitte setzte sich aber über die Einwände hinweg. Die Mädchen durften reiten. Allerdings sagte die resolute Mutter ihnen: »Wenn ihr nur spazieren reiten wollt, dann müssen wir den ganzen Aufwand nicht betreiben. Und wenn ihr Turniere reiten wollt, dann intensiv. Dann machen wir es richtig, und keine Spielerei.«

Von Stund an waren sie fast jedes Wochenende zusammen unterwegs. Die Frage, von wem Isabell den Ehrgeiz mitbekommen hat, dürfte sich damit erübrigen.

Für die Schule lernte Isabell nachts. Ganz ähnlich wie sie das später, als sie schon internationale Erfolge sammelte, mit dem Jurastudium machen sollte. Sie kam immer durch – allerdings nicht mit dem bestmöglichen Resultat. Schwester Claudia spezialisierte sich auf die Vielseitigkeit, ritt Pferde aus der eigenen Zucht, wollte sich aber der Reiterei nicht mit Haut und Haar verschreiben wie ihre kleine Schwester. Isabell ritt alles, was sie kriegen konnte, egal welche Disziplin und welches Pferd. Erst als Dr. Uwe Schulten-Baumer, der Pferdemann aus der Nachbarschaft, auf sie aufmerksam geworden war, spezialisierte sie sich auf die Dressur. Mit siebzehn Jahren begann sie, systematisch seine Pferde zu reiten. Er brachte die Erfahrung eines bereits langen Lebens als Ausbilder mit. Sie das Einfühlungsvermögen und den Mut. Beide wollten nach ganz oben.

Die beiden ergänzten sich und wuchsen zu einem Erfolgsteam zusammen. Isabell brauchte allerdings ihre exzeptionelle Courage nicht nur, um mit den jungen Pferden zurechtzukommen und um gegen übermächtig scheinende Gegner anzutreten. Sondern auch, um dem Doktor die Stirn zu bieten. Ein schrecklich erfolgreiches Duo.

Heinrich Werth, der Isabell in diesen schwierigen Jahren energisch den Rücken stärkte, sagt kategorisch: »Dieses Verhältnis brauchen Sie nicht einzuordnen. Es reicht, wenn ich das einordne.«

Auch als 2001, nach sechzehn Jahren, die Zusammenarbeit mit dem Doktor zu Ende ging, fing das Elternhaus sie auf. Und Madeleine Winter-Schulze, ihre Freundin, Gönnerin und Pferdebesitzerin, kam wie gerufen. Sie kaufte dem Doktor mehrere Pferde ab und lud Isabell ein, bei ihr und ihrem Mann in Mellendorf bei Hannover zu wohnen und trainieren. Es war ein Ausweg, wie er sein soll: Er wies in die Zukunft.

Der Doktor hatte Isabell am Anfang den Weg geebnet – er verhalf ihr überhaupt erst in den bedeutenden Sport. Und er brachte ihr alles bei, was sie brauchte, um selbst Pferde auszubilden und zum Erfolg zu führen. Madeleine half ihr, die neue Freiheit zu leben und minimierte das Risiko, indem sie für Isabell Pferde kaufte. Bis heute hält sie ihr den Rücken frei. Andere müssen Kompromisse machen und immer wieder Pferde verkaufen, um das Unternehmen rentabel zu halten. Bei ihr sorgt Madeleine als Pferdebesitzerin für eine solide finanzielle Basis. Beide Begegnungen kamen zur rechten Zeit, fast magisch, beinahe als hätte es so sein müssen. Talent allein reicht nie – es muss Glück hinzukommen.

In jener Phase arbeitete Isabell als Rechtsanwältin in einer Kanzlei in Hamm und später bei Karstadt in Essen, wo sie ihren späteren Lebensgefährten kennenlernte, den damaligen Vorstandsvorsitzenden Wolfgang Urban.

»Er ist meine große Stütze, der wichtigste Mensch an meiner Seite, der mir Orientierung gibt, der mir mit seiner Erfahrung in vielen Situationen hilft und an dem ich mich festhalten kann. Obwohl er nicht aus der Fachwelt kommt, stellt er mir die richtigen Fragen und führt mir vor Augen, wo ich mir Dinge schönrede oder mir etwas vorgemacht habe.«

Isabells Leben diversifizierte sich, inhaltlich und geografisch, sie legte Abertausende von Kilometern auf überfüllten deutschen Autobahnen zurück. Von Rheinberg nach Mellendorf, von Mellendorf nach Hamm, von Hamm nach Mellendorf, von dort aufs Turnier nach München, Stuttgart oder Neumünster. So konnte es nicht weitergehen. Sie musste eine Entscheidung treffen und beschloss, weder als Anwältin noch als Managerin weiterzuarbeiten, sondern sich als Berufsreiterin und Ausbilderin selbstständig zu machen. Bisher war ihr Berufsleben die Begleitmusik zu ihrer wahren Leidenschaft gewesen, ein Nebenschauplatz, genau wie beim Doktor. Jetzt machte sie ihre Leidenschaft zum Beruf.

Und dann kam die Nacht, in der Isabell zum Oberhaupt ihrer Familie wurde. Sie saß zu Hause mit ihrem Vater auf der Couch, und sie besprachen ihre Lage.

Er sagte: »Vielleicht kannst du irgendwo in der Nähe eine Anlage erwerben, es stehen inzwischen so viele Höfe leer, das wäre ein Ausweg.«

Sie fragte: »Willst du mich jetzt nicht mehr zu Hause haben?«

Heinrich Werth sagte nicht mehr viel. Nur noch: »Danke schön. Das reicht.«

Am nächsten Morgen sagte er zu seiner Frau: »Jetzt werden Nägel mit Köpfen gemacht. Wir werden den Betrieb Isabell überschreiben. Damit sie nicht denkt, wir möchten sie hier nicht auf dem Hof haben.«

Innerhalb von ein paar Wochen wurden die Formalitäten erledigt, eine gerechte Lösung für beide Schwestern war gefunden. Klare Kante.

»Wenn mein Deckel zugemacht wird«, sagte Heinrich Werth, »dann möchte ich nicht, dass sie sich zerstreiten.«

Isabell übernahm den Hof. Im Herbst 2003 zog sie ein – ihre Schwester wohnt in einem eigenen Haus auf dem Gelände. Mit Unterstützung Madeleine Winter-Schulzes erweiterte Isabell die Anlage und baute für sich und ihre Familie ein neues Wohnhaus. Jeder Baum, jeder Strauch, den sie auf dem Hof heute sieht, wurde in ihrer Lebenszeit gepflanzt. Nun ließ sie auch noch Weißdornhecken setzen, um ihren Bewegungsraum zu strukturieren.

Sie ist jetzt die Chefin eines Turnierstalls, eines Ausbildungsbetriebs, einer kleinen Pferdezucht, die vom Vater betrieben wird, und einer Landwirtschaft, die einen Teil des Pferdefutters produziert. Geritten werden etwa vierzig bis fünfzig Pferde, vom dreijährigen Newcomer bis zum vollendet ausgebildeten Grand-Prix-Pferd. Zusammen mit den Mutterstuten, den Fohlen, den Gastpferden und einer fröhlich auf der Weide grasenden Rentnerherde sind ungefähr hundert Pferde untergebracht. Vierzehn Mitarbeiter kümmern sich um ihr Wohlergehen und ihr Training. Fast täglich kommt der Tierarzt in den Stall. Sehr selten nimmt Isabell private Schüler auf. Aber eigentlich drehen sich der Betrieb und das ganze ambitionierte Team immer nur um eine Person und ihr System: Isabell. Und sie wirbelt von früh bis spät.

Jeden Morgen, an dem sie zu Hause ist, bringt Brigitte Werth der Chefin ein Glas frischen Orangensaft in die Reithalle. Der Vater hat ihn ausgepresst. Das ist die Gelegenheit, sich mal auszutauschen.

Isabell fragt vom Pferd aus: »Ist was?«

Wenn es etwas gibt, wird über die Bande diskutiert. Länger andauernde Misstöne hält hier keiner aus. Einen großen Teil ihrer Streitlust hat Isabell beim Doktor zurückgelassen.

»Wenn du auf dem Land lebst, kannst du mal in die Stadt gehen – umgekehrt ist es schwieriger. Ich habe hier meine Insel. Eine Insel braucht man, vor allem, wenn man so oft weg muss wie ich. Dann liebt man sie umso mehr.«

Im Oktober 2009 wurde Frederik geboren. Isabell war vierzig Jahre alt und hatte ihr Leben schon geregelt. Jeden Morgen hatte sie sich einen Plan gemacht – alles um die Pferde herum. Nun war plötzlich alles anders. Sie musste lernen, die Pferde um Frederik herumzuplanen. Eine einschneidende Verschiebung von Wichtigkeit in Richtung Zweibeiner.

»Frederik ist ein absolutes Wunschkind, mein größtes Glück, meine größte Liebe und die bedeutendste Horizonterweiterung meines Lebens. Nichts ist wirklich wichtig, Hauptsache, Frederik geht es gut.«

Oft hat sie ein schlechtes Gewissen, weil sie so viel verreist ist, und er hat längst ein Gespür dafür entwickelt, wie er möglichst viele Entschädigungen an Land ziehen kann. Isabell sucht die Turniere nun auch danach aus, ob sich Frederik dort wohlfühlt. Wer neben dem Platz einen Streichelzoo hat, kann eher mit ihrer Teilnahme rechnen als ein Ort voller Stress und Verpflichtungen, wo Isabell an jeder Ecke ohne Frederik für Selfies posieren muss. Frederiks Kindheit spielt sich nicht mehr auf einer idyllischen Insel ab wie die seiner Mutter. Auch er hat ausgiebigen Kontakt zu Tieren, aber nicht auf diese selbstverständliche Art wie Isabell.

Seine Eltern versuchen, kein verwöhntes Einzelkind aus ihm zu machen und ihm das bescheidene Leben der Generationen vor ihm zu vermitteln. All dies beruht aber auf Entschlüssen, auf Planung und ergibt sich nicht wie von selbst aus dem Alltag. Seine Welt ist komplizierter und organisierter. Dafür sitzt er nicht auf dem Hof fest. Er ist mobil und schon oft mit dem Flugzeug geflogen. Und er muss nicht ständig alleine sehen, wie er zurechtkommt, sondern wird ständig betreut – fast jeden Abend ist entweder die Mutter oder der Vater zu Hause.

»Wenn Frederik in die Reithalle kam, wollte er früher immer aufs Pferd. Nicht etwa auf das Pony seiner Kusine, das ihm dann sofort angeboten wird. Nein, auf Mutters Pferd, nicht um zu reiten, sondern um mir nahe zu sein. Das war oft unmöglich, weil meine Pferde zu wild sind, und das ärgerte den Jungen, und er fing an, sich zu beschweren, weil es sich so anfühlte, als nähmen die Pferde ihm seine Mutter weg.«

Isabells Eltern machen inzwischen keine großen Reisen mehr. Früher sind sie zusammen mit einer munteren Gesellschaft aus dem Reiterverein in den Bus oder ins Flugzeug gestiegen und haben Isabell zu ihren großen Turnieren begleitet. Bei den Olympischen Spielen 1992 fing das an. Der Vorsitzende des Reitvereins hatte alles arrangiert. Einen Autobus für fast dreißig Personen. Hinten mit einem Skiträger für den Proviant, bei dem auch das Bier nicht fehlte. Eine fröhliche Truppe vom Niederrhein, die lachend und palavernd auf dem Weg nach Spanien Frankreich durchquerte. Es wurde viel gefeiert. Und viel gebechert. Irgendwie kamen sie immer wunderbar unter. In Barcelona in einer Ferienwohnung, von der aus sie als gut gelaunter Fanclub ins Stadion zogen. Vier Jahre später, bei den Olympischen Spielen in Atlanta, erwischten sie sogar ein Haus, das näher am Turnierplatz stand als die Reiterquartiere. Sie kamen auf ihren Isabell-Fan-Reisen nach Rom und Lipica, nach Göteborg und Jerez de la Frontera und eroberten in ihren späten Jahren die Welt. Sie holten nach, was sie versäumt hatten, als zu Hause noch die Tiere nach ihrem Futter und die Felder nach der Präsenz des Bauern verlangten.

Und wenn Isabell mit einem Erfolg nach Hause zurückkehrte, wurde noch einmal ganz groß gefeiert. Der Verein richtete prächtige Empfänge aus. Dann wurde sechsspännig gefahren. Erst als der Vorsitzende 2010 am Ende der Weltreiterspiele in Kentucky einen Herzinfarkt erlitten hatte, machten sie Schluss mit den anstrengenden Reisen. Die Sache ging glimpflich aus. Isabell sorgte dafür, dass er reibungslos nach Hause kam. In der Ankunftshalle des Flughafens standen schon die Sanitäter mit einer Trage bereit. Der Mann gehörte schließlich zum erweiterten Clan.

Heute sind die Empfänge immer noch herzlich, aber die Vereinsstruktur hat sich verändert, die nächsten Generationen kennen Isabell oft nicht mehr persönlich. Das Vereinsleben ist insgesamt nicht mehr so ländlich bestimmt wie einst.

Und Vater Heinrich fährt nur noch auf den heimischen Wiesen herum. Fast jeden Tag, erzählt er, schnappe er sich die Hunde und seinen Enkel Frederik und schwinge sich aufs Quad. Die Flächen, die er früher gepflügt hat, sind jetzt sein Spielplatz. Vielleicht lässt er, während er vorwärtsknattert, mitunter die Gedanken ein wenig zurückwandern in die Zeit, als er noch nach alter Tradition gewirtschaftet hat. Oder noch weiter zurück in die Epochen, die er selbst nur aus Erzählungen kennt.

1915 kaufte Heinrich Werths Großvater das Anwesen. Die Industrie hatte ihn von seinem Hof in Walsum auf der anderen Rheinseite vertrieben. Es gab weder fließendes Wasser noch Strom – die Pumpe am Brunnen wurde mit der Hand bedient. Abends saßen die Leute bei Kerzenlicht zusammen, aber nicht sehr lange, weil ihnen vor Müdigkeit die Augen zufielen. Um vier Uhr morgens mussten sie raus zum Melken.

»Die Menschen damals hatten viel zu tun«, sagt Heinrich Werth. »Aber Stress hatten sie nicht.«

Vielleicht denkt er manchmal an seine Kinderjahre zurück, an den Zweiten Weltkrieg, in dem fünf seiner Onkel auf dem Schlachtfeld fielen. An die hungrigen Städter, die aufs Land kamen, um Lebensmittel zu erbitten. All das hat dieser Hof gesehen. Die amerikanischen Besatzungssoldaten, die hier Quartier nahmen – man sieht am Haupthaus sogar Einschusslöcher aus dieser Zeit.

Doch jetzt setzt Mutter Brigitte energisch ihre Kaffeetasse ab und macht einen Punkt:

»Wenn wir weiter nur von früher reden, sitzen wir ja heute Abend noch hier!«

2 Gigolo

Nachdem Isabell sich erstmals auf den Rücken von Gigolo gesetzt hatte, sagte sie im Geiste zu ihm: Na, mein Freund, du wirst dich aber gleich ganz toll anstrengen müssen, sonst wird das nichts mit uns. Sie dürfte Mühe haben, sich vorzustellen, was aus ihr geworden wäre, hätte Gigolo sich damals nicht von seiner eifrigsten Seite gezeigt. Aber es bestand keine Gefahr: Gigolo strengte sich immer ganz toll an.

Kurz vor ihrem ersten Ritt auf Gigolo hatte sie in dem Stall in Warendorf bereits ein anderes Pferd ausprobiert, es hieß Whiskytime, war ein talentierter Riese, und hatte ihr auf Anhieb gut gefallen. Gigolo war jünger als Whiskytime, erst sechs Jahre alt, und hatte eine Blesse wie ein verwischtes Aquarell. Isabell ritt eigentlich nur noch mit ihm los, um sich nachher nicht vorwerfen zu müssen, sie hätte nicht alle Möglichkeiten in Betracht gezogen. Für einen von beiden sollte sie sich entscheiden. Und nun war da dieses Nichts von einem Hals, das sie bei Gigolo vor sich hatte.

»Hinter dem Widerrist ging es erst einmal 20 Zentimeter bergab, dann ragte ein schmaler, verblüffend langer Hals ohne

jede Muskulatur nach oben. Ich hatte das Gefühl, vor einer Abschussrampe zu sitzen. Schöner Gigolo? Zu diesem Zeitpunkt gar nicht. Doch dann machte er seinen ersten Trabtritt, und war wie verwandelt. Ich wusste: Der ist es. Und kein anderer. Es gibt so ein paar Pferde, wo eine Sekunde ausreicht und du weißt, es ist deins. Der erste Trabtritt von Gigolo. Der erste Moment, in dem ich Bella Rose gesehen habe. Der erste Blick auf Belantis. Das war wirklich so, ich bin geritten, er trabte, ich sagte mir, das ist ja unglaublich. Diese Athletik, diese Sportivität, dieses Tragen, dieser Schwung – so etwas hatte ich noch nie erlebt und noch nie gefühlt.«

Isabell war neunzehn Jahre alt damals. Sie und der Doktor waren zu seinem Sohn gefahren, Dr. Uwe Schulten-Baumer Junior, dem einst wichtigsten Reiter im Stall des Vaters, der als Chefarzt immer weniger Zeit für seine Pferde hatte. Als Dressurreiter hatte er eine Silbermedaille bei der Weltmeisterschaft und einen Europameistertitel gewonnen, doch diese Lebensphase war vorbei. Nun wollte er eines seiner Pferde abgeben. Gigolo hatte er fünfjährig von der Familie Düfer gekauft, die das Pferd in Warendorf, am Deutschen Olympiade-Komitee für Reiterei, der Leistungsschmiede der traditionsreichen Reiternation, ritt. Die Experten dort hatten aber damals keine Ahnung, was sie hatten gehen lassen – Gigolos Talent war nicht wahrgenommen worden. Einer der damals wichtigsten deutschen Experten des Dressursports hörte ein halbes Jahr später, dass der Doktor ihn für Isabell gekauft hatte, und sagte da noch: »Wirklich? Musste es ausgerechnet dieser sein?« Als Isabell ihn Jahre später damit neckte, gab er zu: »Sag das bloß niemand, dass dieses Pferd in Warendorf stand und wir das nicht erkannt haben, das ist ja ein Armutszeugnis.«

»Ich fühlte es buchstäblich im Hintern. Der Doktor musste an diesem schicksalhaften Tag im Jahr 1989 nur in meine Augen schauen und wusste, nun fing etwas Großes an. Er fragte noch einmal, bist du auch sicher? Und ich strahlte und sagte, ja, ich bin sicher. Es hat mich stolz gemacht, dass er schon damals so sehr meinem Gefühl vertraut hat. Und dass wir mühelos übereinstimmten.«

Und los ging es: Gigolo, der Hannoveraner-Fuchs mit dem dünnen Hals, wurde das erfolgreichste Turnierpferd der modernen Reiterei. Seine Medaillensammlung ist legendär: Viermal olympisches Gold, zweimal Silber. Vier Titel bei Weltmeisterschaften, acht bei Europameisterschaften, vier deutsche Meistertitel. Gigolo besiegte den hochdekorierten Rembrandt und prägte eine Ära, die eigentlich nach dem Willen der internationalen Funktionäre für die Konkurrenz aus den Niederlanden reserviert gewesen war. Und er prägte Isabell.

»Ich lernte von ihm, wie sich das Ideal anfühlte. Er zeigte mir, welche Zusammenwirkung und Zusammenarbeit mit einem Pferd möglich ist, das mit Leidenschaft vorwärtsgeht. Welche Leichtigkeit daraus entsteht, selbst bei maximalem Schwierigkeitsgrad. Was Leistungswille ist. Er lehrte mich, dass es möglich ist, einen Grand Prix, der Höchstschwierigkeiten verlangt, zu gehen, als wäre es eine Selbstverständlichkeit. Für ihn waren diese Schwierigkeiten nicht wirklich schwer, weil er eine solche Freude daraus zog.

Sein Körperbau wurde mit den Jahren des Trainings harmonischer, auch am Hals baute er Muskeln auf. Aber zeit seines Lebens überzeugte er weniger als Standbild, denn als Sportler. Das war er durch und durch. Ein Athlet. Bis zum letzten Atemzug behielt Gigolo diesen starken Charakter. Er war intelligent, hatte eine große innere Unabhängigkeit, ein Schmusebär war er ohnehin nie – und gleichzeitig war er fest entschlossen, mit mir zusammen im Viereck das Äußerste zu geben, was nur möglich war. Er war immer wach, immer tatendurstig und schien zu fragen: Und? Was machen wir als Nächstes? Er musste sich nicht an eine andere Persönlichkeit anlehnen, sondern machte sein Ding. So als wäre es seine Aufgabe gewesen, mich mitzunehmen – und nicht umgekehrt.

Diese Haltung pflegte er in jungen Jahren regelmäßig so zu übertreiben, dass ich seinen Ehrgeiz kaum mehr kanalisieren konnte.«

Wer Gigolos überschäumende Energie am ersten Tag eines Turniers erlebte, konnte kaum glauben, dass er einen oder zwei Tage später einen dynamischen, aber losgelassenen Grand Prix würde gehen können. Er bockte nicht etwa, er wehrte sich nicht gegen die Aufgaben. Er wurde einfach derart heiß, lud sich derart mit Eifer auf, dass er kaum mehr zu kontrollieren war.

»Seine Gehfreude war so übermächtig, dass er irgendwann nicht mehr wusste, welches Bein er zuerst nehmen sollte. Mir schien es, als forderte er mich ständig auf, jetzt endlich loszulegen. Immer komm, komm, mach, mach, lass uns vorwärtsgehen. Hypermotiviert. Durch und durch leistungsbereit. Nichts interessierte ihn mehr außer den Lektionen, die er gleich bestreiten würde.

Noch mit über zwanzig Jahren hatte Gigolo diesen Spirit. Da konnte es passieren, dass er von der Weide hereingeholt wurde, zur Mähnenpflege oder zum Abwaschen, und auf der Stallgasse plötzlich anfing zu piaffieren und sich umschaute, gewissermaßen mit der Frage im Blick: Wo ist das Klavier?

Erst im Nachhinein, nach vielen Erfahrungen mit anderen Pferdecharakteren, wurde mir klar, was für ein Glück ich mit Gigolo gehabt hatte. Gleich am Anfang meiner Karriere hatte ich es mit einem so gehfreudigen Pferd zu tun. Nie musste ich ihn ermuntern. Meine Aufgabe bestand hauptsächlich darin, mit seinem überreichen Temperament umzugehen, und das, ohne ihm den Schneid abzukaufen.«

Das gehört zu den wichtigsten Kunststücken im Dressurreiten: Ein Pferd, dieses stets fluchtbereite Tier, in einen inneren Zustand zu bringen, in dem es seine Potenziale voll entfaltet und trotzdem nicht die Nerven verliert. Das Vorbild ist die Natur. Im Zustand der Erregung vollführt ein Pferd die Bewegungen ganz von selbst, die der Dressursport kultiviert hat. Das ist der Grund, warum ein Grand Prix im Idealfall einer der berühmten Ritte auf der Rasierklinge sein sollte. Gigolo und seine Reiterin passten wirklich bestens zueinander. Zwei Offensivspieler, die stets bereit waren, volles Risiko zu gehen.

Es war die Zeit des Aufbruchs, Rückschläge kannte Isabell noch nicht. Es ging vorwärts in rasantem Tempo, eventuelle Alarmsignale wären gar nicht bis zu ihr durchgedrungen, so stark und ungetrübt war ihr Selbstvertrauen. Stürze von ihren jungen, ungebärdigen Pferden steckte sie mit einem Achselzucken weg. Über mögliche Folgen dachte sie nicht nach, sie hatte weder die Verantwortung für ein eigenes Unternehmen noch war sie eine Mutter. Sie überlegte damals noch nicht, ob es vielleicht sicherer wäre, ein junges Pferd vor dem Reiten erst einmal an der Longe gehen zu lassen, damit es sich ein wenig austobte. Nein. Drauf und los.

Isabell lernte, wie sie mit Gigolos Charakter beim Turnier umzugehen hatte. Dass es nicht richtig war, ihn direkt vor der Prüfung eine Stunde lang exerzieren zu lassen, weil er dann seine Frische und seine Lust verlor. Besser war es, mit ihm morgens zu arbeiten, sodass der erste Dampf verflogen war. Vor der Prüfung wurde er dann nur noch eine halbe Stunde abgeritten und nahm so seine Freude an der Action mit ins Dressurviereck.

»Eines der liebsten Bilder, die ich vor Augen habe, wenn ich an Gigolo denke, stammt aus dem Aachener Dressurstadion. Es goss in Strömen, und das Sandviereck stand fast unter Wasser. Besonders an den Stellen, wo ich in der Kür meine heikelsten Höchstschwierigkeiten platziert hatte, den Übergang vom starken Galopp zur Pirouette, spiegelten tiefe Pfützen den Wolkenhimmel wider. Jedes andere Pferd hätte vielleicht versucht, den Pfützen auszuweichen. Aber Gigolo sagte: Yeah. Er ließ sich nicht von seiner Performance abbringen, knallte mit voller Inbrunst im Galopp durch das Wasser, dass es nur so spritzte. Dabei riss er sich nicht einmal zusammen – er genoss es.

Er liebte Wasser in jeder Form. Zu Hause im Stall brachte er all seinen Boxennachbarn bei, wie man sein Heu in die Tränke tunkte und es dann genussvoll schmatzte. Er pantschte für sein Leben gern herum. Und auch sonst war er ständig aktiv in seiner Box, bastelte und werkelte herum. Seine Tür musste mit einem speziellen Verschluss gesichert werden, weil er so clever war, dass er es immer wieder schaffte, den alten Riegel aufzuknobeln.«

An Erfolge und Medaillen dachte Isabell an jenem richtungweisenden Tag in Warendorf, als sie Gigolo fand – und er sie, noch nicht. Es ging ihr zunächst darum, ihn überhaupt für den Sport zu entwickeln. Es ist aber davon auszugehen, dass der Doktor schon klarere Ziele vor Augen hatte. Er dachte groß – und wollte immer nur eines: den bedeutenden internationalen Erfolg. All die Schritte, die ein junges Pferd normalerweise geht, die Nachwuchs-Championate, ersparte der Doktor dem lernwilligen Gigolo. Er interessierte sich nur für die Hohe Schule, die maximalen Schwierigkeiten, die an der internationalen Spitze des Sports verlangt werden.

Und die Rechnung des Doktors ging auf, Gigolo entwickelte sich rasant: 1990, mit sieben Jahren, ging das Pferd seinen ersten Grand Prix, was nach dem heutigen Reglement gar nicht mehr möglich wäre. 1991, mit acht Jahren, wurde er zum ersten Mal Europameister. Darauf, dass er zehn Jahre später, mit siebzehn Jahren, noch einmal bei Olympischen Spielen starten und Gold und Silber gewinnen konnte, ist Isabell besonders stolz. Es zeigt, dass sie und der Doktor ihn nicht im Leistungssport verschlissen haben. Und es zeigt zudem, was für ein harter Bursche Gigolo war. Nur ein einziges Mal musste er wegen einer Verletzung aussetzen.

Mit einem dreizehnten Platz bei der Europameisterschaft 1989 im luxemburgischen Badeort Mondorf begann Isabells internationale Karriere, damals auf Weingart, ihrem Lehrpferd für die ganz schweren Aufgaben. Zwei Jahre später preschte sie ganz unbekümmert mit Gigolo zum ersten großen Erfolg. Man sah es, hier forderte eine junge Frau die Welt heraus. Egal was passierte – zu verlieren gab es noch nichts.

»Ich dachte, du kommst von deinem Bauernhof und bist ländlich ein bisschen von A nach B geritten. Und hier siehst du nun auf einmal die große weite Welt, das war für mich einfach nur unglaublich. Und so bin ich auch geritten. Kampfeslust hatte ich immer, aber es gab keinen Druck. Ich wollte nur zeigen, dass ich reiten kann. Der Doktor hat das unterstützt und gepusht und hatte einen Riesenspaß daran.«

Die Europameisterschaften in Donaueschingen 1991 boten einen ganz besonderen Showdown: Zwei nette junge Frauen lächelten sich an – und bekämpften einander anschließend bis aufs Messer. Die vierundzwanzig Jahre alte Nicole Uphoff, die Etablierte, 1988 Olympiasiegerin, und im Jahr zuvor mit dem eleganten Braunen Rembrandt bereits Weltmeisterin geworden. Und die zweiundzwanzig Jahre alte Isabell Werth, die Aufsteigerin auf dem jungen Gigolo. Es waren ganz ungewohnte Bilder im Dressurreiten, das bis dato eher als der Sport der reichen alten Leute galt, die heimlich Intrigen einfädelten, hinter vorgehaltener Hand schlecht übereinander sprachen und sich gegenseitig mit Geschenken an die Funktionäre übertrumpften. Ein Kampf mit offenem Visier? Das war neu. Und noch voller Pikanterie: Nicole Uphoff, die einstige Schülerin des Doktors, im Zweikampf mit Isabell Werth, dem aufgehenden Stern im Stall Schulten-Baumer.

Schon der Mannschaftskampf, bei dem die Deutschen die damals selbstverständliche Goldmedaille abholten, war als solcher nur schwer zu erkennen. Klar: Es waren vier Paare am Start, neben Isabell und Nicole der Polizeireiter Klaus Balkenhol mit Goldstern und der Bad Homburger Sven Rothenberger mit Andiamo. Trotzdem spitzte sich der Grand Prix zum Duell der beiden jungen Damen aus demselben Team zu, die aussahen wie erst gerade erwachsen gewordene Pferdemädchen, aber loslegten wie Kavallerieleutnants.

Nicole Uphoff hatte wieder einmal mit den Launen ihres genialischen Rembrandt zu kämpfen. Er scheute vor den Fernsehkameras, die, für ihn unverständlich, sich immer dann bewegten, wenn er vorüberkam, und er sprang ungebärdig herum. Isabell dagegen, unbelastet, wie sie und Gigolo waren, legte eine fast fehlerfreie Übung hin, in der nur ein kleiner Schnitzer in den fliegenden Galoppwechseln störte – und besiegte die Meisterin um die Winzigkeit von acht Punkten – damals wurde noch nicht in Prozent umgerechnet. Damit war der Handschuh vor der Einzel-Entscheidung hingeworfen, die am folgenden Tag im Grand Prix Special fallen sollte.

Am Sonntag, das schwor sich Nicole, würde sie ihren nervösen Wallach besser im Griff haben. Ihre Stirn verfinsterte sich. Sie schien an nichts anderes mehr zu denken als an ihren nächsten Auftritt und die Frage, wie sie Isabells Angriff würde abschmettern können. Und so fiel der Auftritt denn auch aus. Konzentriert, konsequent, mutig und elegant übernahm sie wieder die Kontrolle. Sie gab Rembrandt kaum mehr eine Chance, sich eine Gelegenheit zum Scheuen zu suchen. Es gab nur zwei winzige Zwischenfälle – und als sie lächelnd das Viereck verließ, wusste sie: Sie hatte herausgeholt, was ging. Beim Herausreiten begegnete ihr Isabell, die als Nächste dran war. »Mach's gut«, sagte Nicole zu ihr. Die Zuschauer hielten den Atem an.

Isabell war sicher, dass sie würde kontern können. Nicole hatte zwar kein Risiko gescheut, alle Tempoverstärkungen voll gewagt. »Vorwärtsreiten« nennen das die Pferdeleute.

Und das tat Isabell mit nicht weniger Verve. Sie wagte alles, der Angriff lief, Gigolo kämpfte mit. Und wieder gewann sie den Zweikampf. Europameisterin – es war ihr erster Einzel-Titel. Und der Doktor strahlte angesichts der Genugtuung, dass seine neue Schülerin die ehemalige Schülerin geschlagen hatte.

Niemand ahnte damals, dass diese jungen, entschlossenen Frauen im eleganten Frack, mit ihren straffen Haarknoten und den glänzenden Zylindern, das Dressurreiten für viele Jahre prägen würden. Harter Fight mit sanfter Hand – das galt zunächst für die Duelle zwischen Isabell und Nicole. Und dann, als Rembrandts Ära dem Ende entgegenging, für Isabell und die Holländerin Anky van Grunsven mit ihren eleganten und hochbegabten Pferden Bonfire und Salinero.

Das Siegen auf der großen Bühne hatte Isabell also schnell gelernt. Hinter den Kulissen, in der abgehobenen Dressurszene, fühlte sie sich trotzdem manchmal seltsam – wie in eine andere Welt versetzt. Die elitäre Gesellschaft der Dressurreiter mit ihrer klaren Rollenverteilung, schon lange vom Erfolg verwöhnt, genau gesagt seit der letzten Mannschaftsniederlage bei den Olympischen Spielen 1972 in München, wurde beherrscht und kontrolliert von der größten Mäzenin, Liselott Linsenhoff. Auf dem Anwesen der Einzel-Olympiasiegerin der Spiele von München, dem Schafhof in Kronberg, liefen alle deutschen Dressurfäden zusammen. Hier, in der Nähe von Frankfurt, wurden unzählige Goldmedaillen vorbereitet, und niemand hatte Lust, dieses erfolgreich arbeitende System infrage zu stellen. Die Gepflogenheiten der energischen Industriellen-Erbin waren stilprägend für die ganze Szene. Der Aachener Anton Fischer, ein Wäschereibesitzer mit weißem Lockenhaar, war als Langzeit-Equipechef ihr Statthalter und Zeremonienmeister.

Isabell fiel es trotz aller Verwunderung leicht, sich in dieser Welt zu behaupten – ihre zukunftsweisenden Erfolge mit einem so jungen Pferd ebneten ihr den Weg.

»Doch manchmal saß ich da, bei einem aufwendigen Essen, und fragte mich ratlos, ob man nun das Besteck mit jedem Gang in der Reihenfolge von innen nach außen, oder von außen nach innen benutzte. All die Dinge, die für die anderen Anwesenden völlig normal waren – wie man in großen Hotels wohnte und mit Hausangestellten umging, wie man Leute anredete, sich auf Empfängen benahm und Konversation machte – das musste ich mir nun aneignen. Learning by doing. Der Doktor führte mich in diese Gesellschaft ein und war an meiner Seite, wenn es schwierig wurde. Und meine damals intensive Freundschaft mit Liselott Linsenhoffs Tochter Ann Kathrin, die ich in Mondorf als Mannschaftskollegin kennengelernt hatte, half mir dabei, mich zu orientieren. Zumal ich spürte, dass kein Geld dieser Welt die Wärme ersetzten konnte, die ich aus meinem eigenen Elternhaus kannte.«

Isabell schaute sich um – und schickte sich an, ein Reich zu erobern, dessen Königin sie bald werden wollte.

Ein Jahr später, 1992, bei den Olympischen Spielen in Barcelona, wollten Isabell und der Doktor endgültig zuschlagen. Sie hatten vor, Nicole Uphoff mit Rembrandt nach der Europameisterschaft ein weiteres Mal die Suppe zu versalzen. Aber die Olympiapremiere begann schlecht. Denn der Doktor wurde gleich zu Beginn so wütend, dass er damit drohte, kehrtzumachen und wieder nach Hause zu fahren. Schon vorher hatte er mehrfach die Befürchtung geäußert, sie könnten ankommen und es wäre keine Akkreditierung für ihn da. Die Akkreditierung ist eine hässliche Plastiktafel, die einen Menschen als Mitglied der olympischen Familie ausweist, und die er immer auf der Brust tragen muss – andernfalls fällt er in den Status des absoluten Niemands zurück.

Und tatsächlich, als hätte er das Problem herbeigeredet: Alle anderen bekamen ihren Ausweis. Auch solche Leute, die vom Verband als vermeintliche Besitzer Gigolos oder des Ersatzpferdes Fabienne deklariert worden waren, um die möglichen Zugangsberechtigungen auszuschöpfen und auf diesem Weg an eine Akkreditierung zu kommen. Nur den Doktor fanden die zuständigen Helfer nicht im Computer. Er war zu Recht aufgebracht. Ausgerechnet er, der große Meister, der wahre Besitzer des favorisierten Pferdes Gigolo, dem der höchste Respekt der Branche gelten sollte, sah sich in die Bedeutungslosigkeit zurückgestoßen. Das ging ihm gegen die persönliche Ehre. Er griff von außen ins Absperrgitter, das er ohne Akkreditierung nicht wie die anderen passieren durfte. Er drohte: Wir reisen ab!

Die Akkreditierung fand sich zwar nach einiger Zeit, aber die negative Spannung hatte sich schon breitgemacht. Und dann das Quartier: Ein Haus, eine Stunde außerhalb von Barcelona, in dem sämtliche Teilnehmer zusammen wohnten: Reiter, Trainer und Funktionäre, ein Völkchen, das sich in dieser eifersüchtigen Szene von Natur aus spinnefeind sein musste. Alle litten unter der schweren Hitze, besonders die älteren Herrschaften. Es war tatsächlich so heiß, dass eines Tages jemand auf der Sitzschale der olympischen Turniertribüne ein Ei briet. Und unter dieser gnadenlosen Sonne wurde im Frack und mit Zylinder geritten.

Zudem hatte Frau Linsenhoff auch noch einen Koch aus der Sportschule der Bundeswehr in Warendorf engagiert, der den schweißgebadeten Herrschaften zur Mittagszeit Gulasch mit Nudeln vorsetzte. George Theodorescu, ein berühmter Ausbilder und Vater der Mannschafts-Olympiasiegerin und späteren Bundestrainerin Monica Theodorescu mit der Attitüde eines kultivierten Lebemanns, kommentierte: »Ich esse nur Gulasch, wenn ich in Ungarn bin. Und in Ungarn bin ich nie.«

Für einen Moment löste das Gelächter die gespannte Atmosphäre. Aber wie sollte man sich konzentriert vorbereiten als deutscher Dressurreiter oder dessen Begleitung, wenn die gefährlichste Konkurrenz in der eigenen Mannschaft zu finden war, mit der man gezwungen war, in einer Wohngemeinschaft zu leben?

»Hinzu kam, dass Nicole Uphoff zu jener Zeit mit dem Springreiter Otto Becker verlobt war. Dass Otto ebenfalls in Barcelona war, weil er zur olympischen Springreiter-Mannschaft gehörte, war für das Paar alles andere als ein Vorteil, denn er musste mit seiner Mannschaft in einem anderen Quartier wohnen. So konnten die beiden einander kaum treffen. Weil ich das einzige Zimmer mit einem Telefon hatte, musste ich regelmäßig Ottos Anrufe entgegennehmen, Nicole hereinrufen und mein Zimmer verlassen, um dem Liebesgeflüster gebührenden Raum zu geben.

Und fast noch schlimmer: Der Doktor musste sich mit Nicole Uphoffs Eltern, mit denen er seit Jahren zerstritten war, ein Badezimmer teilen. Im Laufe der Tage wurden die unterdrückten Spannungen so übermächtig, dass sie sich irgendwann Bahn brachen und wir alle zusammen den ehrwürdigen Anton Fischer in den Swimmingpool warfen. Lagerkoller.«

Es bleibt festzuhalten, dass der schreckhafte Rembrandt und der übereifrige Gigolo, um deren Nervenkostüme sich alle Beteiligten angeblich die größten Sorgen machten, verglichen mit den gereizten Zweibeinern in der katalanischen Dressurvilla die Ruhe selbst waren.

Im Grand Prix, bei dem es um die Mannschafts-Medaillen ging, kam es zum nächsten Duell der beiden jungen Damen – neben Balkenhol gehörte diesmal Monica Theodorescu mit Grunox zur Equipe. Sie musste unter besonders schweren Bedingungen antreten: Als sie ins Stadion einritt, zeigte das Thermometer mehr als vierzig Grad.

Isabell und Nicole hatten beide ihre Pferde perfekt vorbereitet. Rembrandt war tagelang psychisch in Watte gepackt und erst kurz vor dem Auftritt durch ernsthafte Aktivitäten aufgeweckt worden. Auch Gigolos Nervenkostüm wurde in der Vorbereitung Rechnung getragen, Isabell handelte genau nach Plan.

Kampfeslustig und hochkonzentriert bestritten die beiden Reiterinnen ihre Programme, keine von beiden leistete sich einen Schnitzer. Isabell erlaubte es sich sogar zwischendurch, die Richter an der kurzen Seite herausfordernd anzulächeln. Na? Traut ihr euch noch einmal, mich wie letztes Jahr vor die große Nicole zu setzen? Diesmal nicht. Aber Nicoles Vorsprung betrug nur sechs Punkte, eine Winzigkeit. Dass die Deutschen wieder das Mannschafts-Gold gewonnen hatten, überraschte niemanden. Doch nun ging es um das noch viel größere, um die olympischen Einzelmedaillen. Und da zeigte sich, dass es Isabell zwar nicht an Angriffslust fehlte, aber an der Routine für solch große Aufgaben.

Während Nicole ihren Rembrandt auf dem Höhepunkt seines Schaffens brillieren ließ, sodass der Schweizer Chefrichter Wolfgang Niggli behauptete, der Ritt habe ihn zu Tränen gerührt, ging die Formkurve von Isabell und Gigolo im Grand Prix Special nach unten – die Kür zur Musik gehörte in Barcelona noch nicht zum olympischen Programm. Nicole erreichte die Schlussaufstellung in der Hitze der Arena mit hochrotem Gesicht – Bräutigam Otto Becker sah sich gezwungen, ihr, kaum war sie aus dem Sattel gestiegen, eine ganze Flasche Wasser über den Kopf zu schütten.

Isabell und Gigolo dagegen, der zweibeinige und der vierbeinige Herausforderer, waren mental am Überkochen. Im Viereck äußerte sich das in Fehlern. Sehr viele, ganz untypische Schnitzer unterliefen ihnen, Gigolo verhaspelte sich bei den Fliegenden Galoppwechseln, eine Pirouette missglückte, nach Isabells Ansicht hatten sie alles vermasselt. Himmelhoch jauchzend war sie gewesen, mit dreiundzwanzig Jahren bei Olympia, auf ihrem erst neun Jahre alten Pferd, auf Anhieb Mannschafts-Olympiasiegerin geworden mit einer Klasseleistung – Isabell und Gigolo, den beiden Shootingstars der Dressur schien die Welt offenzustehen. Doch dann strahlten sie beim Finale nicht so, wie sie hätten strahlen können, und die Silbermedaille war zunächst kein rechter Trost.

Isabell nahm eine neue Erfahrung mit aus Barcelona, die ihr für die folgenden Turniere und Championate noch sehr nützlich sein sollte. Siegen konnte sie schon. Niederlage musste sie noch lernen. Der Zauber der ersten Jahre war zu Ende gegangen, sie spazierte nicht mehr fröhlich lachend auf dem Seil, sondern war ganz unerwartet heruntergefallen. Um sich dort oben, wo es um Goldmedaillen ging, zu halten, brauchte man mehr als forsche Unbeschwertheit.

»Ich habe unheimlich viel Lehrgeld bezahlt. Ich würde mal behaupten, wir waren richtig übermotiviert. Ich musste erst lernen, dass ich auch unter Druck die Prüfungen optimal absolvieren und die Leistungsanforderungen erfüllen muss.«

Die Niederlage im Duell mit Nicole wurmte sie extrem. Nicht nur, weil sie ihren persönlichen Ehrgeiz nicht hatte befriedigen können. Sie war vor allem beschämt, weil sie den Doktor enttäuscht hatte. Er hatte so viel für sie getan, und es wäre möglich gewesen, den Coup bei der Europameisterschaft von Donaueschingen in noch viel größerem Rahmen zu wiederholen. Aber sie hatte es versiebt. Isabell ging sehr hart mit sich ins Gericht. Und als sie zu einem Urteil gekommen war, beschloss sie, daran zu wachsen. Es war die Zeit der Ernüchterung. Perfektion war jetzt endgültig das Ziel. Über ihrer Stirn zogen sich Wolken zusammen, und sie beschloss, noch härter zu arbeiten als bisher.

In Barcelona gewann die deutsche Mannschaft alle erreichbaren Medaillen, Gold mit der Mannschaft und Gold mit Nicole, Silber mit Isabell und Bronze mit Balkenhol und seinem temperamentvollen Dienstpferd Goldstern in der Einzelwertung. Anton Fischer lieferte der Deutschen Reiterlichen Vereinigung das maximal Mögliche. Warendorf konnte also die Korken knallen lassen. In den internationalen Gremien allerdings runzelten die Funktionäre die Stirn. Sie zerbrachen sich die Köpfe, wie sie diese Dominanz würden auflösen können. Die Gründe dafür waren allerdings triftig: Eine Sportart, bei der die Siegernation schon vorher feststeht und nur noch die interne Reihenfolge ausgefochten wird, steht im dringenden Verdacht, ein Minderheitenprogramm zu sein – also das Gegenteil von dem, was das Internationale Olympische Komitee meint, wenn es von Universalität spricht. Auch fehlt die Spannung, mit der man Leute interessieren kann, die nicht zum inneren Zirkel gehören. Das qualitativ hochstehende Weiterführen einer tradierten Kultur reicht da nicht, um neben Sportarten wie Tennis, Radsport oder Rugby langfristig zu bestehen. Es fehlte der allgemeine Aha-Effekt. Wenn sich an den Kräfteverhältnissen und dem Ablauf der Wettkämpfe nichts ändern würde, das war der Internationalen Reiterlichen Vereinigung klar, wäre der Fortbestand des Dressurreitens im olympischen Programm über kurz oder lang gefährdet. Und die Folge wäre der Absturz dieses Sports, der die Grundlage allen Reitens bildet, in die Bedeutungslosigkeit.

Was also tun? Mit den damals aufstrebenden niederländischen Reitern bot sich Konkurrenz an, die nur noch ein bisschen Schubkraft von außen brauchte, um die Deutschen attackieren zu können. Der ganze Sport musste moderner werden, möglicherweise sollte es auch mehr Ermessensspielraum in der Notengebung geben. Die Lösung, die man fand: die Kür zur Musik.

Die Leute wollten so etwas sehen, vor allem die Laien am Fernsehschirm: Schöne Pferde zu schmissigen Klängen, ein bisschen wie Eiskunstlaufen in Fell und Frack. Show und Entertainment. Nur für Traditionalisten war die Musik eine unnötige Geräuschkulisse. Aus dem stillen Sport, den die Insider vorzugsweise in den frühen Morgenstunden genossen, und bei dem das Klingeln des Zaumzeugs, das Schnauben der Pferde und das Gezwitscher der Vögel in den rauschenden Bäumen die einzigen Hintergrundklänge waren, wurde ihrer Ansicht nach eine schrille Oper oder gar eine Disco gemacht. Aber auf diese Weise konnte das Publikum mit den Füßen zur Musik mitwippen, statt sich auf der Startliste kleinliche Anmerkungen über einen nicht perfekt kadenzierten Galopp zu notieren. Ein Schritt hinaus in die Welt, aber auch hinaus aus den zuverlässigen Beurteilungskriterien, die auf dem klassischen Wertekatalog beruhen: Leistung, mit dem Ziel, dem Pferd möglichst gerecht zu werden und es gesund und langlebig zu erhalten. Im Nachhinein lässt sich behaupten: Mit der Einführung der Kür und auf der Welle der niederländischen Begeisterung hat der Weltverband den Fortbestand der olympischen Dressur gesichert und hat diesem Sport weltweit mehr Publicity gebracht.

»Der Doktor und ich haben das nicht rundweg abgelehnt. Allerdings befürchteten wir schon damals, dass allein für eine Kür-Vorstellung Medaillen vergeben werden könnten, ohne dass die Wertung der klassischen Prüfungen einfließen würde. So, wie es heute in der olympischen Einzelwertung tatsächlich geschieht, wo man nach der Mannschafts-Entscheidung in der Kür wieder bei null beginnt.

Schließlich wurde hier zum ersten Mal nicht reiterlichen Kriterien die Tür geöffnet, wie künstlerischem Ausdruck, Choreografie oder Musik. Der klare sportliche Leistungsvergleich wurde verwischt durch Effekte – zumal die technischen Schwierigkeiten bis zum heutigen Tag noch nicht überall in einer nachvollziehbaren Grundnote objektiviert werden. Außerdem wurde es in der Kür möglich, die Stärken eines Pferdes durch Wiederholungen und geschicktes Platzieren in der Arena herauszustellen und die Schwächen zu kaschieren, oder gar hinter der von der Musik animierten Stimmung verschwinden zu lassen.«

Die Konsequenz: Wer mit Musik, Stimmungen und Knalleffekten umgehen konnte, hatte jetzt die Chance, sich gegen die bis dahin reiterlich unantastbaren deutschen Dressurreiter besser zu positionieren. Und so kam es. Die Kür erhielt immer größeres Gewicht. Und die niederländischen Reiter starteten einen jahrelangen, einfallsreich aber auch verbissen geführten Angriff auf die Konkurrenz aus dem Nachbarland, mit Anky van Grunsven an der Spitze. Und sie zogen immer mehr internationale Richter auf ihre Seite. Die Holländer, ohnehin schon eine der stärksten Reiternationen, hatten sich bereits zu Kür-Spezialisten entwickelt, hauptsächlich im Rahmen des Weltcup, einer Erfindung des niederländischen Promoters Joep Bartels.

Das bedeutete, dass Isabell von nun an nicht nur besser sein musste als die Konkurrenz. Sie musste so stark sein, dass die Richter trotz ihres Hangs, die alte Hierarchie aufzubrechen, nicht an Isabell vorbeikamen.

Die Zweikämpfe zwischen Isabell und Anky, diesen beiden willensstarken Reiterinnen, beide hochtalentiert und zu allem entschlossen, wurden zum Klassiker einer ganzen Ära. Zwei, die an der gegenseitigen Konkurrenz wuchsen, die vor dem Einreiten tief Luft holten, sich mit Adrenalin aufluden und einander nichts schenkten. Die sich immer mehr aneinander hochschaukelten, die von Mal zu Mal an Klasse dazugewannen, aber schließlich zu erbitterten Rivalinnen wurden.

»Ich musste versuchen, ein Scheit mehr draufzulegen als Anky, um wieder vorne zu sein. Ich musste besonders kreativ sein.«

Das Ergebnis von Isabells strategischen Überlegungen war eine Kür, wie sie die Welt noch nicht gesehen hatte. Uraufführung war 1995 bei den Europameisterschaften, wiederum in Mondorf, wo sie sechs Jahre zuvor ihr internationales Debüt gegeben hatte. Die Musik kam so leichtfüßig daher, wie Gigolo das – als Ergebnis harter Arbeit – schließlich auch tun sollte: »Just a Gigolo«, kombiniert mit »Always look on the bright side of life«. Diese Kür war ein nie dagewesener Knaller. Der Höhepunkt der Vorführung hätte es eigentlich verdient, als Isabell-Werth-Triple in die Dressurgeschichte einzugehen. Kein Reiter hatte jemals zuvor mit einem Pferd solch eine schwere Folge von Lektionen gezeigt: Isabell ritt im Galopp mit vollem Karacho durch die Diagonale, bis zu einem Punkt, an dem sich für Gigolo ein Schalter umlegte. Statt weiter mit Schwung vorwärtszuschieben, musste er plötzlich innehalten, sich ganz kurz machen, mit den Hinterbeinen weit unter seinen Körper treten und auf der Hinterhand anderthalb Pirouetten drehen, und das mit so vollkommener Körperbeherrschung, dass der Ablauf der Galoppbewegung nie unterbrochen wurde. Die gerittene Quadratur des Kreises. So, als müsste Usain Bolt nach hundert Metern Sprint ohne Unterbrechung des Bewegungsablaufs auf der Stelle treten und dabei mit Bällen jonglieren. Und das war nicht alles. Auf die Pirouetten folgten ohne Zwischenschritt Fliegende Galoppwechsel, erst zu zwei Sprüngen, und in der Reprise von Sprung zu Sprung, was nicht nur Kraft und Körperbeherrschung, sondern auch noch eine enorme Konzentrationsfähigkeit von einem Pferd verlangt. Um im Bild zu bleiben: Bolt, fertig mit seinem Sprint und der Jongliernummer, müsste jetzt im Tangoschritt weitermachen. Ob Bolt so etwas gekonnt hätte? Gigolo, der perfekte Akrobat, konnte, und das irgendwann sogar in lässiger Manier. Er gab mehr als alles. Genau wie seine Reiterin.

Als die Leute in Mondorf Isabells Kür sahen, blieben einige Münder offen stehen. Der damals maßgebliche schwedische Richter Eric Lette zog Höchstnoten und war kaum mehr zu beruhigen. Der Überraschungseffekt hatte alle Politik in den Hintergrund gedrängt. Isabell hatte den niederländischen Angriff vorerst pariert.

Die dortige Szene wappnete sich mit Oranje-Hüten, Oranje-Jacken, Oranje-Fahnen und einer großen Portion Fanatismus. Es begann der Versuch, den vornehmen Dressursport in einen Nebenschauplatz der deutsch-niederländischen Rivalität zu verwandeln, die schon im Fußball traditionell die Gesichter verzerrte.

Dass Isabell ein Jahr später, bei den Olympischen Spielen in Atlanta, nicht stärker unter der niederländischen Front litt, hatte einen einfachen Grund. Die deutsche Equipe war hauptsächlich mit sich selbst beschäftigt. Erst erzwang Nicole Uphoff ihr Startrecht als Gold-Verteidigerin mithilfe einer Einstweiligen Verfügung und reiste mit dem damals schon siebzehn Jahre alten Rembrandt der Mannschaft hinterher. Es zeigte sich, dass der geniale Braune nicht mehr fit genug war – sie musste ihn vor dem Finale zurückziehen, bevor es die Tierärzte für sie taten. Dazu gab es Unfrieden innerhalb der Equipe. Der Schwabe Martin Schaudt war mit Durgo dabei, einem hochbegabten Pferd mit schwerem Trauma. Seine früheren Besitzer waren einst so schlecht mit ihm zurechtgekommen, dass er mit fünf Jahren zum Schlachthaus gebracht wurde – er entging dem Abdecker nur aufgrund einer Verwechslung. Durgo blieb ein schwieriges Pferd, was für Schaudt im Grunde ein Glücksfall war. Niemand wollte ihm das Bewegungstalent abkaufen. So wurde der Schwabe zwangsläufig selbst zum Championatsreiter. Aber er war der Neue, ein Außenseiter ohne Lobby, und galt als Wackelkandidat. Ersatzreiterin Nadine Capellmann versuchte also bis zum letzten Moment, ihn zu verdrängen und selbst ins Team zu kommen, allerdings vergeblich. Der ständige Vergleich setzte den Reiter und sein Pferd erheblich unter Leistungsdruck, noch bevor es das erste Mal um Punkte ging. Schaudt fühlte sich gemobbt, saß auf einer Stallkiste und jammerte, er wolle wieder heim auf seine Schwäbische Alb. Und das alles geschah, obwohl er und die Blondine aus Würselen sich eigentlich gut verstanden und später sogar eine Zeit lang ein Paar wurden. Isabell bemühte sich, die Entwicklungen und Verwicklungen eher aus der Distanz zu beobachten.

»Für mich hatte das abendliche Gespräch bei einem Bier mit Monica Theodorescu auf der Veranda unseres Hotels einen hohen Entspannungs- und Unterhaltungswert.«

Der Haussegen hing also wieder einmal schief in der deutschen Reisegruppe, die sich trotz der nervenaufreibenden Erfahrungen von Barcelona abermals als Wohngemeinschaft zusammengetan hatte, diesmal auf einer Farm. Auch Balkenhol war wieder mit Goldstern dabei. Er trug zwar Polizeiuniform, konnte aber die Lage nicht klären.

Der Lagerkoller war programmiert, und wieder war der damals schon zweiundsiebzig Jahre alte Equipechef Anton Fischer das Opfer. Verzweifelt versuchte er, seine Leute zu beruhigen. Sie aber warfen Käfer in sein Zimmer, tranken seinen Champagner aus und füllten die Flaschen mit Wasser auf. Denver und Dallas in Atlanta – und kaum eine Chance, sich auf die eigene Leistung zu konzentrieren.

Diesmal allerdings ließ sich Isabell nicht mehr aus dem Konzept bringen. Sie durfte nicht hektisch werden. Klar, dass sich jede Nervosität auf Gigolo übertrug, der zwar keine Ahnung hatte, worüber sich die Menschen aufregten, aber sich ja ohnehin gerne einmal an der Grenze zur Hysterie bewegte. Also nahmen Isabell und der Doktor sich rund um die Wettkampftage Zimmer in einem Motel, das sich in der Nähe des Eingangs zum Horse Park befand, und machten ihr eigenes Ding.

Gigolo hatte damals den Gipfel seiner Möglichkeiten erreicht. Er war dreizehn Jahre alt, kannte den Betrieb inzwischen, die Lektionen beherrschte er mühelos, sein Körper war noch spritzig und elastisch, und in seinen allerbesten Momenten sprühte er vor Energie. Er war zudem auf dem Gipfel seiner Schönheit. In der Phase, in der sein Hals rund wirkte, mit prallen Muskeln bestückt, wo nichts ihn mehr an der Kraftentfaltung störte, war er körperlich in seinem besten Zustand. Das Training hatte ihn mehr und mehr in die Lage versetzt, seinen eigenen Körper optimal einzusetzen. Seine Beweglichkeit, Haltung und Balance waren eines Kunstturners würdig. Fachleute würden vielleicht sagen: Ein durchgymnastiziertes Pferd mit einer optimal modellierten Muskulatur konnte sich körperlich vollkommen entfalten.

Und natürlich hatte er sich auch mental weiterentwickelt. Er verstand jetzt genau, wann es wichtig wurde, und war mit hundertprozentigem Engagement dabei.

Und doch: Zunächst lief es ähnlich wie in Barcelona.

Ein herausragender Grand Prix für die Mannschaftswertung, in der es wieder einmal das erwartete Gold gab. Und ein Grand Prix Special voller Fehler. Isabell verlor die Führung an Anky van Grunsven mit ihrem braunen Wallach Bonfire, und ganz Holland schöpfte Hoffnung. War es jetzt so weit? Konnte Oranje den Deutschen das olympische Einzel-Gold entwinden? Die Chancen standen bestens, schließlich stand nur noch die Spezialität der Niederländer aus, die Kür, die extra ins Programm gekommen war, um sie zu stärken und die dominanten Deutschen verletzbar zu machen.

Zwei freie Tage lagen vor dem Finale, in denen Isabell mit großen Fragezeichen in den Augen herumlief. Was jetzt? Sie musste den psychologischen Effekt fürchten, den das Erlebte auf die fünf Richter der Jury haben würde. Sie hatten gesehen: Die Favoritin schwächelt. So etwas konnte ihren inneren Blickwinkel verändern. Sie würden in der Kür auf Isabells Fehler warten und stellten sich im Geiste womöglich schon vor, wie sie die entscheidenden Weichen für eine Sensation verschieben und endlich Anky die Goldmedaille zusprechen würden.

»Bonfire fand ich faszinierend. Er war optisch vielleicht nicht die allerletzte Schönheit, aber sein Bewegungsablauf war spektakulär. Er hatte eine extreme Beinfreiheit. Er war auch ein unheimlich ehrliches, sportives Pferd, er brachte vieles – vom Schritt einmal abgesehen – von sich aus mit und musste nicht so extrem unter Spannung gesetzt werden wie Ankys späteres Pferd Salinero. Die beiden waren echte Wettkampfpartner für Gigolo und mich. Und er hat eine Ära mitgeprägt.«

Isabell und der Doktor setzten den Tunnelblick auf. Es gab in Atlanta nur noch sie beide und Gigolo. Und als der Tag X gekommen war, nur noch eins: Angriff.

»Ich hatte mir gesagt, wir kämpfen und versuchen, das alles noch einmal zu drehen. Und es lief. Es gibt ja so Momente, da reitest du ein und wirst getragen von der Situation. Unterwegs spürst du, hier passiert etwas ganz Besonderes. Diese Kür hat mich getragen, es stimmte alles. Von A bis Z. Das Stadion war voll, die Stimmung elektrisierend, ich fing plötzlich an, die Situation zu genießen.«

Isabells atemraubende Performance von damals kann man immer noch im Internet anschauen. Es gab in ihrem Programm keinen Moment des Durchatmens, ein Highlight folgte dem anderen. Die Kür begann schon beim Einreiten mit einer Höchstschwierigkeit, der Passage, die gleich in eine Piaffe überging, und in der Piaffe drehte Gigolo eine Pirouette. Eine Übung so üppig wie eine dreistöckige Torte. Natürlich gehörte zur Galopptour auch wieder das Isabell-Werth-Triple. Es war ein Spektakel von Anfang bis Ende, und alle Elemente waren perfekt ausgeführt, alles aus einem Guss. Eine Gold-Kür. Was sonst?

Als Isabell gegrüßt hatte und hinausgeritten war durch eine Gasse aus überschwänglich Applaudierenden, als Gigolo vom Doktor das obligatorische Stück Zucker bekommen hatte, sie abgestiegen war, und alle sie umringten, da reagierte sie wie aus weiter Ferne. Und als sie schließlich bei der Siegerehrung aufs Podest gestiegen war, die Goldmedaille erhalten hatte und nun die deutsche Nationalhymne gespielt wurde, da liefen ihr Tränen übers Gesicht. Ganze Bäche, Ströme, sie konnte sie nicht mehr aufhalten.

»All der Druck der vergangenen Jahre und Tage löste sich in diesen Tränen auf. Die Enttäuschung, dass ich dem Doktor vier Jahre zuvor nicht seinen ersehnten Triumph hatte liefern können. Und nun war diese Niederlage wettgemacht. Unser großer Traum von der olympischen Einzelmedaille war wahr geworden, das Werk war vollbracht. Welche Erleichterung! Zehn Jahre ritt ich jetzt für den Doktor, und ich hatte mich der Rolle, die er mir zugedacht hatte, würdig erwiesen. Ich weinte und weinte, ich weinte die höllische Anspannung fort, die zermürbenden Tage, den täglichen Perfektionierungs-Stress.«

Und mit jeder Träne schien noch etwas anderes immer greifbarer zu werden: dass sich in solch einem grandiosen Triumph, wie Isabell ihn gerade auf dem Siegerpodest von Atlanta feierte, immer schon der Schmerz der nächsten Niederlage ankündigt. Und dass der Zusammenhalt und die Harmonie, die in diesen Tagen zwischen ihr und dem Doktor geherrscht hatten, schon die erste Ahnung vom späteren Scheitern in sich trugen.

Und natürlich wusste sie auch im Augenblick ihres größten Erfolgs: Die Niederländer gaben nicht auf. Deren Schwäche, ihre Potenziale bei den großen Championaten nicht voll ausschöpfen zu können, verfälschte das Bild. Irgendwann, damit war fest zu rechnen, würden sie es schaffen. Aber Isabell und Gigolo ließen sie noch lange vergeblich kämpfen. Sie mussten sich gedulden bis zum allerletzten Akt des Dramas.

Allerdings wurden die Animositäten immer verstörender, die Aggressionen trübten die Championate, es kam ein Punkt, an dem sie sogar eines Fußballspiels unwürdig gewesen wären, und ganz gewiss der konservativen Turnierwelt. Als Isabell 1997 bei der Europameisterschaft in Verden nach ihrem Sieg im Turnierbüro ihre detaillierten Notenbögen abholen wollte, die einem Reiter in der Zeit vor der Digitalisierung des Benotungssystems zustanden, waren sie verschwunden. Später tauchten sie, versehen mit paranoiden Kommentaren über die angeblich skandalös voreingenommene Punktevergabe, in einer niederländischen Fachzeitschrift wieder auf.

Für den Rest des Jahres sah Isabell sich auf niederländischen Turnieren Buhrufen ausgesetzt. Von aufgeregten Fans wurden ihr zeternde Fragen nach einem angeblichen deutschen Richterkomplott gestellt. Jede Schwäche wurde ihr auf übertriebene Weise vorgerechnet: dass Gigolo angefangen hatte, bei der Piaffe gelegentlich mit dem Hinterbein zu zucken. Dass er während der Prüfung gelegentlich mit dem Schweif schlug. Es gab Unterschriftensammlungen gegen einzelne Jurymitglieder. Isabell, die sportliche Widerstände liebt, aber ein harmonisches Lebensumfeld braucht, waren solche Erfahrungen äußerst unangenehm, und sie belasteten ihre Freude am Sport. Für jede gute Leistung müsse sie sich nun schon rechtfertigen, beklagte sie sich. Sie wurde immer dünnhäutiger – und gleichzeitig ballte sie innerlich die Faust.

Der Stimmungstiefpunkt kam bei der Weltmeisterschaft 1998 in Rom. Isabells Lächeln verrutschte. Und Anky van Grunsvens Miene fror ein. Sie sagte, nach Isabells Noten gefragt, schnippisch: Mir ist es ja egal, aber das ist schlecht für den Sport. Die Spannung, unter der die beiden Reiterinnen standen, war erschreckend. Am Rande des Vierecks stellten sich ihre Trainer auf, und schon ihre Blicke bedeuteten Druck. Diese beiden Männer wirkten ohnehin schon wie ein Clash of Cultures. Auf der einen Seite der konservative, nicht mehr junge Doktor in Anzug und Krawatte. Auf der anderen Sjef Janssen, ein ehemaliger Radrennfahrer mit blonder Rockstar-Frisur, den Anky später in Las Vegas heiraten sollte.

Busladungen voller Niederländer quollen ins Stadion und versuchten, Stimmung gegen die deutsche Rivalin zu machen. Und wirklich: Als nach der Kür die Note von Anky verkündet wurde, hatte sich Isabell in den Stall zurückgezogen, um den Hass nicht live miterleben zu müssen. Als Buhrufe und Pfiffe zu ihr herüberschallten, wusste sie, dass sie Weltmeisterin geworden war. Ein vergifteter Sieg, den sie fortan gegen üble Unterstellungen verteidigen musste. Es war vielleicht die nationalistisch gesehen düsterste Phase der Dressurreiterei überhaupt. Auch beim Einreiten zur Siegerehrung flogen Isabell und Gigolo die Herzen nicht zu. Wieder gab es demütigende Pfiffe. Für sie war ihr Sport schon immer Willenssache gewesen, doch nun steigerte sich das ins Bittere: Sie brauchte all ihre Willenskraft, um sich über ihren Erfolg überhaupt noch zu freuen.

»Mich hat der Wettbewerb, der positive Kampf um Bestleistung, immer angestachelt. Das reizt mich und macht mir Spaß: sich messen mit den Besten. Was mich unglaublich genervt hat – das war so aufgeheizt und nationalistisch. Im Stadion schien ich gegen eine Wand in Orange kämpfen zu müssen. Ich hörte sogar das Wort Nazi.«

Als sie beim Turnier in Genf mit Amaretto, der einmal Gigolos Nachfolge antreten sollte, eine Kür gegen Bonfire gewann, kam es zu einem Eklat. Anky van Grunsven verlor im Vorraum der Presskonferenz die Contenance und fuhr

Isabell an. Isabell verstand es so, als glaubte Anky, sie habe nur gewonnen, weil sie regelmäßig die Richter anrufe, um sie zu beeinflussen. Isabell fragte: »Was willst du von mir?« Anky schnaubte. Nicht nur Isabell, die sich ständig für Erfolge rechtfertigen sollte, auch Anky stand unter erheblichem Druck, als Galionsfigur niederländischer Paranoia. Von wegen Pferdemädchen-Romantik: Die Anspannung zermürbte beide, von Spaß konnte keine Rede sein. Es galt, sich nicht von Anky in den falschen Film hineinziehen zu lassen mit dem Titel: Zwei Zicken im Frack. Am Abend kam der mittlerweile verstorbene Schweizer Springreiter Willi Melliger zu Isabell und sagte ihr einen Satz, der verdammt nach Clint Eastwood klingt, aber den sie sich bis heute in Erinnerung ruft, wenn sie sich mit ungerechten Angriffen konfrontiert sieht: »Bestrafe deine Feinde durch Siege.«

»Dieser Satz hat mich noch mehr mit Gigolo verbunden, dem Pferd, das alles für mich gab, mich zu meinen Triumphen trug, und dem ich es schuldig war, ihn gegen alle Unterstellungen zu verteidigen.«

Gigolo war von der Qualität der Gangarten immer ein besseres Pferd als Bonfire. Der war ein höchst eleganter Brauner mit einem herausragenden Talent für die erhabenen Lektionen Passage und Piaffe – die zentralen Lektionen, in denen sich entscheidet, ob ein Pferd ein Star werden kann oder nicht. Aber er hatte erhebliche Probleme mit dem Schritt. Das heißt, ihm fehlte die Klasse in einer der drei Grundgangarten. Der Niederländerin gelang es zwar, die Schwächen ihres Pferdes mit den damals beliebten zirzensischen Elementen aufzuwiegen. Ein Feuerwerk akzentuierter Bewegungen begeisterte die Leute und die Richter, während Gigolo ein Lehrbeispiel für saubere und seriöse Leistung war. Eine besonnene Grundsatzdiskussion über diesen Gegensatz hätte dem Sport damals vielleicht gutgetan. So aber standen einander zwei unversöhnliche Lager gegenüber, deren Verhältnis sich erst mit dem Karriere-Ende von Gigolo und Bonfire wieder ein wenig entspannen konnte. Aber so weit sind wir noch nicht.

1999 passierte es: Anky van Grunsven ließ die komplette deutsche Elite hinter sich und wurde in Arnheim Europameisterin. Allerdings ohne Isabell. Die verfolgte die Entscheidung in Jeans und T-Shirt von der Zuschauertribüne aus. Ihre Lage hatte sich mit verblüffendem Tempo verändert. Sie war nicht mehr unverletzlich. Im Gegenteil: Sie musste erkennen, wie eilig es das Glück manchmal hat, sich abzuwenden.

»Im Hinterkopf hatte ich es vorher schon oft gedacht. Es läuft zu gut, irgendwann musst du mit einem Knall rechnen. Es wurde aber gleich eine Tragödie.«

Erst ging ihre nächste Olympiahoffnung Amaretto ein – qualvoll an einer schweren Erkrankung des Verdauungstrakts. Dann verletzte sich Gigolo. Sie räumte zwar nicht kampflos das Feld und ging in Arnheim trotzdem an den Start, mit Antony, ihrem Ersatzpferd. Doch als der vor der Kür plötzlich Fieber hatte, musste sie aufgeben. Die Organisatoren suchten für die Medaillenzeremonie schon einmal vorsorglich ein neues Band heraus: die niederländische Nationalhymne. Isabell, deren Europameistertitel perdu war, seufzte damals und äußerte ihre Hoffnung, dass es das jetzt gewesen sei mit dem Pech. Und es schwang sogar ein bisschen Galgenhumor mit bei diesem Spruch, denn Gigolo stand mit einer Sehnenverletzung in seiner Box, und niemand wusste, ob er sich mit seinen sechzehn Jahren noch einmal ganz davon erholen würde.

Und das Schlimmste daran: Insgeheim plagten sie Schuldgefühle.

»Die Frage, ob ich die Verletzung hätte verhindern können, zumindest das ganze Ausmaß, quälte mich. Wieder und wieder sah ich die Bilder vom Turnier in Aachen an mir vorüberziehen, an diesem fatalen Samstag im Juni 1999, als ich Gigolo fertig machte für den Grand Prix Special. Ich fühlte beim Aufwärmen genau, dass etwas nicht stimmte, und sagte zum Doktor, der am Rand des Platzes stand: Irgendwie ist da etwas nicht in Ordnung. Aber der Doktor wollte das nicht gelten lassen. Was du immer hast, beschwerte er sich, das liegt nur an deiner unruhigen Hand, reite halt mal richtig. Also riss ich mich zusammen und ritt in die Arena, drehte vor Beginn der Prüfung die übliche Runde ums Viereck und hatte noch einmal das Gefühl, als ob Gigolo sich irgendwie vertreten hätte. Aber ich folgte meinem Gefühl nicht und hörte lieber auf den Doktor, so wie ich es gewohnt war. Im Laufe der Prüfung verschlechterte sich Gigolos Zustand noch mehr. Wir hatten uns geirrt. Oder aber: Vor lauter Ehrgeiz verschlossen wir unsere Augen vor der Wahrheit. Ich habe allzu bereitwillig die Marschroute des Doktors befolgt. Ich werde mir ewig vorwerfen, dass ich ihm in diesem Moment nicht widersprochen und mich durchgesetzt habe. Ich habe zu verantworten, dass sich die sich anbahnende Verletzung verschlimmert hat und die Folgen dramatisch wurden.«

Gigolo ging durch diese schwere Prüfung mit einer Verletzung, Leute mit scharfem Blick sahen, dass er lahmte. Die Richter setzten ihn, wohl ihren alten Gewohnheiten folgend, noch auf Platz fünf, obwohl sie eigentlich die Glocke hätten läuten müssen, die solch einen Auftritt vorzeitig beendet. Die Fachleute, je nach Lager, erschraken entweder oder stießen einander mit den Ellbogen an. Die Journalisten feilten an Formulierungen, die der Lage gerecht wurden. Isabells Eltern waren voller Mitgefühl für ihre Tochter.

»Ein absolutes Scheißgefühl war das. Eine einzige Katastrophe.«

Nach der Prüfung diagnostizierte der Tierarzt eine »beginnende Lahmheit« im rechten Vorderbein. Das Bein war geschwollen und schmerzempfindlich. Gigolo, Isabells treuer Gefährte, hatte eine Fesselträgerverletzung. Die Heilung einer solchen Blessur dauert lange, besonders, wenn ein Pferd schon sechzehn Jahre alt ist. In den bisher neun Jahren seiner einzigartigen Laufbahn war Gigolo nicht nur stets motiviert gewesen, sondern auch beinhart. In Aachen erlitt er seine erste schwere Verletzung. Die Koinzidenz drängt sich auf: Es war Gigolo, der im Jahr 1989, am Tag ihres ersten Zusammentreffens, den Doktor und seine junge Nachbarin zu einem unschlagbaren Team zusammenschweißte. Und Gigolo war es auch, an dem sich in der Spätphase der Zerfall dieser Beziehung am deutlichsten zeigte. Der anschließende Streit im Stall war für Anwesende nicht zu überhören.

»Es ist mir sehr wichtig, zu betonen, dass ich die Verantwortung nicht auf den Doktor abwälzen will. Ich war es, die

auf dem Pferd saß, und die hätte handeln müssen. Ich war jetzt fast dreißig Jahre alt. Das mit der blinden Ehrfurcht war passé.«

Gigolo brauchte ein halbes Jahr, um wieder fit zu werden. Die Europameisterschaften verpasste er – doch dann standen die Olympischen Spiele 2000 in Sydney bevor. Für Isabell ist es fast ein Wunder, dass es ihr gelungen ist, sich mit Gigolo noch einmal für das Gipfel-Ereignis ihres Sports zu qualifizieren. Dass ein siebzehnjähriges Pferd, das schon derart viel geleistet hatte, weiterhin zu solch eindrucksvollen Auftritten fähig war. Es war, als würde es das Schicksal endlich wieder gut mit ihr meinen. Eigentlich hätte ja der arme Amaretto das Pferd für Sydney sein sollen, doch nun half ihr Gigolo noch einmal über die Lücke hinweg. Und der wunde Punkt, den das Erlebnis von Aachen hinterlassen hatte, konnte endlich heilen. Damals, als sie auf den Doktor gehört hatte anstatt auf ihren eigenen Impuls, hatte sie also doch nicht die glanzvollste Karriere, die ein Dressurpferd je hingelegt hatte, mit einem Missklang beendet. Gigolo war noch da – ein bisschen älter und um eine schmerzhafte Erfahrung reicher – aber wie immer voller Tatendrang.

Obwohl Anky van Grunsven abermals die andere Favoritin war, obwohl sie noch einmal Bonfire, ebenfalls jetzt siebzehn Jahre alt, aufgeboten hatte, war die Spannung nicht mehr so groß wie zuvor. Zwar hatten einige niederländische Fans ihre orangefarbenen Hüte auch für Australien eingepackt. Aber die Lager spielten nicht mehr verrückt. Genau wie die beiden Pferde wurden die Nationalisten ebenfalls abgeklärter.

Allerdings erreichte Gigolo im Special nicht seine mögliche Bestform.

»Es lag am Hufbeschlag. Weil die Pferde wegen der strengen australischen Bestimmungen schon wochenlang vor Beginn in Quarantäne hatten gehen müssen, wurde für Gigolo ein Besuch beim Schmied zum Beschlagen fällig. Gigolo hatte sehr dünne Hufwände, weshalb ihm der Schmied, der ihn zu Hause betreute, bei der Pferdepediküre kaum Horn abschnitt. Er bemühte sich zudem, die Hufeisen so kurz wie möglich aufzubrennen, dass nicht unnötig Substanz verloren ging. Unser Schmied in Sydney kannte ihn nicht so gut. Kein Vorwurf an ihn, aber Gigolo brauchte ein Weilchen, bis er sich wieder gefunden hatte. Ausgerechnet im Grand Prix Special zeigte er darum seine schwächste Leistung. Aber nicht etwa, weil er und ich wie in Barcelona und Atlanta unter dem Druck von außen gelitten hätten. Und auch nicht, was noch viel wichtiger war, weil sein Sehnenproblem ihn gezwickt hätte. Nein, es war ein vorübergehendes Problem, das sich von selbst löste.

Die Kür genoss ich in dem Bewusstsein, dass dies Gigolos Abschiedsvorstellung von der ganz großen Bühne war. Er machte keine Fehler, aber das Feuer loderte nicht mehr so wie einst.

Am schönsten war er auf dem Höhepunkt seiner Karriere. Das jugendliche Sprühen und das Charisma gehen naturgemäß mit den Jahren ein Stück weit verloren und alles läuft mit mehr Solidität und Routine ab – was im Übrigen nicht immer schlecht sein muss. Er hat trotz allem noch einmal eine glanzvolle Leistung gebracht. Aber ich habe genau gespürt: Es ist jetzt Zeit für ihn.«

Das Duell der vierbeinigen Senioren gewann zum ersten Mal der Rivale: Bonfire. Dieses eine Mal war es Anky vergönnt vorbeizuziehen. Und das, ohne dass es kritische Diskussionen darüber gegeben hätte. Gigolo habe eine tadellose Vorstellung geliefert, sagten die Richter, aber Bonfire habe getanzt. Isabells Vorstellung konnte man als ein Vorbild fürs Dressurlehrbuch ansehen – doch das war zu wenig, um die Konkurrenz noch einmal in Schach zu halten. Bonfire verbreitete abermals Glanz und Star-Appeal, er schmiss zu Neil Diamonds Hit »Song Sung Blue« wieder einmal die Beine wie ein Zirkuspferd, und die Richter gingen auf Nummer sicher – sie zückten eine Weltrekordnote.

Auch an jenem Tag gab es ausreichend Gründe für Isabell, um auf einem Siegerpodest zu weinen – diesmal mit Silber auf der Brust und zur niederländischen Nationalhymne. »Es war nicht immer leicht«, sagte sie direkt nach der Ehrung und dachte wohl an all die Buhrufe, die sie hatte ertragen müssen, solange sie die Goldmedaillen und Titel holte, die nach Meinung anderer Leute den Holländern zustanden. Ob nun Silber oder Gold – für sie waren die Erfolge von Sydney ein Zubrot. Die Sache war geklärt. Gigolo war das erfolgreichste Dressurpferd der Geschichte. Bonfire zog endlich mit einer Goldmedaille von dannen. Beide Richtung Rente. Das war's zunächst mit der verschärften deutsch-niederländischen Zwietracht, obschon Fortsetzungen folgten.

Ein Moment der Rührung also für Isabell, die auch in Sydney dem Unfrieden im eigenen Lager hatte trotzen müssen. Eifersucht und Animositäten prägten die Stimmung. Die Reiterinnen, neben Isabell waren das Ulla Salzgeber mit Rusty, Nadine Capellmann mit Farbenfroh und Alexandra Simons-de Ridder mit Chacomo, hielten es kaum mehr für nötig, die Ritte ihrer Mannschaftskolleginnen anzusehen. Anton Fischer, inzwischen fünfundsiebzig

Jahre alt, gab wieder einmal alles, um zu vermitteln. Es ist anzunehmen, dass nie vorher oder nachher eine Olympiamannschaft mit derart grantigen Mienen auf den gemeinsamen Gewinn einer Goldmedaille reagiert hat wie diese deutsche Dressur-Equipe in Sydney. Beobachter befürchteten, es könnte etwas Schlimmes passiert sein, worüber keiner reden wolle. Aber so war es nicht. Größter Streitpunkt war die Frage, welche Reiterin aus dem Quartett aufs folgende Einzel-Finale verzichten musste. Alle waren qualifiziert, aber es waren pro Nation nur drei Teilnehmerinnen erlaubt. Isabell war stärkste Reiterin, Nadine Capellmann mit dem bunten Fuchs Farbenfroh die Zweitbeste. Ulla Salzgeber, ohnehin nicht als Stimmungskanone bekannt, setzte sich gegen ihre bitter lächelnde Rivalin Alexandra Simons-de Ridder durch – beide hatten bis dahin verblüffenderweise genau dieselbe Zwischennote erreicht. Dass sie beide mit wunderbaren Pferden gesegnet waren, die eine mit dem großen, imponierenden Rusty, die andere mit dem ausdrucksvoll passagierenden Chacomo, war ihnen kein Lächeln mehr wert. Schließlich fiel mitten in Salzgebers Kür auch noch die Musik-CD aus. Die schwarzhaarige Amazone kämpfte verbissen weiter und wurde hinter Anky und Isabell Dritte, der Rest der Mannschaft quittierte das Ergebnis mit freudlosem Nicken.

Isabells Verhältnis zu Anky van Grunsven und ihrem Clan entspannte sich dagegen mit den Jahren. Die beiden Frauen hatten das Geschäft und die Emotionen zunächst nicht so gut trennen können wie Ankys Trainer Sjef Janssen. Der war schließlich vom Radsport gestählt – ein abgezockter, cleverer Typ, der stets um seinen Vorteil kämpfte. Die drei engagierten sich schließlich gemeinsam dafür, die wirtschaftlichen Bedingungen des Dressursports zu verändern. Er sollte professioneller werden, nicht mehr nur der Resonanzboden für reiche Leute sein, die sich mithilfe ihrer Scheckbücher im Leistungssport profilieren konnten. Weder Isabell noch Anky kommen aus klassischen reichen Dressurfamilien, und sie wollten, dass Leute wie sie künftig in die Lage versetzt würden, mit ihrem Sport ihre Existenz unabhängiger zu bestreiten. Und zwar im Sattel, als Akteure in der Arena, und nicht als Assistenten der privilegierten Schicht. Dazu musste es grundsätzlich bei Dressurturnieren höhere Preisgelder zu gewinnen geben, damit die Sportler nicht nur Geld ausgeben mussten, sondern durch Leistung auch Geld einnehmen konnten. Und wirklich: Das heutige Preisgeld-Niveau im Dressursport haben die Reiter nicht zuletzt der Initiative dieses einst verfeindeten Trios zu verdanken, das den Versuch machte, seine Disziplin immerhin ein wenig zu demokratisieren, wie das für einen olympischen Programmpunkt eigentlich selbstverständlich sein müsste. Schließlich geht man bei den Spielen zumindest theoretisch von Chancengleichheit aus. Die drei begannen, das Dressurreiten von einem kostspieligen Hobby für einige Hochbegabte in einen Berufssport umzuwandeln, und gingen als Beispiele voran.

Gigolo, der sich zehn Jahre lang für Isabell zerrissen hatte, erhielt eine bombastische Abschiedsfeier. Beim traditionellen Hallenturnier in Stuttgart wurde alles aufgeboten, was zu solchen Gelegenheiten bewährt ist und dem Publikum zuverlässig das Wasser in die Augen treibt. Eine Lightshow, dann Licht aus, und als Krönung der Auftritt: der vierbeinige Chef im Ring. Ein letzter Tanz im Viereck, seine Kürmusik wurde diesmal live von einem Orchester gespielt. Und Gigolo zeigte, dass er gesundheitlich in bester Verfassung war und nicht etwa dem Horizont entgegenhumpelte. Thomas Bach, der spätere Präsident des Internationalen Olympischen Komitees, hielt eine Laudatio auf Gigolo, in der er ihn kumpelhaft duzte. Schubkarren mit Hafer und Möhren wurden hereingefahren, als Symbol dafür, dass er sich ab jetzt nach Herzenslust würde vollfressen können.

Isabell war hundertprozentig im Reinen mit sich und mit ihrem Pferd. Keine lange Abschiedstournee mehr. Es war November, und ihre Reise mit dem charaktervollen Fuchs war zu Ende.

Die Choreografie, die sie für Gigolo entwickelt hatte, dient heute noch als Grundlage für ihre Auftritte. Schon damals war es das Schwerste, was innerhalb der Regeln überhaupt möglich war, und das ist so geblieben. Allerdings hat die Konkurrenz dazugelernt. Keine ihrer gewagten Kombinationen, die einst der Fachwelt den Atem raubten, hat Isabell heute noch exklusiv.

Was keiner merkte: Die ersten drei Küren mit Weihegold liefen fast genau nach der Vorlage der Gigolo-Kür ab, nicht zu den Klängen von »Just a Gigolo«, sondern nach einer Musik, die sie für seinen Auftritt bei der Weltmeisterschaft in Rom hatte zusammenstellen lassen. Nie mehr hat allerdings ein Pferd in der vorgegebenen Zeit eine genaue Kopie seiner Choreografie zu Ende gebracht, was zeigt, in welchen Siebenmeilenstiefeln dieses Pferd unterwegs war, welch gewaltige Schrittlängen er mit seinem herausragenden Gangwerk produzierte. Gigolo hatte Schwung, und manchmal träumt Isabell davon, sie könnte noch einmal mit diesem Pferd von vorne beginnen, mit dem Wissen von heute – zu welchen Leistungen er dann fähig wäre.

Gigolo wurde in Rheinberg eine Weile von einem Mädchen geritten, er musste abtrainiert werden, doch es gab dort keine große Weide. Nach ein paar Monaten wurde er nach Mellendorf bei Hannover gebracht, wo Isabell inzwischen ihre Pferde hielt und trainierte. Ein paarmal setzte sie sich noch auf den Rücken des alten Herrn, er wurde in der ersten Zeit noch abwechselnd geritten und auf die Weide gebracht. Nach zwei Stunden Freizeitpark hatte er dann erst einmal genug.

»Schließlich kam der Tag, an dem ich ihn zum Reiten von der Wiese holte, und er beschlossen hatte, dass es nun genug war. Er wieherte im Stall und signalisierte unmissverständlich: Lass mich wieder raus zu meinen Kumpels. Gigolo hatte sich selbst in Rente geschickt.

Wenn ich mit dem Auto auf den Hof kam, und sah ihn da auf der Weide stehen, zusammen mit den gleichermaßen verabschiedeten Pferden Antony und Fabienne, dann freute ich mich und lachte in mich hinein und sagte mir: Schau an, da laufen zwanzig Goldmedaillen. Eine Epoche meines Lebens. Die Epoche, die mit der Karriere von Gigolo zu Ende gegangen war. Es war ein tolles Gefühl.«

Gigolo erreichte das gesegnete Pferdealter von sechsundzwanzig Jahren. Die schlimmste Verletzung seines Lebens holte er sich erst auf seiner Rentnerwiese, als er etwa dreiundzwanzig war. Eine Truppe junger Pferde war nachts durch den Zaun gebrochen, möglicherweise jagten sie ihn, und er stürzte. Am nächsten Morgen ging es ihm elend, und er litt unter Schmerzen, er stand nur noch auf drei Beinen und schonte das vierte. Gigolo musste in die Klinik, und es stellte sich heraus, dass er sich einen Nerv verletzt hatte. Von diesem Tag an wurde er von einem Zipperlein geplagt.

Isabell war drei Jahre später dabei, als er eingeschläfert wurde. Sie brauchte lange, um sich davon zu erholen. Hätte das einstige Wunder an Athletik und Durchhaltevermögen sich nicht im späten Herbst seines Lebens von der Jugend provozieren lassen – er hätte die dreißig Jahre sicher gepackt.

3 Der Doktor

Den Doktor konnte man sehr leicht auch von hinten erkennen. Diesen charakteristischen runden Kopf mit den markanten Ohren. Darauf ein Borsalino aus weichem Filz oder, im Sommer, ein luftdurchlässiger Hut aus Panama-Stroh. Oft trug er auf dem Turnier einen Trenchcoat, den Gürtel fest über dem klassischen Bauch zusammengezogen, darunter schauten die Hosenbeine eines bei der ersten Adresse in Düsseldorf maßgeschneiderten Anzugs hervor. Teure, korrekt geputzte Lederschuhe, allenfalls mit ein paar sandigen Spuren vom Platz. In der Hand einen großen Schirm, oder womöglich ein Klappstühlchen für langwierige Trainingsrunden. So stand – oder saß – er am Rand der Trainingsplätze und schaute Isabell konzentriert beim Reiten zu. Wenn sie fertig war und die Zügel lang durchhängen ließ, drehte er sich vielleicht um, und man sah seine Seidenkrawatte der Nobelmarke Hermes unter seinem Hemdkragen aufleuchten. Diese Krawatten sammelte er, er besaß Dutzende. Das feine Äußere war für ihn ein Muss. Er wollte als vollendeter Herr wahrgenommen werden, und am entsprechenden Outfit fehlte es nie.

Freunde, sagte Dr. Uwe Schulten-Baumer manchmal, brauche er nicht. Per Du war er mit kaum jemandem.

Es war ihm fremd, sich einem Menschen anzuvertrauen. Das konnte man an dem Lächeln erkennen, das er für die Allgemeinheit parat hatte. Auf den ersten Blick wirkte es auf fast schüchterne Weise distanziert. Auf den zweiten Blick nur noch distanzierend. Fast misstrauisch. War sein Gegenüber überhaupt kompetent genug, dass er sich mit ihm auf eine ernsthafte Unterhaltung über Pferde einlassen konnte? Nein, eher nicht. Zeigte das Gegenüber wenigstens den nötigen Respekt, der einem Herrn wie ihm gebührte, würdigte es angemessen seine gesellschaftliche Stellung und seine Erfolge? Dass er mit der Ausbildung von Nicole Uphoff und Rembrandt das Dressurreiten revolutioniert hatte? Dass er der Initiator und jahrelang Manager der größten Laufbahn war, die es in der Dressurreiterei jemals gegeben hat – der von Isabell Werth? Wahrscheinlich auch nicht.

Wer diesem allgemeingültigen Lächeln nachspürte, entdeckte die dahinter lauernde Gefahr. Der Doktor war ungeheuer empfindlich, er war ein Mensch, der aus einem geringfügigen Anlass einschnappen konnte. Besonders, wenn er das Gefühl hatte, jemand, der ihm weit unterlegen war, begegnete ihm ganz dreist auf Augenhöhe. Klopfte ihm gar kumpelhaft auf die Schulter. Oder jemand bezeichnete ihn nur als Isabell Werths Trainer, obwohl er doch viel mehr war als das: Mentor, Mäzen, Meister. In solchen Momenten war es das Beste, auf seine förmliche Höflichkeit zu bauen und sich ansonsten rasch zu verziehen.

Wer schnell einschnappt, das lehrt die Lebenserfahrung, braust auch leicht auf. Und so war es beim Doktor. Es ging sogar die Mär, dass er zeit seines Lebens mit zwei identisch gepackten Koffern gereist sei, damit er sofort hätte verschwinden können, wenn ihm irgendetwas zuwiderlief. Gepasst hätte es zu ihm. Aber in Wahrheit war es anders. Er drohte zwar häufig mit Abreise – blieb aber immer da.

Der Doktor konnte ein charmanter, manchmal fast schon koketter Mann sein und war ein Pferdekenner allererster Kategorie, der in einer wunderbar sauberen und präzisen Diktion über sein Lebensthema sprechen konnte, was von seinem enormen Respekt vor der Kreatur Pferd zeugte. Und er war ein Choleriker, der mit seinen Wutanfällen gerade den Widerstand der Menschen provozierte, die ihm am nächsten standen. Ganz besonders nahe stand ihm Isabell.

»Der Doktor übte auf mich eine unglaubliche Faszination aus. Ich hatte vom ersten Tag an das Gefühl, dass seine übliche Distanzierung mir nicht galt. Die Chemie stimmte. Jeden Tag habe ich mich auf das gemeinsame Reiten gefreut. Und ich habe alles, was er mir vermittelt hat, aufgesogen und die Zeit mit ihm sehr genossen. Zum Beispiel auf dem Turnier, auf dem Abreiteplatz, wo ich alle aktuellen Reiter mit großen Augen beobachtet habe. Wenn ich montags die Erkenntnisse mit nach Hause brachte und ausprobierte, lachte der Doktor und sagte: ›Na, wieder was gelernt?‹ Ein Drittel seiner Fähigkeiten, das war eine seiner Erkenntnisse, klaut man mit den Augen. Er hat meinen gesamten sportlichen und beruflichen Werdegang geprägt und ermöglicht. Natürlich habe ich mich weiterentwickelt, aber er hat das Fundament gelegt. Wir hatten ein großes Grundvertrauen und eine breite emotionale Basis. Ich habe seine Passion genauso in mir gehabt, und ein Stück weit hat er sich in mir verwirklicht. Wenn ich heute an ihn denke, dann ausschließlich mit großer Wärme und Dankbarkeit.«

Schulten-Baumer muss die junge Isabell schon lange beobachtet haben, bevor er sie für seine Ziele gewann. Sie ging mit seiner jüngsten Tochter Verena eine Zeit lang auf die gleiche Schule, und die beiden Mädchen gehörten dem gleichen Reiterverein an und machten gemeinsam das Reiterabzeichen. Es gibt sogar ein Foto von den beiden, Isabell auf Funny, dem Pony, Verena auf Wisby, einem großen Oldtimer, einem hervorragenden Lehrpferd für das junge Mädchen. Minipferd und Riesenbaby nebeneinander, wie die Botschafter aus zwei verschiedenen Reiterwelten, und doch waren sie gerade bei einer Prüfung gegeneinander geritten, und Isabell, gewissermaßen das Mädchen aus dem Parterre, hatte gewonnen gegen Verena, das Mädchen aus der Beletage.

»Verglichen mit dem, was der Doktor damals darstellte, fühlte ich mich wie ein Provinzmädchen. Wenn er mit Familie am Sonntagmorgen in der Reithalle des Vereins auftauchte, stand ich neugierig an der Bande und schaute zu, wie dieser Mann mit dem reiterlichen Welt-Flair seiner älteren Tochter Alexa, die in jenen Jahren seine Pferde bei hochklassigen Turnieren ritt, Trainingsstunden gab. Ich sah, auf welchem Niveau dieser Unterricht stattfand, und versuchte, mir alles abzuschauen, was geboten war. Von der Nachbarschaft hörte man, dass es beim Training zu Hause manchmal ziemlich lautstark zuging, was ich später natürlich live miterlebt – und mitgestaltet – habe.«

Gebrüllt wurde damals ohnehin auf jedem Reitplatz. Der raue Umgangston der Kavallerie gehörte in den Siebziger- und Achtzigerjahren noch zum allgemeinen Repertoire. Überhaupt – wie früher in den Ställen und auf den

Reitplätzen mit den Leuten umgegangen wurde, die dafür zahlen mussten, dass man sie schikanierte wie die Stallburschen – das würde sich heute wohl niemand mehr bieten lassen. Es herrschte noch das alte Weltbild der Ausbilder, die es sich erlauben konnten, die Leute herunterzuputzen und niederzuschreien, wenn die nicht so spurten wie verlangt. Die ganz großen Meister führten sich so auf, auch die Lehrmeister des Doktors hatten ihn niedergemacht, wann immer sie Lust dazu hatten. Nach dem Motto: Klappe halten und weiterreiten. Wenn da jemand nur zaghaft zu sagen gewagt hätte, er glaube, sein Pferd fühle sich heute nicht richtig an – der Ausbilder hätte ihn höhnisch angebrüllt.

»Das rustikale Vereinsleben hat mich nicht erschreckt. Es wurde eher als Auszeichnung empfunden, wenn man angebrüllt wurde, denn das zeigte, dass sich jemand engagiert mit einem beschäftigte. Nichts davon hätte je meine uneingeschränkte Wissbegier und meine Begeisterung für die Pferde schmälern können. Ganz im Gegenteil. Ich habe dem Doktor ganz gebannt zugehört und zugeschaut und eine ganz andere Qualität des Reitens erlebt. Das wollte ich auch.«

Der Lehrgang, mit dem Isabell sich als Teenager auf das Reiterabzeichen vorbereiten wollte, wurde von einem ehemaligen Soldaten abgehalten, einem Oberst a. D., der die reitenden Kinder in der Bahn anleitete wie die Soldaten auf dem Kasernenplatz beim Exerzieren.

»Abteilung Marsch!«

»Abteilung rrrrrechts-um!«

Isabell ritt damals Funnys Nachfolger, ein Kleinpferd namens Abendwind, das Vater Heinrich für seine Tochter aus dem Ruhestand wieder zurück ins Arbeitsleben geholt hatte. Abendwind, genannt Sammy, war ein erfahrenes Pferd von der Art, die man gerne Professor nennt, weil er sich einbildete, schlauer als alle anderen zu sein. Besonders als die Menschen.

»Wenn der Reitlehrer ansagen wollte, dass nun alle angaloppieren sollten, ›Abteilung – Galopp Marrrrsch!‹, musste er nur die Silbe ›Ga‹ aussprechen, schon war Sammy klar, was er zu tun hatte. Allerdings eignete er sich grundsätzlich nicht dazu, hinten in der Abteilung zu gehen. Wenn er angaloppieren sollte, fing er an zu bocken, sofern er nicht die Führungsposition innehatte. Und das tat er zuverlässig, er buckelte also auch beim Vorreiten für den Lehrgang los, kaum hatte der Oberst die Silbe ›Ga‹ gebrüllt. Sammy tat das derart eindrucksvoll, dass der alte Offizier uns aus der Gruppe warf. Nicht gut genug.

So begann meine Beziehung zum Doktor. Dessen erste Frau hatte gesehen, was geschehen war, und sorgte dafür, dass ich den Lehrgang drei Wochen lang parallel bei ihrem Mann machen durfte. Ich schloss das Reitabzeichen anschließend mit der besten Dressurnote ab.«

Ja, klar. Jetzt erst recht. Das war das Comeback to fight, das jedem wahren Leistungssportler angeboren ist. Schon damals zeigte sich der Isabell-Werth-Punch, den später die ganze Reiterwelt kennenlernen sollte. Der Doktor aber sprach bei ihren Eltern vor und fragte, ob sie nicht öfter zu ihm zum Reiten kommen könnte. Die lehnten erst einmal ab, ohne ihre Tochter darüber zu informieren. Die sollte in einem harmonischen Umfeld erwachsen werden und mit achtzehn Jahren selbst entscheiden.

Isabell aber wusste längst, was sie wollte.

Der Bauernhof der Familie Scheepers, wo Isabell im Dezember 1986 mit siebzehn Jahren Silvester feierte, steht auch in Rheinberg, im Krähenkamp, ganz in der Nähe der weißen Villa im Stil der Siebzigerjahre, wo der Doktor mit seiner Familie residierte.

»Da hat die folgenschwere Party stattgefunden. Hier fing alles an.«

Der Doktor war ebenfalls da. Er nutzte die Gelegenheit und sprach sie an. Sagte zu ihr, er sei ein bisschen in Not, seine Bereiterin liege im Krankenhaus, und nun würden die Tiere zu wenig bewegt, er brauche Hilfe. Schon am nächsten Tag ging sie hin. Und als die Bereiterin wieder gesund war, fragte er Isabell, ob sie trotzdem wiederkommen wolle, und sie hatte nur auf solch eine Frage gewartet und sagte sofort Ja.

»Es war, als ginge eine Tür für mich auf zu einer Welt, die ich bisher nur aus dem Fernsehen kannte. Ehrfürchtig, schwer beeindruckt, hörte ich ihm zu und machte große Augen. Ich sah in ihm einen Guru – und glaubte, jetzt dem Guru über die Schulter schauen zu können.«

Auch dem Doktor muss damals bereits klar geworden sein, welches Potenzial diese Beziehung in sich trug. Er mit seiner Leidenschaft, seinem Wissen, seinen wirtschaftlichen Möglichkeiten. Und sie mit ihrem einzigartigen Gefühl für die inneren Impulse der Pferde. Mit ihrem unbändigen Ehrgeiz. Und mit ihrem ungeheuren Mut.

Das erste Pferd, das er ihr zu reiten gab, war ein Tier, das keiner gerne reiten wollte.

»Posilippo, ein großer bunter Fuchs, vor dem alle Angst hatten. Er war nicht wirklich böse. Aber sehr frech, ungebärdig, er konnte auch einmal bocken.«

Kernig, wie die Pferdeleute sagen: Er lud sich auf mit Energie und ließ sie auf eine Weise los, die einen Reiter regelmäßig in den Sand befördert. Aber Isabell nicht. Sie hatte sich nicht umsonst schon mit sieben Jahren im Krankenhaus geschworen, ihrer frechen Schimmelstute bei nächster Gelegenheit zu zeigen, wer hier das Sagen hat. Sie war nicht umsonst manchmal sogar mehrmals täglich von ihrem Reittier katapultiert worden, hatte kurz den Dreck aus ihren Klamotten geschüttelt und war wieder aufgestiegen. Bangemachen galt nie für sie. Jetzt war die Chance da. Posilippo? Das war Tagesgeschäft. Solch einen bockenden Vogel fand sie ganz normal. Sie ritt ihn voller Hingabe und Inbrunst, und je mehr sie sich engagierte, desto mehr Pferde gab der Doktor ihr zu reiten. Zumal seine Kinder, Sohn Uwe, erfolgreicher Arzt, und Tochter Alexa sich mehr und mehr aus dem Turniergeschehen zurückzogen. Von ihren erfahrenen Pferden lernte sie. Unter anderem übernahm Isabell die Stute Fabienne, mit der sie 1992 in Göteborg Weltcup-Siegerin werden sollte.

»Ich war tief glücklich und dankbar, dass ich all diese Pferde reiten durfte, und auf die Idee, dass ich dem Doktor einen Gefallen damit tat, kam ich nicht. Erst spät wurde mir klar, dass ich zwar meine Träume mithilfe des Doktors verwirklichte – er aber auch seine Träume mit meiner Hilfe. Die gemeinsame Leidenschaft für Pferde und für den Erfolg schweißte uns mit den Jahren eng zusammen.«

Uwe Schulten-Baumer war ein Selfmademan. Ein Bauernsohn, geboren am 14. Januar 1926 in Kettwig. Pferde begeisterten ihn schon von klein auf. Als Kind putzte, fütterte und tränkte er in einem Reitstall in der Nähe aushilfsweise die Pferde, als Gegenleistung erhielt er seine ersten Reitstunden. Seinen Militärdienst leistete er bei der Marine ab. Er absolvierte eine Kadettenschule und konnte an den Wochenenden die Pferde der Kommandantur reiten. Ein halbes Jahr lang musste er im Zweiten Weltkrieg dienen und fuhr auf dem Kreuzer »Nürnberg« auf der Ostsee. Nach dem Krieg absolvierte er eine kaufmännische Lehre, holte das Abitur nach, studierte Volkswirtschaft in Würzburg und Bonn und promovierte mit der Arbeit »Verlauf der Kostenkurve der Zementindustrie«. Er fand eine Anstellung beim Roheisenverband, wurde dort Vorstandsmitglied und schließlich Geschäftsführer.

Der Beruf war fordernd, er musste viele Reisen unternehmen. Aber es schien zeit seines Lebens, als wäre das alles nur Mittel zum Zweck. Damit er seiner Pferdeleidenschaft nachgehen konnte. Der »blinden Passion«, wie er das nannte. Auch seine herausragenden Fähigkeiten in der Pferdeausbildung hatte er sich selbst erarbeitet. Als minutiöser Beobachter. Und in der Auseinandersetzung mit den besten Ausbildern seiner Zeit. Fritz Tempelmann etwa, oder Generalmajor Albert Stecken. Schulten-Baumer hat nie eine klassische Bereiter-Ausbildung absolviert, er blieb ein hoch spezialisierter Autodidakt, der nie aufhörte, sich weiterzubilden.

»Zum Beispiel hat er sich mit Major Stecken regelmäßig zum Essen getroffen, um über die Pferdeausbildung zu philosophieren. Es stört mich, wenn heute so leichtfertig über Dinge geur-

teilt wird, die solche Menschen in intensiver Diskussion und im leidenschaftlichen Austausch weiterentwickelt haben.«

Es ist überliefert, dass der Doktor selbst ein exzellenter Springreiter war, der sich mit seiner unberechenbaren Stute Senta sogar in den damals noch extrem klobigen Parcours des Concours Hippique International Officiel, kurz CHIO, in Aachen wagte. Auch von dem Springreiter-Olympiasieger Alwin Schockemöhle hat er sich inspirieren lassen. Zeitzeugen sprachen mit Respekt von seinen Auftritten im Springsattel. Später verlegte er sich auf die Dressur. Doch bald hatte er keine Zeit mehr, sich selbst im Sattel zu profilieren. Er ließ reiten. Erst seine Kinder, vor allem seinen Sohn Uwe und seine Tochter Alexa. Dann Isabell.

»Wenn er nach Hause kam, von einer Geschäftsreise in die Schweiz oder nach Brasilien, verharrte das ganze Anwesen in angespannter Stille. Alles lauschte auf das nächste Geräusch, das entstand, wenn er zum Postkasten ging, seine Briefe herausnahm und ihn wieder schloss. Wenn er ihn zuknallte, zuckten alle im Haus und in der Reithalle zusammen. Aha. Schlechte Laune. Manchmal wurden trotzdem am Abend nach 18 Uhr noch drei Pferde geritten. Das war seine Möglichkeit, herunterzukommen und Kraft zu tanken. Sein Lebenselixier.

Die Pferde beschäftigten ihn immer, Tag und Nacht, vierundzwanzig Stunden. Er hörte niemals auf, über sie nachzudenken. Über ihre allgemeinen Eigenheiten. Und über die besonderen Eigenschaften und Bedürfnisse seiner eigenen Pferde. Und die Wege, wie er sie zum Erfolg bringen wollte. Ein Leben lang suchte er in ihnen nicht nach ihren Schwä-

chen, sondern nach ihren Potenzialen. Sich damit zu befassen – das war sein ganzes Glück.

Und Pferde zu entdecken.

Der Doktor liebte es, auf Pferdeauktionen einzukaufen. Es gab kaum eine Auktion in Verden, im Herzen der Hannoveraner-Zucht, die er nicht besuchte. Sehr häufig haben wir die Pferde, für die er sich interessierte, nicht einmal vorher ausprobiert. Wenn wir das aber doch taten, dann immer mehrere Pferde, um die anderen Leute zu verwirren, weil er stets Sorge hatte, dass sie sonst zu teuer wurden.

Er fuhr schon vorher hin, zum Training und zur Präsentation der Auktionspferde. Er setzte sich, manchmal saßen wir zusammen dort, und beobachtete jedes einzelne Pferd. Wie genau er hinschaute, wie akribisch er seine Maßstäbe anlegte – ich hörte zu und lernte. So ein Tag war für mich wie eine Studienreise. Damals boten die Auktionen der Zuchtverbände noch die besten Pferde der jeweiligen Jahrgänge an. Heute werden die besten Preise schon im Vorfeld erzielt.

Die wichtigste Frage des Doktors: Wie war das Gangwerk? Ein Pferd ohne überzeugende Bewegungsabläufe in Schritt, Trab und Galopp verlor sofort seine Aufmerksamkeit. Wie stand es um die Rittigkeit – bot das Pferd seine Leistung an oder sabotierte es die Bemühungen des Reiters? In kleiner Schrift hielt er Anmerkungen in seinem Auktionskatalog fest, nicht nur, um eventuelle Kaufoptionen zu entwickeln. Er wollte sein Auge für die Pferde schulen, er verglich sie miteinander und bildete sich auf diese Weise fort, und das tat er mit enormem Erfolg. Der Doktor war berühmt dafür, die Potenziale eines jungen Pferdes zu erkennen. In seinem Kopf entwickelte er dann schon die Möglichkeiten der Ausbildung. Ein nicht idealer Körperbau? Das konnte man durch gezieltes Muskeltraining verbessern. Schreckhaftigkeit, Widerbors-

tigkeit, ein wildes Temperament? Das kam mir als Reiterin gerade recht. Der Doktor vertraute wieder und wieder darauf, dass wir die Ursache für eventuelle Schwierigkeiten schon finden und beheben würden.

Wenn er losfuhr, stand es fifty-fifty. Er sagte vorher immer, wir brauchen ja kein Pferd, wir haben ja schon so viele, die mich eine Menge Geld kosten. Aber wir schauten zu Hause auf die Uhr und warteten darauf, dass das Telefon ging und er sagte, ihr müsst eine Box freimachen, ich habe einen gekauft.

Die Dramatik einer Auktion belebte ihn wie einen Spieler am Roulettetisch. Bis ins hohe Alter genoss er diesen Kick. Wenn er sich die Pferde anschaute, wuchs sein Verlangen. Längst wusste er, welches infrage kam für seine Zwecke. Längst hatte er sich vor seinem inneren Auge vorgestellt, wo dieses Pferd unter seiner Obhut wohl in fünf Jahren stehen würde. Und wenn dann die Show losging, die Pferde in die Arena geführt und die ersten Gebote aufgerufen wurden, packte ihn das Fieber. Er konnte es nicht lassen. Er musste einfach mitbieten.

Schon vor einiger Zeit hatte er mit den Auktionatoren ein Zeichensystem vereinbart, um mögliche Trittbrettfahrer hinters Licht zu führen. Also gab er niemals ein simples Handzeichen, um zu bieten, und er wedelte auch nicht deutlich sichtbar mit seinem Katalog. Er hatte dem Auktionator schon vorher anvertraut, für welches Pferd er sich interessierte, sodass der im entscheidenden Moment Blickkontakt mit ihm aufnahm. Dann reichte es, wenn der Doktor sich unauffällig an die Brille fasste, die oft lose an einem Bändchen vor seiner Brust baumelte. Manchmal kam es zu einem Missverständnis deswegen, und es gab Ärger. Aber meistens kam er, immer noch bebend vor Energie, nach Hause und hatte ein Pferd gekauft. Wir probierten es gleich aus.

Wenn wir dann in der Reithalle gemeinsam feststellten, dass er einen guten Kauf getätigt hatte, dass die Hoffnung auf eine große Zukunft berechtigt war, dass ich die Herausforderung mit Freude annehmen konnte, ja, sogar begeistert war, dann waren wir beide selig. Gott sei Dank, sagte er. Bin ich aber froh. Da habe ich doch den Richtigen gekauft.

Danach schlief er trotzdem miserabel. In der Nacht suchten ihn die Zweifel heim, ob er sich nicht vertan hatte. Katzenjammer. Hatte er richtig gesehen? Hatte er richtig geurteilt? Er konnte ja nicht einfach fünfzigtausend Mark für ein junges Pferd ausgeben und mal versuchen, ob es klappte, so wie die vielen Superreichen in der Szene. In dieser Liga spielte er nicht. Er musste ins Schwarze treffen mit seinen Entscheidungen, sonst gefährdete er das ganze Projekt. Die Angst, dass das Geld nicht reichen würde, plagte ihn ohnehin seit seiner Kindheit. Sie verfolgte ihn bis in seine grüblerischen Nächte. Hatte er sich vielleicht doch geirrt? Das konnte wochenlang so gehen. Er nahm sich natürlich in der Nacht vor, mich am nächsten Morgen sofort anzurufen.

Er ist nie mit irgendetwas leichtfertig umgegangen. Für ihn war der Kauf eines Pferdes Kapital. Er hätte niemals gesagt, dieses Pferd taugt nun doch nichts, den können wir nicht behalten, wir nehmen einen anderen. Er hat gesagt, das Pferd haben wir jetzt, und wenn es Probleme gibt mit ihm, dann müssen wir die lösen. Er sagte, wir müssen für jedes Pferd den Schlüssel finden. Dieser Satz ist mir in Fleisch und Blut übergegangen. Wir haben uns mit den Pferden beschäftigt, über Lösungen nachgedacht, und auch deswegen hatte er manchmal eine schlaflose Nacht, so wie ich sie heute habe.

Den Schlüssel finden: Das ist der Kern des Rüstzeugs, das der Doktor mir mitgegeben hat. Bis heute handele ich nach dieser Überzeugung: Das Pferd hat grundsätzlich keine Feh-

ler. Der Reiter muss einen Weg finden, seine Stärken zur Entfaltung zu bringen. Er muss es formen und ihm den Weg bereiten.

Manchmal aber packte ihn ein eisiger Schreck. Zum Beispiel, als er Richard Kimble gekauft hatte. Der war ein eleganter, langbeiniger Brauner mit breiter Blesse, den der Doktor spontan bei der Auktion in Westfalen gekauft hatte. Er war vier Jahre alt, und der Doktor wunderte sich ein bisschen, warum er ihn für einen solch guten Preis bekommen hatte. Zu Hause offenbarte sich dann der Grund: Richard Kimble ließ seine Zunge aus dem Maul hängen, ein Zeichen von Widerstand gegen alle Signale, die die Reiterhand ihm geben wollte. Eigentlich ein K.o.-Kriterium. Und wenn wir das nicht rasch würden lösen können, wäre das Geld tatsächlich verloren. Der Doktor rief mich zwischen zwei Seminaren an der Universität an: ›Du musst unbedingt kommen.‹ Das tat ich und stellte schnell fest, dass die Leute im Laufe der Auktion versucht hatten, ihn mit einer untauglichen Maßnahme zu disziplinieren. Er hatte sich wahrscheinlich gegen den Zügel gesperrt, als Konsequenz zogen sie den Nasenriemen immer enger. Ich ritt ihn ein paar Wochen mit ganz losem Nasenriemen – und schon war die Zunge drin.«

Richard Kimble entwickelte sich wie gewünscht, er gehörte zu den Pferden, die Isabell bei ihrem Auszug vom Doktor mitnahm. Doch mit acht Jahren verletzte er sich und musste nach und nach aus dem Sport verabschiedet werden. In einem solchen Fall reicht das ganze Grübeln nicht mehr. Da schlägt schlicht das Schicksal zu. Seitdem genießt er seine Frührente bei Isabell auf der Wiese.

»Der Doktor hat immer sehr viel riskiert. Er hat sein Vermögen in die Reitanlage und Pferde gesteckt. Er hat nie gesagt, ich kaufe lieber eine Immobilie, und schaue, dass ich damit spekulieren kann. Er hat in Pferde investiert, wohl wissend, dass sie morgen tot im Stall liegen könnten.«

Die Gründe, warum der Doktor sich entschloss – kurz bevor Isabell zu ihm in den Stall kam – mit Nicole Uphoff, Tochter eines Duisburger Transportunternehmers, eine Schülerin in seinen Stall aufzunehmen, bleiben unklar. Er tat so etwas eigentlich sehr ungern. Er wollte sein eigenes Projekt betreiben und nicht der Trainer für andere Leute sein. Er stand ja stets nur scheinbar am Rand, fühlte sich selbst aber als Mittelpunkt seines Reitunternehmens. Möglich, dass ihn die Herausforderung Rembrandt faszinierte. Der war ein besonders schöner, langgliedriger Brauner, an dem sich bereits zwei der renommiertesten Ausbilder die Zähne ausgebissen hatten. Das Bewegungstalent des Westfalen, sein Schwung und seine Star-Qualität waren für jeden erkennbar. Und er war sehr gelehrig. Wenn er mit gespitzten Ohren im starken Trab durch die Manege schwebte, schaute alles auf. Seine Piaffen setzte er wie ein Metronom, seine Galoppwechsel zog er rhythmisch und schnurgerade. Rembrandt konnte alles. Aber er konnte auch seine Ausbilder reihenweise scheitern lassen. Klaus Balkenhol hatte aufgegeben. Fritz Tempelmann, mit dem Schulten-Baumer über Jahre hinweg in einem hippologischen Fachdialog stand, hatte sich bei einem Sturz von Rembrandt sogar ein Bein gebrochen. Das Pferd ließ sich einfach nicht unter absolute Kontrolle bringen, und das in der Dressur, wo jedes Härchen in der perfekten Richtung zu liegen hat.

Rembrandt verfeuerte seine überschüssige Energie regelmäßig, indem er vor imaginären Gefahren zusammenschreckte. Das Rascheln eines Herbstblatts wurde zum Horrorerlebnis, ein Blumenkübel konnte sich in ein Monster verwandeln, und ein weit entfernter Sonnenschirm schickte eine flatternde Drohung. Rembrandt sprang hin und her und versuchte, seiner Bestimmung zum Fluchttier nachzukommen – er wollte nichts wie weg und war nicht schnell zu beruhigen. Das ging so weit, dass Rembrandt beim Turnier nicht mehr eingesetzt werden konnte. Der Fall reizte den Ehrgeiz des Doktors.

Ratlos saß die zwanzigjährige Nicole Uphoff auf ihrem Pferd und wusste nicht, wie sie reagieren sollte. Der Doktor aber wusste es. Er erkannte sofort das Verhängnis: Wenn Rembrandt vor etwas wegsprang, wurde er bestraft, was zur Folge hatte, dass das Wegspringen immer schlimmer wurde. Schließlich hatte er jetzt nicht mehr nur Angst vor den diversen Phantomen, sondern auch vor der anschließenden Strafe. Also empfahl der Doktor der Reiterin, dem Pferd beim Auftauchen eines Gegenstandes, bei dem ein Scheuen zu befürchten war, beruhigend den Hals zu klopfen und die Zügel nachzugeben, sodass er die Möglichkeit bekam, sich den Grund seiner Furcht genauer anzusehen. Das Problem hörte zwar nie ganz auf. Selbst beim Olympiasieg in Seoul 1988 scheute Rembrandt einmal deutlich. Aber das Genie begann irgendwann, den Wahnsinn zu überwiegen.

Mit großer Geduld, viel Hingabe und akribischer Kleinarbeit widmete der Doktor sich den beiden. Um sowohl dem Pferd als auch der Reiterin, damals im Grunde einer begabten Amateurin, gerecht zu werden, passte er seine komplette Trainingsmethode an, kehrte altbewährten Methoden den Rücken und entwickelte die Lektionen aus dem Bewegungsfluss heraus. Er ließ Nicole Uphoff Tausende von Übergängen von einer Lektion in die andere reiten. Er nutzte Rembrandts natürliche Lockerheit, und er brachte durch eine tiefe – zeitweise auch extrem tiefe – Haltung des Halses den Rücken zur Dehnung und schließlich zum Schwingen. Damit ermöglichte er Nicole eine bessere Kontrolle. Der Erfolg: 1987 besiegte Nicole Uphoff in Lausanne in einem beispiellosen Überraschungscoup die damalige Olympiafavoritin Christine Stückelberger aus der Schweiz, die erschrocken fragte: »Wer ist das denn?« Aus einem hoffnungslosen Fall war eine Weltsensation geworden.

Die Leichtigkeit, mit der Nicole Uphoff ihr Pferd lenkte, ruhig, mit sanfter Hand und fast unsichtbaren Hilfen, veränderte das gesamte Bild der Dressurreiterei. Rembrandts butterweiche Übergänge, speziell von der Passage in die Piaffe, wurden Legende. Heute würden Kritiker sich womöglich an seinen Piaffen stören. Tatsächlich nahm er mit der Hinterhand nicht so viel Last auf, wie es sich eigentlich gehört. Er »setzte« sich nicht genug. Doch darüber sahen die Richter bei den Olympischen Spielen in Seoul vor lauter Begeisterung über diese neue Ära der Eleganz gelassen hinweg und sprachen ihr die Goldmedaille zu.

Isabell, das neue Küken im Stall, lernte von Nicole, so viel sie konnte.

»Uns beide verband zwar keine Freundschaft. Nicoles eigenwillige Art empfand ich zuweilen als irritierend. Manchmal fühlte ich mich von ihr nicht einmal wahrgenommen, dann wiederum wurde ich freudig begrüßt. Gemeinsam ritten wir so manches Mal in Schulten-Baumers Halle, während

der Doktor lauthals mit seiner Tochter Alexa stritt. Schamrot zogen wir die Köpfe ein und drehten unsere Runden.«

Als Nicole Uphoff im Herbst 1988 mit Rembrandt Olympiasiegerin wurde, war Uwe Schulten-Baumer nicht mehr ihr Trainer. Im April des gleichen Jahres war es zu einem Streit gekommen, der auf verblüffende Weise illustriert, wie der Doktor sein konnte: hochempfindlich, stolz und unbestechlich. Aus seiner Warte hatte Nicole Uphoffs Mutter das Ungeheure gewagt und es am nötigen Respekt fehlen lassen. Askan, das Zweitpferd ihrer Tochter, lahmte, es kam auf seinem Anwesen zum Streit, und sie gab dem Doktor unverblümt die Schuld dafür. Viele andere hätten so etwas einfach hingenommen, mit Blick auf die großen Erfolge, die sich am Horizont abzeichneten. Der Doktor nicht. Topfavoritin, Shootingstar, Gold-Ausbilder hin oder her – mit einer solchen Missachtung seiner Mühen konnte er nicht leben. Er wies Mutter Uphoff die Tür. Morgen will ich hier keines Ihrer Pferde mehr sehen. Auf Wiedersehen. Das war's.

Nicole Uphoff wurde 1988 ohne den Mann, der die Grundlagen für alles gelegt hatte, Olympiasiegerin, und 1992 in Barcelona noch einmal. Der Doktor aber wandte nun all seine Kraft seiner Lieblingsschülerin zu: Isabell. Er schwor sich: jetzt erst recht. Und seine Reiterin ließ sich nicht bitten. Schon ein Jahr nach Nicoles Abschied vom Doktor wurde Isabell in Mondorf Mannschafts-Europameisterin mit Weingart. Der war noch ein Vertreter der Schwerarbeiter alter Schule. Zwei weitere Jahre später besiegte sie bei den Europameisterschaften in Donaueschingen mit Gigolo die große Diva Nicole Uphoff mit Rembrandt im Grand Prix Special. Der Doktor strahlte.

Er war nun offiziell dort angekommen, wo er sich selbst immer gesehen hatte: ganz oben. Und Isabell hatte ihre eigenen Träume übertroffen. Wahrscheinlich erlebten die beiden damals die schönste Phase ihres Zusammenwirkens. Der Meister und seine Muse. Der Doktor steuerte die Honda Dax, die Isabell kurz vorher gekauft hatte, sie saß hinten drauf, zusammen knatterten sie durch den ehrwürdigen Schlosspark in Donaueschingen in einem Tempo, dass der Fahrtwind den Zuschauern die Startlisten aus den Händen wehte. In Salven schallte Isabells Gelächter über den Platz, sie war zweiundzwanzig, machte alle ihre Träume wahr und sprühte vor Energie. Ihr dreiundvierzig Jahre älterer Lehrmeister, Mäzen, Förderer hatte sich durchgesetzt, taute sein Lächeln auf, beide genossen die Welt, die Pferde, die Erfolge wie eine ausgiebige Spazierfahrt im Sonnenschein. Ein unzertrennliches Gespann. Wenn sie einmal nicht in seiner Nähe war, fragte der Doktor nervös: Wo ist Isabell? Lange blieb sie nicht weg. Beide hatten sich gesucht und gefunden.

»Wir waren uns gegenseitig dankbar. Ich natürlich ihm zunächst viel mehr als er mir. Aber am Ende des Tages war das eine Symbiose. Unser Verhältnis war von sehr viel Wärme begleitet. Ich kann mir vorstellen, dass ich in all den Jahren vielleicht sogar die einzige Person war, bei der er sich wirklich wohl und zu Hause gefühlt hat. Zumindest für eine gewisse Zeit, bevor dann dieser ganze Streit begann. Irgendwie war ich, glaube ich, diejenige, in der er sich total realisiert hat. Auf seine Art hat er mich geschützt und für mich gesorgt.«

Der ganze Streit? Donaueschingen war erst der Anfang der großen Erfolgsgeschichte, die vor allem mit dem vierbeinigen Topathleten Gigolo verbunden ist. Aber schon hinter diesem ins Sonnenlicht getauchten Bild verbargen sich die ersten Unstimmigkeiten. Zunächst noch unmerklich: Isabell war froh und dankbar, dass sie die großartigen Pferde der renommiertesten Dressurkoryphäe reiten durfte, die sie kannte. Vor lauter Ehrfurcht wäre sie nicht auf die Idee gekommen, dass er sie in irgendeiner Weise dafür hätte entlohnen sollen. Klar: Er bezahlte eine eigene Bereiterin, die seine Pferde professionell bewegte. Allerdings zog er niemals in Erwägung, seine Angestellten mit seinen Pferden auf Turniere zu schicken. Natürlich hatte auch die Bereiterin Lust, irgendwann die Früchte ihres Trainings zu ernten, doch von der Vorstellung, man müsste seine Leute gelegentlich motivieren, hielt der Doktor nichts. Wieso sollte er für die Profilierung und das Vergnügen seiner Angestellten Geld ausgeben? Und außerdem war er der Meinung, dass sie seine Pferde reiterlich höchstens in die Irre führten. Nach dem Motto: Die verreiten sie mir nur. Es dankt mir sowieso niemand, und wenn das Pferd hinterher lahm ist, habe ich das Problem und muss das alles regeln, das interessiert dann keinen Bereiter mehr.

»Bald trainierte ich mehr Pferde als die Bereiterin. Und das mit Begeisterung und ohne zu rechnen. Der Erfolg war mir wichtiger – ich hatte Blut geleckt und wollte immer mehr davon. Zu dieser Anfangszeit war mir die Sporthilfe eine sehr wichtige Unterstützung, weil sich durch die vielen Reisen die Kosten summierten. Die musste ich selbst finanzieren, und schließlich war ich zu dieser Zeit Studentin. Während der Turniere wohnten wir in den offiziellen Hotels meistens der teuren Kategorie. Hilton, Sheraton, Mövenpick musste es

sein – mir wäre eine preiswerte Pension lieber gewesen. Oft mussten meine Eltern einspringen.«

Isabell war nie beim Doktor angestellt, sie wurde für ihre Arbeit nicht bezahlt. Das machte die Finanzierung des Ganzen anfangs schwierig. So fuhr Isabells Mutter Brigitte in den ersten Jahren die Pferde auf dem Hänger zu den Turnieren. Einmal Rheinberg – Stuttgart und zurück. Als Gigolo immer wertvoller wurde und sie hörte, dass es sogar Millionengebote für das Pferd gegeben hatte, bekam sie es aber mit der Angst und wollte nicht mehr fahren. Also musste ein Spediteur bezahlt werden. Die Finanzierungsfrage war bis zuletzt ein heikles Thema zwischen den beiden.

»Das war am Anfang kein Zuckerschlecken. So was macht heute kaum mehr einer mit, alle fragen doch, was kriege ich dafür.«

Am Anfang war Isabell nicht einmal an den Gewinnen aus gelegentlichen Pferdeverkäufen beteiligt, obwohl es nicht zuletzt ihr unbezahltes Training war, das den Wert der Pferde erhöht hatte. Die Provisionen flossen erst später. Der Doktor war zunächst der Meinung, weil er das volle Risiko und die Kosten rund um die Pferde trage, stünden ihm auch alle Einnahmen, die durch seine Pferde generiert wurden, zu. Er war stets besorgt, übervorteilt zu werden. Erst im Laufe der Jahre fanden sie eine faire Lösung, sodass Isabell an den Sponsoreneinnahmen zur Hälfte und an den Pferdeverkäufen mit einer Provision beteiligt wurde, aber nicht am Preisgeld. Im Laufe der Zeit hatte er erkannt, dass sie an der Wertsteigerung seines Turnierstalls nicht ganz unbeteiligt war.

Die mit den Pferden verbundenen Verlustängste waren natürlich ganz real. Als er einmal innerhalb kurzer Zeit zwei Pferde verloren hatte, eines durch eine gebrochene Hüfte, ein anderes durch eine Krankheit, war er tatsächlich drauf und dran, seinen Turnierstall aufzugeben. Wenn damals nicht einer seiner Herren-Freunde, Herwart von der Decken, damals der Chef des »Vereins zur Förderung der Reiterei auf Hannoverschen Pferden« und Vorsitzender des hannoverschen Zuchtverbandes, eingeschritten wäre, hätte Schulten-Baumer vielleicht wirklich das Handtuch geworfen. So aber trieb der Helfer aus Hannover die Mittel zum Kauf eines Pferdes auf – das war Antony, der dunkelbraune Wallach, das Back-up für Gigolo, mit dem Isabell 1999 und 2001 Mannschafts-Europameisterin wurde. Antony wurde übrigens siebenundzwanzig Jahre alt.

Die Krise im Stall Schulten-Baumer ging vorüber, und mit der Zeit wuchs die Zahl der Pferde im Stall immer weiter an. Mit sechs Boxen hatten sie einst angefangen, Stück für Stück war deren Zahl auf fünfundzwanzig gewachsen.

Das Risiko allein war es nicht, das den Doktor umtrieb. Es war die Angst vor dem plötzlichen Verarmen, die ihn schon in seiner Kindheit gepackt hatte und die ihn nie wieder losließ. Sie war sein Antrieb – und schließlich sein Verhängnis. Als er noch ein Junge war, verkauften seine Eltern den heimischen Bauernhof. Das Geld scheint durch Spekulation verloren gegangen zu sein. Die Verzweiflung seiner Mutter angesichts des dramatischen Verlusts hatte ihn tief getroffen – auch als älterer Herr erzählte er noch davon. Dieses Trauma prägte das Leben des Doktors auf zersetzende Weise. Er sagte: Ich habe erlebt, was es heißt, von heute auf morgen ohne etwas dazustehen. Er scheint sich geschworen zu haben, schon als Kind, dass er niemals seine finanzielle Unabhängigkeit verlieren dürfe. Dass er es aus sich selbst heraus zu etwas bringen müsse.

Zeit seines Lebens bewegte er sich aber in einem Umfeld, in dem viele Leute erheblich reicher waren als er. In der Dressurfamilie, in der es für viele traditionell darum geht, die Rivalen durch teure Pferdekäufe zu übertrumpfen. Und in der ein Wohlhabender sich arm fühlen muss. Wer nicht superreich ist, setzt sich nur dann durch, wenn er ausgesprochen clevere Strategien verfolgt.

Eigentlich gibt es nur zwei Möglichkeiten. Entweder er bietet seine Arbeitskraft am Markt an, muss dann zwar für pubertierende Millionärstöchter an der Bande im Regen stehen, erhält aber ein stattliches Honorar und manchmal fürstliche Provisionen aus Pferdeverkäufen. So kann er gut leben – macht sich allerdings zum Diener der Reichen. Oder er ersetzt Geld durch Genialität, ersteigert die Pferde eher preiswert und entwickelt sie mithilfe seiner herausragenden Fähigkeiten und eines hochtalentierten Reiters zu Cracks, die ihm selbst Ruhm bringen. Auf diesem Wege konnte Schulten-Baumer seinen Anspruch erfüllen, ein erfolgreicher Dressurausbilder, und kein Diener, sondern ein Herr zu sein. Allerdings blieb sein System auf Kante genäht. Zeitlebens fürchtete er den Abstieg.

»Um Wohlstand und Anerkennung zu erlangen, hat er enormen Ehrgeiz entwickelt. Das war sein Antrieb. Am Anfang, in der Zeit nach dem Krieg, kam er sich wohl ein bisschen verloren vor. Nicht gleichwertig. Er hat sich durch Erfolg und Leistung den Respekt verschafft, die Unabhängigkeit und das Ansehen.«

Gleich zu Beginn von Isabells Karriere musste der Doktor eine massive Attacke der ehrgeizigen Millionärsfront parieren. Gigolo gehörte ihm noch nicht, doch Isabell stellte ihn 1990 bereits auf Turnieren vor, im Rahmen des Weltcup-Finales in s'-Hertogenbosch in den Niederlanden ging er seinen ersten internationalen Wettbewerb auf allerhöchstem Niveau, den Grand Prix. Noch war das Geschäft nicht abgewickelt, das der Doktor mit seinem Sohn vereinbart hatte, noch war die Lage fragil, und die Kundschafter der Konkurrenz saßen bereits am Viereck und schmiedeten Sabotagepläne.

Nachdem Isabell mit dem damals erst sieben Jahre alten, unreifen Pferd Dritte geworden war und jeder gesehen hatte, was in diesem Fuchs mit dem unscheinbaren Hals steckte, begann vor allem Kaufhauskönig Josef Neckermann Druck auf den Doktor aufzubauen. Der willensstarke alte Herr aus Frankfurt, eine Ikone des Dressursports, ritt damals schon lange nicht mehr aktiv, mischte jedoch in der Szene weiter mit, indem er den Bad Homburger Industriellensohn und Aufsteiger Sven Rothenberger protegierte. Er war permanent auf Pferdesuche für seinen Schützling, lockte und verhandelte immer wieder, und nun hatte er Gigolo ins Visier genommen. Es begann ein beharrliches Beharken.

Selbst auf dem Werth'schen Hof in Rheinberg klingelte mehrmals das Telefon, die Familie Rothenberger wollte Isabells Eltern dazu bewegen, Einfluss zu nehmen. Der Doktor nahm schließlich in einem beherzten Moment Josef Neckermann zur Seite und bat ihn, ihm nicht das Geschäft kaputt zu machen und Isabell das Pferd, wie das in Reiterkreisen bildhaft formuliert wird, unter dem Hintern wegzuziehen. Er hatte mit seinem Sohn einen angemessenen, aber nicht verrückten Preis abgesprochen, den Neckermann mühelos hätte vervielfachen können. Der Frankfurter Kaufmann gab seine Bemühungen daraufhin nicht etwa beschämt auf, sondern wurde wütend auf den Doktor. Der geriet in helle Panik, schließlich wollte er auch seinen eigenen Sohn, der versprochen hatte, das Pferd keinem Dritten zu geben, nicht um so viel Geld bringen.

Der Doktor verteidigte in diesem Moment nicht nur Isabells Karriere, sondern sein komplettes System. Seinen Status. Und er gewann. Hilfe suchend wandte er sich an seinen honorigen Bekannten von der Decken, der ganz offensichtlich ahnte, welche Werbung Isabell und Gigolo in der nahen Zukunft für die Dressurpferde aus der Hannoverschen Zucht machen würden, und sorgte dafür, dass die beiden zusammenblieben. Der Förderverein FRH übernahm die Hälfte des Kaufpreises von hundertsechzigtausend Mark. Diese Summe kostete Gigolo – so jedenfalls hat es Isabell in Erinnerung. Rückblickend war das wirklich günstig, bedenkt man die heutigen Preise. Und den Umstand, dass Gigolo in seinem Leben fast eine Million Mark an Preisgeld einbrachte. Und das in der Dressur, wo die Dotierungen im Vergleich zum Springen niedrig sind – und seinerzeit noch niedriger waren.

»Ich lernte damals fürs Leben. Dass es in diesem so vornehm anmutenden Sport nicht erlaubt ist, auch nur einen Moment vertrauensselig oder naiv zu sein. Dass der kluge Stratege mehrere Schritte vorausdenkt, um nicht von der Konkurrenz überrumpelt zu werden. Dass die Freude, wenn etwas gut läuft, einen nicht vertrauensselig machen darf. Die Vorstellung, was alles nicht geschehen wäre, hätte der Doktor damals keine

akzeptable Lösung gefunden, hat mich wachsam gemacht und meine Sinne geschärft. Auch dies gehört zu dem Rüstzeug, das er mir mitgegeben hat. Ohne eine gesunde Portion Misstrauen hätte ich die späteren Schritte in die Selbstständigkeit nicht gemeistert.«

Während der Stall des Doktors unter Liebhaberei verbucht wurde, betreibt Isabell ein kleines professionelles Unternehmen. Selbstverständlich bezahlt sie allen Mitarbeitern, die sie zum Turnier begleiten, die Reise, das Hotel und die Spesen. So viel muss das Geschäft einbringen. Es geht entspannter zu als damals.

Die Überzeugung des Doktors, dass alles zu teuer war und alle hinter seinem Geld her waren, vergiftete seine Beziehungen. Jede Ausgabe wurde intensiv überdacht. Gleichzeitig begab er sich selbst in die Zwickmühle: Er steckte all sein Geld in die Pferde, deren Verletzlichkeit ihm wiederum den Schweiß auf die Stirn trieb. Drohende Tierarztrechnungen bereiteten ihm Albträume.

Weitere dunkle Wolken zogen am Horizont herauf. Eifersucht und Missgunst luden die Stimmung auf der Reitanlage hinter den schneeweißen Mauern am Krähenkamp immer mehr mit negativer Energie auf.

»Der Doktor schaffte es nach meiner Auffassung nicht, sein Leben zu ordnen, und so zerrten kontroverse Kräfte an ihm, die er selbst kreiert hatte. Sein Ego war stärker als jede Diplomatie. Er war ein Mensch, der es aushielt, im Unfrieden zu leben.«

Als Isabell anfing, die Pferde des Doktors zu reiten, hatte er sich von seiner ersten Frau, der Mutter von Uwe, Alexa und Verena, gerade getrennt. Es gab eine zweite Frau Schulten-Baumer, zufällig Isabells einstige Grundschullehrerin, die zuvor in der Nachbarschaft gewohnt hatte. Sie brachte ihre Tochter Ellen aus erster Ehe mit, aus der ebenfalls eine ehrgeizige Reiterin wurde.

Zunächst hatten Isabell und Ellen noch keine Probleme miteinander. Im Gegenteil, sie verstanden sich gut, die Rollenverteilung war unkompliziert: Isabell die starke Erfolgsreiterin mit der wachsenden Trophäensammlung. Und die elf Jahre jüngere Ellen, die von dem professionellen Vorbild profitierte und in Isabells Windschatten den Weg in Richtung Leistungssport einschlug. Als Isabell 1996 in Atlanta auf Gigolo Olympiasiegerin wurde, war Ellen erst sechzehn Jahre alt. Doch als sie weiter heranwuchs, begannen die Schwierigkeiten. Isabell wurde zunehmend als Konkurrentin im eigenen Stall gesehen. Dabei war die doch nur das Nachbarskind – sie aber die Tochter des Hauses. Eigentlich wäre es die Aufgabe des Doktors gewesen, die Fronten zu klären, aber der tat es nicht. Hin- und hergerissen zwischen den Parteien konnte er sich nicht dazu durchringen, klare Regeln aufzustellen. Er scheute diesen Konflikt und entzog sich.

»Es kam die Zeit, in der Ellen die Vormachtstellung im Stall übernahm. Der Doktor schürte das Konkurrenzverhältnis sogar. Er glaubte, so könne er uns beide zu noch größeren Leistungen anstacheln.«

Bei Ellen zeigten sich erste Erfolge, sie profilierte sich bei Junioren-Championaten, und sie brachte jetzt schon internationale Medaillen mit nach Hause, wenn auch Isabells Leistungen deutlich höherwertig waren. Im gleichen Jahr, in dem Ellen Schulten-Baumer Europameisterin der Jungen Reiter wurde, gewann Isabell in Rom zwei Weltmeistertitel. Wer also war die Bessere? Wer musste mehr respektiert, geliebt und geschützt werden? Wer hatte das Recht auf das bessere Pferd, die aufwendigere Betreuung, auf des Doktors ungeteilte Aufmerksamkeit? Es liegt auf der Hand, dass Isabells Antworten auf diese Fragen anders ausfielen als die von Ellen und ihrer Mutter. Und dass das ausgeprägte Ego des Doktors angesichts dieser Konstellation zu rotieren anfing. Isabell passte nicht mehr so gut in das Muster seiner Bedürfnisse. Und seine Familie zerrte an ihm.

»Und wieder eskalierte der Streit in der Geldfrage. In der Sache waren der Doktor und ich uns ja nach wie vor einig. Sobald es um Pferde, ihre Ausbildungsschritte und ihre speziellen Bedürfnisse ging, floss die Energie zwischen uns beiden wie eh und je. Der alte emotionale Gleichklang half immer wieder über die familiären Probleme und seine autoritären Spielchen hinweg. Ich war nach wie vor fasziniert von seiner Klarheit im Umgang mit den Pferden, von seiner Weitsicht und seiner Akribie. Ich schätzte die Art und Weise, wie er allen im Stall den Respekt vor der Kreatur abverlangte. Alles musste sauber und gepflegt sein, die Sattelkammer aufgeräumt, die Boxen sauber, die Stallgasse gefegt. Und niemandem war es erlaubt, ein Pferd als ›Gaul‹ oder Schlimmeres zu bezeichnen. In der Bahn aber stritten wir uns immer öfter und verbissener.

Irgendwann verging kein Tag mehr, an dem wir uns nicht anschrien. Ich brüllte, nun sei endgültig Schluss, und ging nach Hause. Er fuhr hinterher und bat mich, zurückzukommen. Doch dann regte er sich erneut zuverlässig darüber auf, was alles kosten würde. Ich schlug ihm immer wieder Rechenmodelle vor, wie wir die Finanzierung des Turnierstalls auf eine meiner Meinung nach gerechtere Basis stellen könnten. Aber wir fanden keinen Konsens.

Bei allem Respekt, aller Dankbarkeit und Wertschätzung für ihn muss ich sagen: Er hat das alles selbst angerichtet. Er hat in seinen besten Jahren häufig ohne Rücksicht auf die Seelen anderer Leute sein Ego ausgelebt. Und irgendwann hat er bezahlt dafür.«

Bisher hatte Isabell den Doktor genommen, wie er war. Sie hatte seinen Perfektionismus ausgehalten. Auch die Momente, wenn sie strahlend aus einer Prüfung ritt, und er erst einmal seinen inneren Druck abbaute, indem er ihr zuallererst ihre Fehler vorhielt. Weil trotz des Sieges nicht alles nach seiner Zufriedenheit gelaufen war. Regelmäßig zog er wegen ein paar Details ihrer Begeisterung abrupt den Stecker. Andere Leute bemerkten es und sprachen sie darauf an. Isabell aber beklagte sich nicht, sondern schluckte die Tränen der Enttäuschung herunter. Warum würdigte er ihre Leistungen nicht? Er rechtfertigte seine unzufriedenen Äußerungen damit, dass er seine frischen Eindrücke loswerden müsse, ein paar freundliche Gesten zur Einleitung seien überflüssig, die verwässerten sie nur.

»Ich hielt es aus, weil ich wusste: Dies ist Leistungssport, kein Kindergeburtstag. Wer nicht die nötige Härte mitbringt, hat keinen Erfolg.«

Auch seine Überempfindlichkeit hielt sie aus, seinen Anspruch, immer auf sie zugreifen zu können, seine Ungerechtigkeit und die Tatsache, dass er sie ohne Umschweife zu einem Teil seines Egos gemacht hatte. Seinen Aberglauben, der dazu führte, dass er sofort umkehren wollte, wenn eine Katze über die Straße lief. Oder wenn zwei Ampeln nacheinander auf Rot standen. Es ging so weit, dass er anordnete, Isabells Mutter Brigitte dürfe bei keinem Ritt ihrer Tochter mehr zuschauen – er behauptete, sie bringe Unglück. Und er schickte sie fort, wenn er entdeckte, dass sie heimlich hinter einem Pfeiler stand und doch einen Blick auf Gigolo zu erhaschen versuchte.

Die Liebe zum Pferd war stark genug, um die beiden weiter über alle Zwänge hinweg zu verbinden. Und Isabell wusste genau, dass er nicht nur herumbrüllen konnte wie ein Wüterich, sondern auch weinen wie ein Kind, wenn ihnen ein großer Fortschritt gelungen war. Wenn es gar nicht mehr ging, half ihr das stabile Elternhaus über Krisen hinweg. Dorthin konnte sie immer flüchten und die Harmonie tanken, die ihr beim Doktor fehlte.

Doch es kam der Tag, an dem ihr das permanente Zanken zu viel wurde. Zumal der Doktor selbst – wieder ging es ums Geld – die Rollenverteilung im Stall weiter veränderte. Als Madeleine Winter-Schulze auftauchte, selbst erfolgreiche Dressurreiterin und auf dem Weg, die größte Mäzenin der deutschen Reiterei zu werden, da war es, als ginge der ganze Missklang in eine neue Tonart über. Erst kaufte sie für sich selbst ein Pferd – Aurelius, mit dem sie nicht einmal besonders gut zurechtkam. Dann kaufte sie Satchmo und Richard Kimble, die beiden Fünfjährigen, die Pferde, die für Isabells Zukunft standen. Und später noch Apache. Die Pferde erwarb sie zunächst mit der Maßgabe, dass der Doktor die Reiterin weiter unterstützen würde. Er glaubte, damit die Lösung für seine Probleme gefunden zu haben: Durch den Pferdeverkauf genug Geld einzunehmen, um die Zukunft des Turnierstalls abzusichern, die Ansprüche seiner Familie erfüllen und seine inneren Ängste beruhigen zu können. Er würde die Pferde im Stall halten und ihre Ausbildung weiter vorantreiben. Und er könnte mit weniger Risiko weiter von Isabells herausragenden reiterlichen Fähigkeiten profitieren, die seinem Können die nötige Geltung verschafften.

Aber die Rechnung ging nicht auf. Weil Isabell nun nicht mehr die Pferde des Doktors ritt, hatte er an Macht über sie eingebüßt. Weil ihm ihre wichtigsten Pferde nun nicht mehr gehörten, hatte er den uneingeschränkten Zugriff auf sie verloren. Seine geliebte und mit größter Wachsamkeit verteidigte Eigentümerschaft hatte er aufgegeben, die selbst konstruierte Herrenrolle funktionierte nicht mehr wie einst.

Gönner, Mäzen, Ausbilder, nicht etwa Trainer – das war gestern.

»Ich spürte genau, dass der Verkauf der Pferde an Madeleine der Anfang vom Ende war. Das Urvertrauen war verflogen und mit ihm die Illusion, eine untrennbare Gemeinschaft zu bilden. Damals konnte ich noch nicht ahnen, dass sich daraus der zweite Glücksfall in meinem Leben entwickeln würde.«

Anfang des Jahres 2001, nach sechzehn gemeinsamen Jahren, beschloss Isabell, die Zusammenarbeit mit dem Doktor aufzugeben. Im Herbst zog sie aus dem Stall aus. Er war fünfundsiebzig Jahre alt und würde schnell erkennen müssen, dass der erfolgreichste Abschnitt seiner Laufbahn als Dressurausbilder vorbei war. Sie war einunddreißig und begann ein neues Leben ohne ihn.

Isabell wählte den Zeitpunkt sorgfältig: Sie ging erst,

als Gigolo in den Ruhestand verabschiedet worden war. Ein Jahr zuvor war sie noch mit ihm bei den Olympischen Spielen in Sydney gestartet, hatte die Goldmedaille mit der Mannschaft und die Silbermedaille in der Einzelwertung gewonnen. Im November des gleichen Jahres wurde dem Pferd beim Turnier in Stuttgart sein festlicher und tränenreicher Abschied bereitet. Der Doktor fand es zu früh – er hätte ihn gerne noch eine Weile im Sport belassen. Vielleicht, weil er ahnte, was sich anbahnte.

»Die Vorstellung, jemand anderes könnte sich auf Gigolo setzen, war mir unerträglich. So lange Gigolo im Sport war, fühlte ich mich nicht nur an das Pferd, sondern auch an den Doktor gebunden. Als Gigolo verabschiedet worden war, bereitete ich meinen eigenen Abschied vor. Ein weiteres Jahr bestritten wir noch zusammen mit Ach und Krach. Dann war endgültig Schluss.«

Obgleich die Trennung sich über einen langen Zeitraum hinweg angekündigt hatte: Der Doktor hatte offenbar nicht damit gerechnet, dass Isabell Ernst machen würde. Bis zuletzt nicht. Er hielt es für unmöglich, dass sie sich von seinem Einfluss frei machen könnte. Eher glaubte er, dass sie sich hauptberuflich als Rechtsanwältin etablieren und die Reiterei reduzieren, als dass sie ihren Sport eigenständig weiterführen würde.

»Heute verstehe ich nicht mehr, wie ich das alles ausgehalten habe. Und dennoch würde ich es immer wieder so machen. Erst als ich weg war, hat er gemerkt, was er verloren hatte. Zunächst hatte er noch die Hoffnung, mit Ellen das nachzumachen, was er mit mir vorgelebt hatte. Er hatte alle Emotio-

nen über Bord geworfen und wollte es noch mal so machen. Aber so etwas kann man eben nicht beliebig wiederholen. Bei uns war es eine Symbiose, und das findet man nicht allzu oft.

An die Stunden, in denen ich meine Sachen zusammenpackte, habe ich kaum eine Erinnerung. Wie betäubt ging ich durch den Stall und sammelte meine Sachen ein. Vieles von dem, was sechzehn Jahre lang Teil meines Alltags gewesen war, blieb dort. Ich nahm hauptsächlich die Dinge mit, die zu den drei Pferden gehörten, mit denen ich schließlich auszog. Ich deutete auf Gegenstände: Das kannst du mitnehmen, sagte er. Surreale Momente. Und das auch. Ich habe die meisten Bilder ausgeblendet. Ich erinnere mich aber noch an den Schmerz. Und daran, dass der Doktor die kleine Honda Dax behalten wollte, auf der wir so gerne über die Turnierplätze geknattert waren. Ich ließ sie ihm, war sogar gerührt, dass er an dem Erinnerungsstück an unsere besten Zeiten hing. Als ich wenig später auf einem Turnier sah, wie Ellen mit dem Moped herumfuhr, gab es mir einen Stich ins Herz. Ich vermute, dass das seine Art war, mich für meine Eigenmächtigkeit zu bestrafen. Er wusste, wie er mich ins Herz treffen konnte.«

Später kaufte Madeleine Winter-Schulze auch noch Antony, obwohl er zu diesem Zeitpunkt schon auf die Rente zusteuerte.

Isabell und der Doktor brauchten mindestens zwei Jahre, bis sie in der Lage waren, einander einigermaßen entspannt zu begegnen. Isabell quartierte ihre Pferde zwei Jahre lang bei dem Ehepaar Winter-Schulze in Mellendorf ein und wurde von neuen Trainern unterstützt. Der Doktor war jetzt mit seiner Stieftochter unterwegs, die nun wirklich die Nummer eins im Stall war und den damit verbundenen Druck aushalten musste. Doch es war keine glückliche Gemeinschaft.

Sechs Jahre nach der Trennung vom Stall Schulten-Baumer ritten Isabell und Ellen sogar in einer Mannschaft zusammen – sie gewannen Mannschafts-Silber bei der Europameisterschaft 2007 in Turin. Zwei Jahre später gehörte Ellen noch zur Bronze-Mannschaft von Windsor. Danach war es wieder vorbei für sie mit den internationalen Championaten. Die große Karriere war ausgeblieben. Sie war keine Isabell.

»Ich musste lernen, alleine weiterzugehen. Die erste Zeit fühlte ich mich wie amputiert. Unzählige Male glaubte ich, in der Bahn seine Stimme zu hören. Immer wieder wartete ich darauf, welche Anweisung er mir jetzt geben würde. Ich suchte ihn und fühlte mich wie vogelfrei. Der Kokon war weg, der Schutzmantel, den seine Autorität mir gegeben hatte. Und auch der Käfig, an dessen Begrenzungen ich mich bisher orientiert hatte. Ich war als Mädchen zu ihm hingegangen, hatte alles bei ihm gelernt. Und nun fehlte der starke Gesprächspartner. Ich wartete noch jahrelang unbewusst auf eine Stimme von außen, die nicht mehr kam. Kein anderer Trainer konnte mir den Doktor ersetzen. Er hatte mir vorgelebt, was mir wichtig war.

Es begann ein Prozess der Verinnerlichung. Alles, was ich von ihm an grundsätzlichem Wissen mitbekommen hatte, musste ich nun in mein eigenes, selbstständiges Denken und Tun integrieren. Ich musste es schaffen, meinen Arbeitsstil eigenständig zum Funktionieren zu bringen. Und dafür brauchte ich lange. Erst fünf Jahre später, als ich mit Satchmo in Aachen Weltmeisterin geworden war, wusste ich, dass ich meinen eigenen Weg gefunden hatte.

Ich würde mich heute noch gerne mit ihm austauschen, denn er hat meine Entwicklung bis zuletzt mit Freude und Stolz verfolgt. Mit den Jahren wurde der Kontakt besser. Es wurde sogar wieder möglich, dass ich ihn um Rat fragte, etwa, als Madeleine und ich gerade Don Johnson gekauft hatten. Danach kam ich ins Grübeln, genau wie der Doktor früher so oft. Hatte ich auch keinen Fehler gemacht?

Das Pferd war wahrlich nicht gerade ein Ausstellungsstück des Dressursports. Er hatte einen falsch angesetzten Hals – der Unterhals war ungünstig stark ausgeprägt. Dazu hat sein ganzer Körper eine Bergab-Tendenz, die Kruppe ist höher als die Schulterpartie, also genau das Gegenteil von dem, was in der Dressur eigentlich gefragt ist, bei der sich das Pferd in den wichtigsten Lektionen auf die Hinterhand setzen und sich vorne in majestätischer Freiheit entfalten soll. Dazu sein Temperament: wild, frech, ungebärdig auf der einen Seite. Jungenhaft charmant, anschmiegsam und kooperativ, wenn er bei Laune ist. Ich fragte den Doktor: Sind die körperlichen Defizite hinzukriegen, was meinst du? Er antwortete, wenn das Pferd ein überragendes Gangwerk hat und elastisch ist, dann muss man es eben formen. Das gab mir die Sicherheit, zu sagen, ja, das Projekt Johnny gehen wir an.«

2013 wurde sie mit Don Johnson Zweite der deutschen Meisterschaften und für die Europameisterschaft nominiert. Da war er elf. Und Isabell schien die wichtigsten Schritte geschafft zu haben. Durch ihr akribisches Training hatte er so viel Muskulatur aufgebaut, dass sich seine Silhouette optisch erheblich verbesserte. Die Kraft, die er entwickelt hatte, versetzte ihn in die Lage, sich selbst auf elegante Weise zu halten. Er komme, sagte sie damals den Journalisten, langsam in seinem eigenen Körper an. Und endlich könne sie herausreiten, was wirklich in ihm stecke. Don Johnson entwickelte sich zu einer der Stützen in ihrem Stall, die Nummer zwei hinter Weihegold, gewann und gewinnt Weltcup-Küren und andere wichtige Prüfungen. Nur seinen Charakter änderte er nie wirklich.

Zehn Jahre waren ins Land gezogen, da bot ihr der Doktor sogar Laurenti an, ein Nachwuchspferd aus dem eigenen Stall. Ein monumentaler Oldenburger mit einem Hasenherz, genau das Richtige für Isabells Einfühlungsvermögen. Im Stall des Doktors konnte niemand etwas mit Laurenti anfangen, und so wollte er ihn loswerden. In Anführungsstrichen. Denn natürlich glaubte er an seine Zukunft im Sport. Allerdings musste er Laurenti auf Isabells Hof bringen, weil ihm die Situation im eigenen Stall zu heikel war.

Isabell stellte fest, dass die Hippo-Spürnase des Doktors funktioniert hatte wie eh und je. Madeleine kaufte Laurenti, und Isabell sagte zu ihm: Solche Pferde kannst du immer zu uns bringen.

Doch je mehr Jahre ins Land gingen, je weniger er mit seiner Stieftochter harmonierte, desto mehr umgab den Doktor die Einsamkeit. Seine Brillanz verkümmerte. Irgendwann sagte er zu Isabell, sein allergrößter Fehler sei es gewesen, damals die Pferde an Madeleine zu verkaufen. Aber da war nichts mehr rückgängig zu machen. Er hatte sie verloren, hatte sich von der Angst vor dem Verlust verleiten lassen, das wichtigste Geschenk herzugeben, das ihm das Leben je gemacht hatte. Abstieg aus Abstiegsangst.

Eines Tages rief der Doktor Isabell an und sagte, er habe wieder einmal ein Pferd für sie ersteigert. Er war auf die Auktion in Verden gegangen, so wie früher, und hatte sich in die alten Zeiten zurückversetzt. Er trug wie früher seine eleganten Kleider, bot wie immer aus dem Hintergrund und sagte beim Abschluss wie früher: Der ist für Isabell. Er kam zu ihr und brachte die Tellerchen und Tassen mit, die ein Pferdekäufer bei den Hannoveranern als Dreingabe bekommt. Er sagte, nun musst du das Pferd bezahlen. Es gelang ihr, das Geschäft ohne Aufhebens rückgängig zu machen.

Allen, die ihn in seiner letzten Phase auf dem Turnier sahen, schnürte es das Herz ab. Abgemagert, krank und einsam irrte er herum, wie auf der Suche nach seinem alten Ich. Der weiße Hemdkragen und die Armbanduhr schienen ihm zu weit geworden, der berühmte Hut rutschte ihm auf die Ohren. Wer ihn ansprach, bemühte sich, ihn nicht spüren zu lassen, wie weit er schon aus seiner alten Welt gefallen war. Es schien, als wollte er wieder wie früher fragen: Wo ist Isabell?

Am 28. Oktober 2014, mit 88 Jahren, starb Dr. Uwe Schulten-Baumer.

Manchmal erzählt Isabell unter schallendem Gelächter von dem Bild, das er zuweilen mitten in der Nacht abgab, wenn sie mit dem Transporter vom Turnier nach Hause kam. Er trat vor die Haustür, wie immer auf Contenance erpicht. Er trug einen Hausmantel, darunter ein korrektes weißes Hemd mit Krawatte. Unten schauten bis zu den Waden die dreiviertellangen Unterhosen heraus, die angeblich ebenfalls nach Maß für ihn gefertigt wurden. An den Füßen Socken und Hausschlappen. Ein Anblick für Götter.

Was er ihr mitgegeben hatte, das war fürs Leben. Die Basis. Viel mehr als ein Studium. Sie wurde erwachsen in den sechzehn Jahren mit ihm. Mit dem Nachdenken über den Doktor wird Isabell wohl niemals fertig werden.

4 Rollkur-Alarm

An dieser Stelle wird es Zeit für einen Exkurs in die Reitlehre. Die Frage, wie ein Pferd richtig ausgebildet werden sollte, beschäftigt die Menschen, seit sie reiten. Es ist unmöglich, einfache Antworten darauf zu geben, denn das Thema ist hochkomplex. Das beginnt schon damit, dass jedes Pferd anders ist, es also keine Schablonen geben kann. Aber natürlich haben Generationen von Experten, die sich auf profunde Weise mit der Pferdeausbildung auseinandergesetzt haben, trotzdem eine Grundlage entwickelt, die für alle gilt. Die Ursprünge dieser von herausragenden Koryphäen überlieferten Lehren finden sich beim Militär. Über Jahrtausende war das Pferd ein wichtiger Partner des Menschen im Krieg – die Einheit zwischen Reiter und Pferd war dort fundamental. Sie entschied über Leben und Tod. Heute, im Dressurviereck, entscheidet sie zwar nur noch über Erfolg oder Misserfolg. Aber die Erkenntnisse von damals sind bis heute die Basis der Reiterei geblieben.

Die Entstehung der ersten Reitlehre der Geschichte wird auf das Jahr 365 vor Christus geschätzt. Verfasser war der Athener Xenophon, einer der herausragenden Allround-Talente seiner Zeit, ein Politiker, Schriftsteller und Feldherr, ein Schüler von Sokrates, der auch einen bedeutenden Beitrag zur Philosophiegeschichte geleistet hat. Bis heute wird Xenophon, gerade von hippologischen Autoritäten, als Kronzeuge aufgeführt, wenn es um die richtige Ausbildung von Pferden geht. Viele der Erkenntnisse, die Xenophon in anschaulicher und exakter Sprache formuliert hat, sind absolut zeitlos. Die Zielsetzung der Lehre Xenophons unterscheidet sich kaum von dem, was heute, im zivilen Reiterleben ohne den militärischen Anspruch, gefordert ist. Das gilt auch für den Spitzensport.

Isabell liest bis heute mit Begeisterung in Xenophons Texten und ist immer wieder beeindruckt davon, mit welcher Tiefgründigkeit sich die Menschen schon in der Antike mit dem Pferd auseinandersetzten. Besonders vor dem Hintergrund, dass die Pferde damals auf ganz andere Dinge spezialisiert waren als auf die Hohe Schule.

»Es macht mir immer wieder die außerordentliche Bedeutung des Pferdes für die Menschheit bewusst. Dabei ist mir besonders Xenophons Forderung wichtig, dass das Pferd Freund sein soll, nicht Sklave. ›Bringe es zur Arbeitsfreude und freiwilligem Gehorsam!‹ Xenophon betont dabei, dass die einzigen Erziehungsmittel Belohnung und Strafe sind. Wobei die Belohnung, das macht er deutlich, unbedingt Vorrang hat. Das Ziel unserer Reiterei im Spitzensport muss es sein, größtmögliche Schwierigkeiten in höchstmöglicher Leichtigkeit mit Freude und Ausdruck ins Viereck zu bringen.«

Schlag nach bei den alten Lehrern – so müsste es also eigentlich heißen, sobald sich innerhalb der Reiterei Differenzen abzeichnen. Trotzdem entwickelte sich zu Beginn der Zweitausenderjahre eine Auseinandersetzung um die Pferdeausbildung, die sich zu einem teilweise erbitterten

Richtungsstreit entwickelte, nicht ganz trennscharf, aber vor allem geführt zwischen Reitern und Ausbildern aus Deutschland und aus den Niederlanden.

Anlass waren Bilder von den Trainingsplätzen der Turniere, die Anhängern der klassischen Reitlehre den Schweiß auf die Stirne trieben. Bekannteste und deshalb auch am heftigsten kritisierte Protagonistin dieser Methode war Isabells langjährige Rivalin Anky van Grunsven. Besonders im Fokus standen Reiter, die in der Prüfungsvorbereitung ihre Pferde über lange Phasen hinweg in eine unnatürliche Haltung zwangen, die sogenannte Rollkur. Dabei wird der Kopf des Pferdes extrem Richtung Brust gezogen, der Hals rollt sich auf und es sieht aus, als könnte sich das Pferd im nächsten Moment selbst in die Brust beißen. In der Steigerung wird der Kopf mithilfe der Zügel auch noch auf die Seite gezogen, manchmal sogar mit beiden Händen. Die Frage, ob diese Haltung einem Pferd Schmerzen bereitet, wurde nie endgültig beantwortet, aber klar ist: Sie ist unnatürlich.

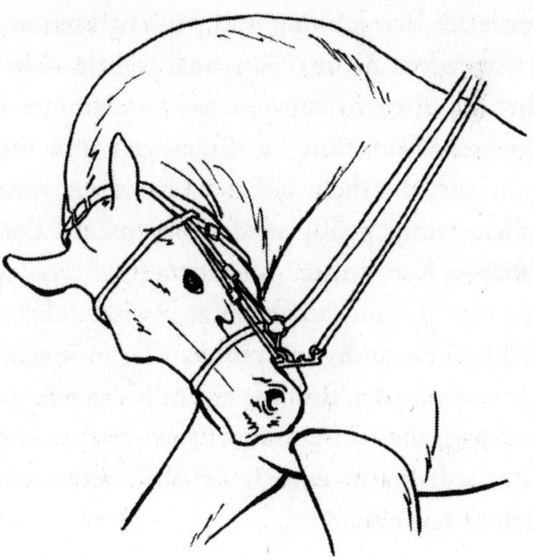

© Pitke

Das Thema ist heikel, ganz besonders für eine aktive Reiterin wie Isabell. Ein fairer Sportler vermeidet es, wann immer es geht, seine Mitstreiter öffentlich zu kritisieren. Außerhalb eines vertraulichen Rahmens sind Kommentare zu den Auftritten der Kollegen darum selten. Ein Leistungssportler redet nicht viel über die anderen – er gibt seine Antworten auf dem Spielfeld, oder in diesem Fall auf dem Viereck, und zwar in Form besserer Leistungen.

Dass die Diskussion außerhalb dieser Schranken mit der Zeit immer heftiger und emotionaler geführt wurde, verstellte dabei die klare Sicht und behinderte die Chancen auf einen Erkenntnisprozess, der aus einer solchen fachlichen Kontroverse hätte entstehen können. Die erbitterte Lagerbildung, die den Dressursport in jener Zeit geprägt hat, beeinflusste das interne Klima so nachteilig, dass sie sich – natürlich entsprechend vereinfacht – sogar in den Berichten der Massenmedien widerspiegelte.

Der Begriff der Rollkur, der bis heute populär ist, benennt dabei das Thema nur unzureichend, weil er zu undifferenzierter Betrachtung und pauschalisierten Urteilen führt. Trotzdem benutzt ihn auch Isabell, aber nicht, ohne dabei die Stirn zu runzeln. Sie wird immer wieder in die Rollkur-Diskussion hineingezogen und mit Kritik konfrontiert, die nicht auf der Grundlage fundierter Auseinandersetzung geübt wird, sondern auf der Basis oberflächlicher Kenntnisse. Momentaufnahmen werden verallgemeinert, Grundsatzfragen an Zwischenfällen festgemacht. Das Verständigungsproblem beginnt schon mit der Frage, was mit der Rollkur eigentlich genau gemeint ist. So verschwindet häufig hinter fruchtlosem Getöse ein Thema, das Isabell sehr wichtig ist. Ihr Standpunkt dazu ist nämlich ganz eindeutig.

»Unter der Rollkur verstehe ich das zwanghafte Einschrauben und Aufrollen des Halses vor die Brust. Das Pferd wird in dieser zu engen Haltung über eine gewisse Zeit festgehalten. Die Dehnung und Streckung wird dabei völlig vernachlässigt. Das entspricht überhaupt nicht meiner Auffassung von Dressurausbildung. Die Gymnastizierung eines Pferdes sieht anders aus. Allerdings sind Schablonen in jeder Hinsicht fehl am Platz. Von Xenophon bis heute gilt zwar, dass das Pferd im Idealfall mit der Nase vor der Senkrechen bleiben sollte. Aber der Weg zu diesem Ideal muss sich dem Pferd anpassen. Ich beginne ja mit einem jungen Pferd, dessen Körper noch untrainiert und unbemuskelt ist, und das ich zu einem Athleten formen will. Eine angemessene Gymnastizierung des Pferdes bedeutet auch, dass es unter anderem durch regelmäßige Biegung des Halses und Stretchen des ganzen Körpers elastischer und beweglicher gemacht wird. Das hat mit Rollkur nicht das Geringste zu tun. Ziel ist es, dass das Pferd flexibel und elastisch mit seinem Körper umgehen kann, genau wie ein Hochleistungssportler, ein Turner oder Eiskunstläufer.«

Dieser Weg, dem Pferd durch individuelle Ausbildung maximale Flexibilität zu ermöglichen, ist das zentrale Thema der alten Lehrmeister. Zum Beispiel auch für Eduard Gustav Steinbrecht, dessen Lebenswerk unter dem Titel »Das Gymnasium des Pferdes« die Grundlage der modernen deutschen Reitkunst bildet. Dieser Klassiker erschien 1884. Steinbrechts Reitlehre floss in die Heeres-Dienstvorschrift 12 der deutschen Kavallerie ein, die 1937 zuletzt überarbeitet wurde, und die ihre Aktualität trotzdem nie verloren hat. Weder bei Xenophon, noch bei Steinbrecht, noch in der berühmten H.Dv.12 ist eine einzige Stelle zu finden, aus der man eine Rechtfertigung der Rollkur ableiten könnte.

Die Sprache kultivierter Reitmeister von Xenophon bis heute, in ihrer Akkuratesse und ihrem komprimierten Erfahrungsreichtum, ist für viele Pferdeleute, die ihr Leben lang über ihr Tun nachdenken, ein Quell der Inspiration. Isabell bereitet es zum Beispiel erkennbaren Genuss, Steinbrecht zu zitieren: »Die richtige Dressur ist eine naturgemäße Gymnastik für das Pferd, durch welche seine Kräfte gestählt, seine Glieder gelenk gemacht werden. Durch dieselbe werden die kräftigen Teile zugunsten der schwächeren zu größerer Tätigkeit angehalten, die letzteren durch allmähliche Übung gestärkt und verborgene Kräfte, die aus natürlichem Hange zur Bequemlichkeit vom Pferde zurückgehalten werden, hervorgerufen, wodurch endlich eine vollkommene Harmonie in der Zusammenwirkung der einzelnen Glieder mit ihren Kräften entsteht, die das Pferd befähigt, auf die leisesten Hilfen seines Reiters solche geregelten und schönen Bewegungen andauernd und zwanglos auszuführen, die es aus eigenem Antriebe nur in Momenten der Aufregung flüchtig zeigt.«

Im starken Gegensatz dazu steht die Rollkur, deren Effekt Versklavung, Unterwerfung, willenlose Unterordnung sind.

»Der totale Gehorsam, das Herbeiführen des sogenannten Kadavergehorsams, ist ein wesentliches Ziel der Rollkur. Auch ich habe mich natürlich mit der Frage beschäftigt, was der Grund dieser Übertreibung im Zusammenspiel mit auffallend häufigem Wiederholen der Lektionen sein könnte. Ich habe mich gefragt, wieso wird eine Pirouette ständig wiederholt, obwohl sie vorher schon mehrmals gelungen war. Schon bei Xenophon wird beschrieben, dass unter Lob nicht nur das Klopfen des Halses oder eine Belohnung verstanden werden muss. Auch das Aufhören, wenn etwas gut war, ist ein Lob,

durch das ein Pferd lernt zu erkennen, wann es etwas richtig gemacht hat. Das ist etwas, das mich der Doktor nachdrücklich gelehrt hat: Wenn es gut war: Feierabend. Die ständigen Wiederholungen kann ich mir nur so erklären, dass dies zu einer Automatisierung des Pferdes führen soll. Dadurch sollen Fehler weitgehend ausgeschlossen werden.

Grundsätzlich respektiere ich die Leistungen meiner Konkurrenten sehr und will niemanden anprangern. Mein Ziel ist es, mich selbst weiterzuentwickeln. Aber meine große Freude an der Arbeit resultiert vor allem daraus, dass ich mit Tieren zusammenarbeite, die einen eigenen Charakter haben, die selbstbewusst sind und mit denen ich mich sogar messen kann. Ein Pferd darf und muss seine Persönlichkeit ausleben. Natürlich fordere ich Gehorsam, ich nenne es lieber Kontrolle, und will derjenige sein, der bestimmt, wann was wo passiert. Aber ein Pferd darf sich auch wehren, es soll mir seine Meinung mitteilen dürfen. Leben und leben lassen. Ich muss es nur im Laufe der Jahre so geschickt führen, dass es freiwillig und mit Spaß an der Sache mitspielt. Da ist Johnny das beste Beispiel mit seiner eigenwilligen Persönlichkeit. Nur ein Pferd, das Spaß hat, kann das Charisma entwickeln, das die Menschen fesselt. Die Basis dessen, was uns tagtäglich miteinander verbindet, ist Zuneigung und Respekt. Das hilft über alle Phasen des Zweifels hinweg.«

Es war eine Pferde-Fachzeitschrift, die die umstrittene Methode als Rollkur etikettierte. Ein Begriff, der sich hielt, weil er sich leichter einprägte als die »Hyperflexion«, mit der die Funktionäre von der Internationalen Reiterlichen Vereinigung FEI in die Diskussion einstiegen, auch mit dem Ziel, die Schärfe aus der Auseinandersetzung zu nehmen. Unter dem Etikett »Low, Deep and Round«, kurz

LDR, wurden schließlich die Rahmenbedingungen des vom Weltverband Erlaubten abgesteckt. Die niederländischen Dressurreiter, besonders Anky van Grunsven und ihr Trainer Sjef Janssen, schöpften diese Methode des LDR allerdings bis zur Grenze aus.

Aus der daraus resultierenden, spannungsgeladenen Körperhaltung heraus produzierten einige, nicht nur niederländische, Spitzenpferde ihre ausdrucksstarken Bewegungen, die damals von den Richtern besonders goutiert und mit Pluspunkten belohnt wurden. So tat sich die Schere zwischen den Traditionalisten und deren Herausforderern immer weiter auf. Nach niederländischer Einschätzung wehrten sich hier die verkrusteten Dogmatiker, die sich auf die alten, vor siebzig Jahren zuletzt modifizierten Vorschriften der deutschen Kavallerie beriefen, gegen die coolen und unkonventionellen Neuerer. In der Folge verteidigte Trainer Sjef Janssen seine umstrittene Methode nicht nur, er verteidigte sie wie eine eigene Schule. Je mehr Kritik aus dem Lager der Traditionalisten kam, desto mehr verhärtete sich die andere Seite und steigerte ihre Auffassung ins Extrem.

Traditionsbewusste Turnierzuschauer am Rande der Trainingsplätze echauffierten sich über das, was sie sahen und was den Grundsätzen widersprach, die ihnen selbst die Reitlehre einst vermittelt hatte. Die Kritik spitzte sich zu, und zwar in dem Maße, wie die Besonnenheit abnahm. Plötzlich sahen die Leute die Rollkur überall und stempelten den ganzen Sport pauschal als Tierquälerei ab. Sie glaubten, sie in jeder einschlägigen und temporären Disziplinarmaßnahme zu erkennen. In jeder gymnastischen Dehnung. Undifferenzierter Rollkur-Alarm ist noch heute eine beliebte Übung von Amateuren, die die Arbeit von Profis beurteilen und das Thema auch mithilfe der Hebelwirkung durch die sozialen Medien virulent halten. Auch Isabell wurde und wird immer wieder von einzelnen Leuten bezichtigt, die Rollkur zu praktizieren.

»Natürlich verletzt es mich, wenn ich in die Rollkur-Schublade geschoben werde. Da sehe ich mich überhaupt nicht. Ich kann mich natürlich nicht davon freisprechen, dass ich Fehler mache und manchmal unschöne Bilder entstehen. Ich glaube zwar, dass das jedem Reiter passiert, aber ich muss natürlich akzeptieren, dass ich besonders im Fokus stehe. Für sachliche Kritik stehe ich immer zur Verfügung, aber ich möchte nicht von Menschen bewertet werden, die ihr Urteil über meine tägliche Arbeit nur anhand von Fotos oder Videosequenzen machen, ohne dass sie die gesamte Situation betrachten.«

Erst im Herbst 2017 wurden wieder einmal solche Anklagen abgefeuert. Der nimmermüde Don Johnson hatte am Rande des Stuttgarter Hallenturniers bockend den Kopf zwischen die Vorderbeine gesteckt, jemand hatte mit dem Smartphone in genau diesem Moment abgedrückt. Noch während Isabell in der Pressekonferenz saß, wurde dieses Foto bereits mit negativem Kommentar im Internet verbreitet. Eine völlige Verdrehung der Tatsachen.

Die großen Turnierveranstalter bauen inzwischen solchen böswilligen Aktionen vor. Beim CHIO in Aachen wird das gesamte Geschehen auf dem Trainingsplatz auf Video festgehalten, um im Zweifelsfall den vollständigen Ablauf präsentieren zu können. Auch beim Turnier in der Stuttgarter Hanns-Martin-Schleyer-Halle soll ein solches System künftig installiert werden.

Insgesamt aber verlor der Richtungsstreit zwischen Deutschland und den Niederlanden mit den Jahren an

Energie. Dies umso mehr, als mit den britischen Dressurreitern Charlotte Dujardin und Carl Hester, die mit der klassischen Reitweise für ein paar Jahre die Führungsrolle im Weltsport übernahmen, eine neue Ära anbrach. Insidern, die inzwischen die Definitionsmacht an sich gezogen haben, steht Isabell aber bis heute misstrauisch gegenüber.

»Fast schon lächerlich finde ich diese Opportunisten, die nahezu alle selbst im Sattel gesessen haben und auch oft gekämpft haben, und die aus solchen Diskussionen Vorteile ziehen wollen. Kenner, die es eigentlich besser wissen müssten, profilieren sich angesichts der undifferenzierten Rollkur-Diskussion meiner Meinung nach als Kritiker, um sich im Geschäft als die Guten zu positionieren. Obwohl es auch von ihnen genügend kompromittierende Fotos gibt. Sie können von Glück sagen, dass sie nicht mehr im Wettbewerb sind, deshalb nicht mehr so stark im Fokus stehen und es zu ihrer Zeit noch keine sozialen Medien gab. Sie suchen offenbar eine Nische, um für ihr Training, ihre Seminare, ihre Bücher zu werben. Die kritische Diskussion zugunsten des Populismus aufzugeben, ist nicht nur kurzsichtig, sondern auch fahrlässig, weil sie das gesellschaftliche Renommee des Pferdesports beschädigt haben.

Wer im Glashaus sitzt, sollte nicht mit Steinen werfen. Jeder Reiter kriegt irgendwann einmal ein Problem. Jeder ist irgendwann mal mit einer Situation überfordert. Keiner von uns kann von sich behaupten, er machte alles richtig. Das ist nicht das Schlimme. Man darf sich nicht festfahren. Man darf sich nicht selbst auf Kosten anderer einen Heiligenschein aufsetzen. Man muss sich immer wieder zurückholen und nachdenken: Wie kann ich es besser machen? Wie kann ich auf einem anderen Weg ans Ziel kommen?«

Die plakative Verallgemeinerung des Themas hat sogar dazu geführt, dass sich der Doktor der Diskussion um die Rollkur ausgesetzt sah. Das kann seinen Grund eigentlich nur darin haben, dass im Eifer des Gefechts die Diskutanten oft alle Aspekte des Themas in einen Topf werfen. Tatsächlich gelang es dem Doktor unter anderem mithilfe des tieferen Einstellens, Nicole Uphoff und ihren Westfalen Rembrandt Ende der Achtzigerjahre zum prägenden Paar des Dressursports zu entwickeln. Als die beiden zu Schulten-Baumer kamen, war klar: Rembrandt beherrschte im Wesentlichen seine Lektionen, wenn auch teils fehlerhaft. Was Nicole aber vor allem in den Griff bekommen musste, war sein Nervenkostüm. Rembrandt erschrak vor jedem fliegenden Herbstblatt, sein hochnervöses Temperament machte es ihm schwer, sich auf seine Aufgaben und seine Reiterin zu konzentrieren.

Durch viel Gymnastik, Abertausende Male wiederholte Übergänge von einer Lektion in die andere, schaffte der Doktor es, dass sich Rembrandt mehr und mehr aufs Wesentliche konzentrieren und im Fall einer Ablenkung blitzschnell von Nicole auf den Weg zurückgebracht werden konnte. Dadurch wurde nicht nur sein Geist, sondern auch sein Körper geschult. Gleichzeitig wurde Rembrandt nicht etwa in eine Zwangshaltung gebracht, sondern tief eingestellt und gedehnt und sein Rücken wölbte sich. Dadurch reagierte er in Schrecksituationen nicht mehr so extrem. Rembrandt wurde im Lauf der Ausbildung so leichtfüßig und elegant, dass sich daraus ein neues Ideal entwickelte. Hohe Schule mit kaum sichtbarem Krafteinsatz und Zug. So, als steuerte jemand einen Formel-1-Renner mit dem kleinen Finger. In seinen Glanzzeiten flog Rembrandt förmlich durch die schwersten Prüfungen.

Es gab aber kein System von Faustregeln im Stall Schulten-Baumer. Den Doktor faszinierte nicht die Unterordnung des Pferdes. Sein Ziel war es, das Tier körperlich und mental in einen Zustand zu bringen, in dem es alles, was von ihm verlangt wurde, leicht ausführen konnte. Die Fachworte dafür sind für einen Laien kaum verständlich. Durchlässigkeit – die Fähigkeit, alle Hilfen des Reiters, also die Zeichen, die er ihm durch Gewichtsverlagerung, mit Kreuz, Hand und Schenkel gibt, nicht nur zu verstehen, sondern auch ohne Störung umzusetzen. Das Pferd muss körperlich derart auf seine Aufgaben vorbereitet werden, dass nirgendwo mehr Sand im Getriebe steckt, wenn es um die Ausführung der komplizierten Übungen geht, die im Menschensport am ehesten mit Bodenturnen verglichen werden können. Gymnastizierung – das Training der Muskulatur bis zu dem Punkt, an dem das Pferd trotz des Reitergewichts seinen eigenen Körper leicht machen, sich anmutig halten und bewegen und in den schwierigsten Lektionen die Balance bewahren kann. Elastizität – die geschmeidige Bewegung und sichere Körperbeherrschung.

Es ging dem Doktor, und es geht heute Isabell darum, auf jedes Pferd individuell einzugehen. Ihr Pferd Hannes zum Beispiel, mit offiziellem Namen Warum nicht, war sehr groß, 1 Meter 83 bis zum Widerrist. Und er war auch außergewöhnlich lang. Dieses Pferd muskulär so aufzubauen, dass es den Anforderungen der Hohen Schule immer mehr entsprechen konnte, war eine Herausforderung. Zwei Zentimeter konnten den Unterschied machen, ob er sich in einer schönen Oberlinie befand, oder ob der Hals nach oben aufgekröpft war oder zu eng zur Brust stand. Don Johnson, der eigentlich körperlich für Dressurzwecke verkehrt herum konstruiert war, umzuformen, brachte eine andere Herausforderung mit sich. Ebenso Gigolos Halsmuskulatur aufzubauen. Aus einem hässlichen Entlein einen schönen Schwan zu machen, das ist Isabells Ziel. Das Pferd soll sich nicht etwa permanent in einer Haltung steif laufen.

Noch einmal soll Eduard Gustav Steinbrecht in »Das Gymnasium des Pferdes« zu Wort kommen: »Je vollkommener der Bau des Pferdes und je edler seine Abstammung ist, umso mehr hat es diese gewünschte Harmonie in seinen Bewegungen von Natur. Solche Pferde aber, von denen man zu sagen pflegt, dass schon der Vater ihnen die Dressur mitgegeben, sind sehr selten und kostbar, und werden namentlich von den Reitern, die der natürlichen Richtung des Pferdes huldigen, so sehr gesucht, dass sie selten in die Hände des Bereiters kommen. Dieser muss daher seine Kunst hauptsächlich auf schwache und ungünstig, ja selbst fehlerhaft gebaute Pferde verwenden, und bei diesen letzteren die Dressur zur Heilgymnastik erheben. Wie diese Kunst in unserer Zeit so große Anerkennung gefunden hat, und in der Medizin jetzt eine so große Rolle spielt, wie man sich überzeugt hat, dass Verkrümmungen des menschlichen Körpers oder krankhafte Zustände einzelner Glieder nicht durch eiserne Maschinen, sondern nur durch entsprechende Übungen geheilt oder gemindert werden können, so kann der Bereiter bei recht klarem Verständnisse seiner Kunst viele natürliche Mängel und Übelstände beim Pferde heben und bei solchen Fehlern und Gebrechen, die durch Missbrauch oder Unverstand früherer Reiter demselben beigebracht sind, oft wahre Wunder wirken, indem er sie durch entsprechende Richtung des Pferdes oft gründlich zu heilen vermag, nachdem alle tierärztliche Hilfe vergebens angewendet war.«

»Dressurreiten heißt Gymnastizieren und zudem Erhalten eines Pferdes. Der Mensch stretcht seinen Körper ebenfalls, wenn er sich auf eine Höchstleistung vorbereitet, biegt sich, dehnt sich, macht sich locker, damit er sich nicht verletzt. Es macht mich stolz, dass unsere Pferde trotz vieler Jahre im Pferdesport sehr alt geworden sind, viele wurden Ende zwanzig. Bei der ganzen Diskussion darf man allerdings nicht vergessen, dass auch ein Bonfire von Anky uralt geworden ist. Das relativiert vieles. Aber unabhängig davon hat der Doktor seine persönlichen Erfahrungen immer in das Training der Pferde eingebracht. So war er der Meinung, dass ein Pferd, das sich permanent in einer idealen Prüfungshaltung befindet, sich festläuft. Es nimmt eine Gewohnheitshaltung ein, und es entsteht die Gefahr, dass es aufhört, alle Möglichkeiten seines Körpers zu gebrauchen. Der Doktor dachte dabei an seinen eigenen Körper. Die Erfahrung, die er als junger Mann auf einem Schiff gemacht hatte. Als Kadett musste er immer in Haltung stehen. Stillgestanden! Mit den Händen hinter dem Rücken. So stand er tatsächlich in den folgenden Jahrzehnten immer noch häufig da. Er erzählte, er habe eine ganze Zeit gebraucht, bis es sich nicht mehr ungewohnt angefühlt habe, dazustehen, ohne die Hände auf den Rücken zu legen.«

Pferde sind in dieser Hinsicht wie Menschen. Selten einmal ist ihr Körperbau perfekt, doch man kann daran arbeiten, ihnen alle Bewegungsmöglichkeiten zu eröffnen. Lernen dürfen, mit seinem eigenen Körper zurechtzukommen, in ihm anzukommen, ihn so zu formen, dass er rund und schön aussieht, ihn so geschmeidig zu halten, dass keine natürliche Bewegung ihm Schmerz bereitet, sondern nichts als Freude – wer wünscht sich das nicht?

5 Satchmo

Satchmo ist ein rechtes Tönnchen geworden, seit er zwanzig Jahre überschritten hat. Im Winter trägt er sein Haar lang, wuschelig und weich. Er sieht aus wie ein dunkelbrauner Teddy mit einer verspielten Mondsichel auf der Stirn. Den Tag verbringt er mampfend auf der Weide, zusammen mit dem Zwilling seiner späten Tage, dem Pony Kelly, das er nie aus den Augen lässt. In der Box freut er sich über seine Besucher. Er ist immer lieb, lässt sich hinter den Ohren kraulen, streckt wohlig den Kopf nach vorne und schürzt die Lippen. Die Botschaft ist unmissverständlich: mehr davon.

Wenn es ganz still ist im Stall, vermeint man in Satchmos Box die Resonanz eines Wisperns zu verspüren. Eine leise Stimme, die es niemals schafft, die Grenze zur Hörbarkeit zu überwinden. Was ist das nur für eine Geschichte, die Satchmo uns so gerne erzählen will, aber nicht kann, weil ihm die menschlichen Worte fehlen? Er trägt ein Geheimnis mit sich herum, das herauszudrängen scheint und doch auf ewig im Dunkeln wird bleiben müssen.

Satchmo steht in seiner Box und schaut treuherzig drein mit seinen glänzenden schwarzen Augen. Er verbringt wunderbare Jahre, er hat genug geleistet in seinem Leben, darf sich jetzt ausruhen und sich des Pferd-Seins erfreuen. Nichts tut ihm weh. Irgendwann hat er beschlossen, dass er jetzt kein Reitpferd mehr sein will, sondern nur noch ein entspanntes Weidepferd, und das darf er auch. Isabell hat ihn endgültig abgesattelt. Trotzdem ist er nicht abgeschoben. Seine Nachbarn im Stall sind immer noch die aktuellen Cracks.

»Ich komme regelmäßig bei ihm vorbei, denke an die alten Zeiten und spreche mit ihm. Satchi, alter Junge. Mensch, kannst du mir nicht sagen, wie du das damals erlebt hast? Ich fände es so spannend, endlich die Erklärung zu erhalten für dein rätselhaftes Verhalten.

In jeder Phase unseres gemeinsamen Lebens habe ich ihm vertraut. Ich hätte mich ohne Zögern zum Schlafen zu ihm in die Box gelegt. Nie war er böse. Quirlig, das ja. Frech auch. Wild sogar. Aber böse nie. Aber warum gab es immer wieder diese schrecklichen Momente? In denen er ohne Vorwarnung mitten in einer seiner tänzerischen Bewegungen ganz plötzlich erstarrte? Was hat er gesehen in solchen Situationen? Warum hat er mich schlagartig auf seinem Rücken vergessen, ist aus dem Nichts eingefroren und ließ sich partout nicht zum Weitergehen bewegen? Warum machte er kehrt aus lauter Angst und Horror vor einer Mauer aus Luft, deren Gefährlichkeit nur er wahrnahm? In welch einer furchterregenden Welt lebte er während seiner Laufbahn als Dressurpferd – war sie wirklich voller bedrohlicher Kästen, Dämonen und fliegender Geschosse?«

Von keinem Pferd spricht Isabell ausführlicher und länger als von Satchmo. Auch nicht von Gigolo, ihrem Superstar. Satchmo, dieser hektische, elektrische kleine Kerl mit seinem kurzen Leib, hat sie intensiver beschäftigt als jedes andere ihrer komplizierten Pferde.

»Dieses Pferd war meine wahre Lebensaufgabe als Reiterin und eröffnete mir mit seinen Herausforderungen noch einmal eine neue Dimension. Und die Sache ist nicht abgeschlossen. Das wird sie nie sein. Bis heute mache ich mir Vorwürfe, dass ich manchmal so ungerecht zu ihm war, nur weil ich es nicht schaffte, ihn zu verstehen. Solche Gedanken tun weh.«

Aber heute schaut er milde, und die rätselhaften Wunden auf seiner Seele scheinen komplett geheilt.

»Von Satchmo bin ich am häufigsten heruntergefallen, und nicht nur ich. Alle im Stall. Als Satchmo noch jung war, noch schmal und klein, ein Pferdchen erst, sagte ich zum Bereiter des Doktors, einem langen Kerl, der in seinem Sattel saß: Pass auf, von dem fällst du schneller herunter, als du dir vorstellen kannst. Der lange Typ grinste und spottete: Was? Von dem Furz? Er hatte es noch nicht ganz ausgesprochen, da lag er schon im Dreck.

Ich habe zu Satchmo trotzdem immer ein ganz besonderes Verhältnis gehabt. Auch in seiner halbstarken Phase. Ich musste mich halt festhalten da oben. Aber das war mein Pferd. Wir sind sicherlich vom Wesen ähnlich. Wir passen perfekt zusammen. Das war einfach die totale Symbiose und ich habe immer an dieses Pferd geglaubt.«

Mehr als zwanzig Jahre haben Satchmo und Isabell zusammen verbracht und manchmal nennt sie ihn scherzhaft sogar ihren Lebensabschnittsgefährten. Schon mit zweieinhalb kam das 1994 geborene Pferd nach Rheinberg. Der Doktor hatte ihn ohne ihr Zutun auf einem seiner Trips nach Verden ersteigert, dort, wo die Hannoverschen Pferde zu Hause sind. Er ging auf den Hengstmarkt und kaufte ihn für siebzigtausend Mark. Das war viel Geld für einen Hengst, der für die Zucht nicht ausgewählt worden war. Doch die Tatsache, dass der clevere Pferdehändler Paul Schockemöhle der Gegenbieter des Doktors war, zeigt, dass Satchmo mit seiner außerordentlichen Beweglichkeit schon damals großen Eindruck gemacht hatte. Glücklich und stolz kam der Doktor nach Hause – und kurz darauf packten ihn die üblichen Zweifel. Habe ich den Richtigen gekauft? Habe ich keinen teuren Fehler gemacht? Wird das was?

Mit zweieinhalb Jahren geht ein Pferd ja noch nicht unter dem Sattel, niemand weiß, welche Schwierigkeiten er seinem Reiter einst bereiten wird. Der Doktor gab ihn zunächst zu Hannes Baumgart, der nicht weit von Verden entfernt einen Ausbildungsstall betrieb, wo er die ersten Trainingsschritte machen sollte. Schon dort fühlte Jüngling Satchmo den Leuten gehörig auf den Zahn. Er war hochempfindlich, lud sich auf, drehte durch und fing an zu bocken – völlig unkontrollierbar.

»Wenn Hannes wieder mit ihm in die Krise zu geraten drohte, rief er immer nur: Drehen, drehen, drehen! Satchmo wurde in einen Kringel nach dem anderen geführt. Im Drehen kann der Reiter sein angespanntes Pferd besser zur Entspannung bringen. So wird ihm die Möglichkeit genommen, nach vorne wegzurennen und loszubocken. Im Drehen lernte Satchmo, sich in der Bewegung ein wenig zu beruhigen. Erst wenn das gelungen war, konnte Hannes ihn so bewegen, wie er wollte. Irgendwann wurde es möglich, dass er unter dem Reiter normal vorwärtsging.«

Doch Vorsicht! Hochspannung! Eines Tages klingelte in Rheinberg das Telefon, und Baumgart war dran. Als der Doktor das Gespräch beendet hatte, grinste er und lachte in sich hinein. »Die scheinen Probleme zu haben mit Satchmo«, sagte er.

Das Pferd sei so empfindlich und elektrisch. Sie hätten gefragt, ob er wohl Hengst bleiben müsse. Das Urteil war schnell gefällt: Satchmo, der ein Dressurstar werden und keine Dynastie begründen sollte, wurde zum Wallach gemacht. Doch mit dieser Maßnahme, die ihm die Frechheit austreiben sollte, war der Fall für Satchmo noch lange nicht erledigt. Er stand weiter unter Strom. Nachdem sie ihn abgeholt hatten, konnte Isabell sich zu Hause in Rheinberg selbst von seiner knisternden Persönlichkeit überzeugen.

»Er war so beweglich, dass er jeden abschütteln konnte. Er konnte sich in der Luft drehen, ging nach rechts hoch, nach links hoch, konnte wenden, rückwärtsrennen, buckeln, die Beine schmeißen. Eindrucksvoll. Von der Beweglichkeit und Elastizität her ein ideales Dressurpferd. Von der Disziplin her aber eher nicht. Satchmo wollte dominieren – und selbst bestimmen, wo es langging. Ich sah das alles, wenn auch manchmal vom Boden aus, wo ich gerade mal wieder gelandet war, und mein Herz lachte. Eine Challenge auf vier Beinen.

Ich bemühte mich, das quirlige Energiebündel wenigstens ein bisschen unter Kontrolle zu bekommen. Es ging ums reiterliche Einmaleins. Schritt gehen. Antraben. Angaloppieren. Durchparieren. Das erste Etappenziel war, einen Weg zu finden, wie ich dieses ungeheure Temperament kanalisieren konnte. Der Doktor, der sich auch selbst mit jedem Pferd weiterbildete, prägte den Satz: Den musst du nach vorne auflösen. Diesen Ratschlag habe ich unauslöschlich in mein Repertoire aufgenommen und beherzige ihn immer, wenn ich es mit Pferden wie Satchmo zu tun habe, mit denen ständig das Temperament durchgeht. Nicht festhalten wollen, nicht exerzieren, nicht Luft anhalten, sondern rauslassen. Wenn er nicht Schritt gehen will, sondern Trab – nicht mit allen Mitteln zurückhalten. Nicht brrrrr – sonst lädt er sich noch mehr auf. Im Vorwärts auflösen. Ihn gehen lassen, bis er sich selbst wieder gefangen hat. Er war und blieb ein Pulverfass, lud sich auf, pullte und wollte los – aber ich fand in der Bewegung die Kontrolle.«

Eine Vorgehensweise, die Isabells Wesen entspricht. Immer nach vorne. Risiken eingehen und lernen, sie zu beherrschen. Satchmo und sie – das war von Anfang an ein Tango, bei dem es ums Ganze ging.

Satchmo beim Turnier – das war lange undenkbar. Wäre er erst fünf- oder sechsmal heiß gelaufen und ausfällig geworden bei einer Dressurpferdeprüfung, wäre er das Etikett des Rowdys nicht mehr losgeworden. So ist das in der Welt der Dressur: Wer einmal kategorisiert wurde, kommt da so schnell nicht wieder raus.

Satchmo wurde also ganz vorsichtig, quasi auf Händen, in Richtung Turnier getragen. Zunächst nahm Isabell ihn einfach nur mit. In der Frankfurter Festhalle durfte er sich im Rahmen einer Schaunummer an die Atmosphäre gewöhnen. Mit sieben ging er in Hannover zum ersten Mal eine Dressur der schweren Klasse, und von da aus erreichte er ganz schnell die oberste Kategorie, den Grand Prix. Alles nach Plan. Er lud sich weiterhin auf, blieb ein heißes Gerät, aber er machte keine Anstalten auszurasten.

Isabell hatte ihren Spaß mit Satchmo. Bis zu dem Tag bei den Europameisterschaften 2003 in Hickstead, der alles veränderte.

»Da fing es an, sein Stoppen, Stehenbleiben, Erstarren. Das erste Mal passierte es auf dem Abreiteplatz. Ich war völlig von den Socken, hakte das aber zunächst als eine nicht nachhaltige Verspannung ab. Erst als es sich in der Prüfung wiederholte, wusste ich, dass wir ein Problem hatten. Ich kannte nur den Grund noch nicht.

Welches Gespenst war meinem Pferd in England begegnet? Ich dachte nach und kam zunächst schnell zu einem Ergebnis. Möglicherweise hatte das Problem schon in Deutschland begonnen. Vielleicht holte Satchmo immer wieder die Erinnerung an einen Unfall im Trainingslager ein. Damals habe ich einen der größten Fehler begangen, die ich jemals als Reiterin gemacht habe. Im Rückblick wird das überdeutlich. Doch damals ahnte ich noch nicht, welches Drama mir mit Satchmo bevorstand.

Die ganze Mannschaft hatte sich in Warendorf, wo der deutsche Verband zu Hause ist, auf die Europameisterschaften vorbereitet. Ich war glücklich, wie Satchmo sich vor seinem ersten Einsatz in der deutschen Equipe präsentierte. Er war erst neun Jahre alt, meine große Zukunftshoffnung nach Gigolos Abschied. Bis zu den Olympischen Spielen 2004 in Athen dauerte es nur noch ein Jahr. Es sah gut aus für den Fortgang meiner Karriere. Doch dann passierte der Unfall. Mein Pferdepfleger Hacki führte Satchmo in eine dunkle Waschbox und begann, ihn abzuduschen. Das Pferd rutschte unglücklicherweise mit der Hinterhand aus und fiel zur Seite. Dabei geriet sein Hinterbein in einen Spalt zwischen Boden und Planke.«

Ein Spalt dieser Art hat so etwas wie eine eigene Anziehungskraft. Erfahrene Pferdebesitzer wissen, dass ihre Tiere grundsätzlich ein ganz besonderes Talent haben, sich in Lücken zu verklemmen, zwischen Drähten zu verhaken, sich überhaupt durch allerhand Fußangeln in gruselige Zwangslagen zu bringen und sich dabei manchmal schwer zu verletzen. Umso weniger gehörte dieser Spalt in eine Waschbox des Deutschen Olympiade-Komitees für Reiterei, der Sportabteilung des deutschen Verbandes.

Satchmo steckte fest und zappelte verzweifelt, es gelang ihm zwar, sich freizustrampeln. Und zunächst schien es, als wäre der Unfall noch glimpflich abgegangen, bedenkt man, dass er sich in diesem Spalt das Bein hätte brechen können. Er stand wieder und hatte sich lediglich eine Schnittwunde zugezogen. Nur eine Fleischwunde, die sofort geklammert wurde.

Und jetzt? Auf die Europameisterschaft verzichten? In Isabell kämpfte der Ehrgeiz mit der Sorge. Aber die ganze Entourage war dafür, Satchmo trotz allem in Hickstead einzusetzen. Anton Fischer, der Equipechef, der weiterhin die Aufgabe hatte, den deutschen Erfolg zu organisieren, sowieso.

»Wir hätten nach Hause fahren sollen. Ihm Ruhe geben. Ihn im Schritt führen. Nach zehn Tagen die Klammern herausnehmen und von vorne anfangen. Aber nein. Wir glaubten, das wäre nur eine oberflächliche Verletzung und schnell vergessen. Ich habe ihn nur noch geführt, nicht mehr geritten, bin führend in Hickstead angekommen. Nach der tierärztlichen Kontrolle habe ich dann wieder angefangen zu reiten. Dass das ein neunjähriges Pferd total überfordert, kann man sich aus heutiger Sicht gut vorstellen.«

Die Zwischenfälle auf dem Abreiteplatz von Hickstead waren nur der Anfang. Der Unfall in der finsteren Waschbox hatte sich nachhaltig in Satchmos Bewusstsein festgesetzt. Auf dem Turnierplatz entdeckte er schwarze Kästen, einen Meter hoch und drei Meter lang, von hinten, also dem Viereck aus gesehen, einfach glatte Wände. Auf der Vorderseite wurden für die Zuschauer während des Wettkampfs die Einzelnoten angezeigt. Diese Kästen versetzten ihn in Angst und Schrecken.

»Ich spürte im Sattel, wie Satchmo vor der ersten Piaffe erstarrte, als er einen der Kästen entdeckte, wie er Luft holte und ihn die Panik überwältigte. Ich saß auf diesem Pferd, meinem Liebling, mit dem ich ein Herz und eine Seele war, und wir waren beide mit der Situation überfordert. Die Prüfung war ruiniert und die Europameisterschaft für mich persönlich ein Flop. Klar, wir holten auch dieses Mal Mannschafts-Gold und ich freute mich mit den anderen. Das waren Ulla Salzgeber mit Rusty, Heike Kemmer mit Bonaparte und Klaus Husenbeth mit Piccolino. Aber die Verunsicherung arbeitete in mir. Zum Einzel-Finale trat ich gar nicht mehr an.«

Was Isabell noch nicht wusste: Die Zustände, in die Satchmo in Hickstead geriet, waren harmlos im Vergleich zu dem, was kommen sollte. Er steigerte sich immer mehr hinein. Immer an der gleichen Stelle, in der Piaffe, schrak er zusammen. Alle, auch die Zuschauer beim Turnier, warteten irgendwann darauf, dass es wieder passierte. Später fing er schon früher im Programm mit seinem seltsamen Verhalten an: schon beim Anpassagieren, bevor es auf dem Weg zur anscheinend gruseligen Piaffe rechts um die

Kurve ging. Gerade noch geschmeidig und majestätisch in den manchmal fast festlich anmutenden erhabenen Trab übergegangen. Und plötzlich direkt in dieses Psycholoch gestürzt. Das Seltsame war, dass er nach dem Moment des Grauens zunächst einmal rasch durchatmete und sogleich ganz normal weiterging. Erleichtert vielleicht, weil doch nicht wie erwartet irgendwo ein Schachtelteufel herausgesprungen war? Niemand weiß es.

»Die Anfälle kamen nun in immer kürzeren Abständen und steigerten sich ins Extrem – Satchmo erlitt regelrechte Panikattacken. Er hielt nicht mehr nur erschrocken inne, sondern brach die Lektion ab und ruderte mit den Vorderbeinen, drehte sich um und wollte in höchstem Alarm in die Gegenrichtung davonrennen. Manchmal spürte ich Anzeichen, dass er gleich wieder durchdrehen würde, und konnte mich darauf vorbereiten. Manchmal kam alles ganz plötzlich aus dem Nichts, und ich hatte nichts voraussehen können. Keine Vibrations. Ich kämpfte fast zwei Jahre lang, immer wieder auch vor großem Publikum – und scheiterte immer wieder. Irgendwann wurde ich verdächtigt, Satchmo wegen seiner Ausfälle so heftig drangsaliert zu haben, dass er sich deshalb immer stärker hineinsteigerte.«

In Wahrheit war es ganz anders: Die Olympiasiegerin und Weltmeisterin im Dressurreiten im Sattel des außer sich geratenen Pferdes wusste sich nicht mehr zu helfen. Die Olympischen Spiele 2004 waren die ersten Spiele seit 1992, die ohne sie stattfanden. Nach weiteren spektakulären Einlagen konnte sie sich mit Satchmo nicht für das Team qualifizieren. Die Goldmedaille musste sie kampflos ihrer alten Rivalin Anky van Grunsven mit Salinero überlassen, einem Pferd, das zwar große Stärken hatte. Doch Isabell war und ist sich heute noch sicher, dass es von der Qualität her nicht an Satchmo heranreichte.

»Ich saß verzweifelt vor dem Fernseher. Ich war davon überzeugt, dass ich eigentlich die Olympische Goldmedaille mit Satchmo hätte gewinnen können. Ich war sicher, dass er zu jener Zeit das beste Dressurpferd der Welt war. Und ich machte mir schwere Vorwürfe, dass ich den Weg zu ihm nicht fand.

Schließlich passierte es auch zu Hause. Ich ritt auf dem Außenplatz durch die Diagonale, plötzlich kam hinter dem Wall ein anderes Pferd hervor und Satchmo führte sich auf, als wäre gerade direkt vor seinen Füßen ein Ufo gelandet, voll besetzt mit den Vertretern einer feindlichen Spezies. Auf einmal kaprizierte er sich darauf, dass er das Trainingsviereck nur noch nach links verlassen wollte. Ich zerbrach mir den Kopf, was ihn nun wieder in Angst und Schrecken versetzt haben mochte. Sollte ich dem nachgeben? Wovor flüchtete er? Was hatte er gesehen, das meinen Augen verborgen geblieben war? War er tatsächlich ängstlich? Oder ein hervorragender Schauspieler?«

Kenner der Zucht behaupteten, das Problem sei genetisch. Seinen Vater Sao Paulo müsse man eigentlich anders schreiben: Sau Paulo. Aber das war wohl nicht mehr als ein dummer Witz.

»Um richtig zu reagieren, musste ich herausfinden, was dahintersteckte. Aber an dieser Frage biss ich mir die Zähne aus.

Was tun? Ich versuchte es damit, ihn durch viel Reiten zu ermüden und damit seine Erregung herunterzufahren. Nichts. Ich versuchte, ihn zu schonen, um ihm Stress zu erspa-

ren. Wieder nichts. Ich versuchte, die entscheidenden Übungen zu wiederholen, um ihm die Angst davor zu nehmen. Nichts. Ich vermied es, die Übungen sofort zu wiederholen, die ihn in Angst versetzt hatten. Nichts. Mehr Erholung auf der Wiese, zusammen mit einem Pony. Fehlanzeige. Ihn auf der Rennbahn durchatmen lassen. Nichts. Vor der Prüfung wenig abreiten. Keine Verbesserung. Vor der Prüfung viel abreiten. Auch nichts. Wenn mir damals einer gesagt hätte, ich sollte mit einer toten Ratte dreimal um den Kirchhof laufen, das würde helfen, hätte ich das gemacht.

Nie hatte ich das Gefühl, den Ausweg aus dem Dilemma gefunden zu haben. Der Knoten wollte nicht platzen. Manchmal ging alles gut. Wenn ich reibungslos durch einen Wettbewerb gekommen war, gab es sofort Spitzennoten. Und zu Hause hatte ich an manchen Tagen das Gefühl, er verdiente eine Note von 80 Prozent – nach heutiger Notengebung wären das 90. Satchmos überragendes Talent war unzweifelhaft. Aber aufatmen konnte ich nicht. Gut gelaufen bedeutete lediglich, dass wir unter höchster Anspannung durchgekommen waren und es diesmal aus unerfindlichen Gründen nicht zur Katastrophe gekommen war. Ein selbstverständliches, entspanntes Dahinreiten, gar ein Moment der Freude oder des Genusses, waren unmöglich. Und beim nächsten Mal stellte er mich dann wieder bloß und baute coram publico seine persönliche Showeinlage in das Grand-Prix-Programm ein.

Ich lag nachts wach und grübelte – ohne Ergebnis. Weil die Panik Satchmo meistens ohne Vorwarnung anfiel, saß ich selbst nur noch mit eingezogenen Schultern in seinem Sattel, stets mit der Furcht im Nacken, der Himmel könnte uns wieder auf den Kopf fallen. Manchmal telefonierte ich mehrmals am Tag mit Satchmos neuer Besitzerin – und meiner mitleidenden Freundin – Madeleine Winter-Schulze und wendete mit ihr das Problem hin und her, stellte Vermutungen an, verwarf sie, entwickelte neue Lösungsansätze und begrub auch diese Ideen. Manchmal schöpfte ich kurz Hoffnung – und musste sie gleich darauf betrübt wieder fahren lassen. Meine Phobie war irgendwann genauso groß wie die meines Pferdes. Innerlich zitterte ich, wenn ich auf Satchmo saß, schickte Stoßgebete zum Himmel, und wusste doch, dass ich nicht aufgeben durfte, sondern eine Lösung finden musste, so wie bisher immer, wenn ein Pferd Schwierigkeiten hatte. Es musste einen Schlüssel geben. Nur welchen? Ich hatte schon so viele ausprobiert, und keiner passte.

Natürlich fiel mir die Erfahrung mit Antony wieder ein, dem ich einmal richtig die Leviten hatte lesen müssen. Vielleicht musste ich Satchmo einmal ganz deutlich zeigen, wer hier wirklich das Sagen hatte. Dass er aufhören musste, mir auf der Nase herumzutanzen, und endlich lernen musste, sich meinem Willen unterzuordnen. Zu akzeptieren, dass er weitergehen musste. Dass er nicht stehen bleiben durfte, egal welches Gespenst er zu sehen sich einbildete. Womöglich erfand er diese Gespenster sogar, um seinen Ungehorsam an etwas festzumachen. Er war schon immer ein sehr dominanter Charakter gewesen. Konnte es sein, dass er einfach immer unverschämter wurde und dies alles seine extrem hysterische Form der Arbeitsverweigerung war?

Bei Antony hatte es auch geklappt. Im richtigen Moment konsequent sanktioniert – und er fügte sich für immer. Ich ließ die Geschichte mit diesem Pferd, das als zweite Besetzung hinter Gigolo eine erfolgreiche Karriere hingelegt hatte, noch einmal gedanklich Revue passieren.

Antony war ein patenter Hannoveraner. Und er war sehr schlau. Bis er acht Jahre alt war, hatte er sich als lernfähig und leistungswillig erwiesen, ohne jeden unangenehmen

Zwischenfall absolvierte er die Laufbahn für Nachwuchspferde. Keinerlei Eskalation, er lernte brav Piaffe und Passage, sträubte sich nicht gegen die fliegenden Galoppwechsel, ich konnte alles abrufen. Es schien reibungslos zu laufen. Nur mein Vater sagte immer mal, gib acht, das ist ein Pferd mit zwei Gesichtern. Und dieser Satz hatte eine doppelte Bedeutung. Er war mit einer schräg verlaufenden Blesse gezeichnet, sodass er von der einen Seite aussah wie ein ganz normaler, einfarbiger Dunkelbrauner. Von der anderen Seite machte die Blesse sein Gesicht kunterbunt, zumal er auch noch einen weißen Rand ums Auge hatte. Auf der einen Seite sah er aus, als wäre er ganz brav und harmlos, auf der anderen Seite wirkte er clever und ein bisschen durchtrieben.

Bei seinem ersten Start in der höchsten Leistungsklasse, dem Grand Prix, beim Hallenturnier in Bremen, passierte es dann wie aus heiterem Himmel. Ich ritt mit Antony in die Arena ein – und plötzlich rastete er aus, fing an zu bocken, fast wäre er dem Chefrichter Heinz Schütte auf den Tisch gesprungen. Totalverweigerung. Der Doktor und ich waren so überrascht, dass wir an eine Erkrankung glaubten und ihn vom Veterinär untersuchen ließen. Eine Kolik vielleicht, die ihm solches Unwohlsein verursachte, dass er zu keiner kontrollierten Anstrengung mehr in der Lage war? Oder Rückenschmerzen? Aber nein, Antony war kerngesund.

Ein Vierteljahr später, beim Maimarkt-Turnier in Mannheim, hatte Antony seine Verweigerungshaltung ins Extrem gesteigert. Nun ging er nur noch in winzigen Etappen vorwärts. Alle fünf Meter blieb er stehen und wollte nicht mehr und ließ mich da oben im Sattel während der Prüfung verhungern. Ich mühte mich ab mit all meinen eigentlich ja nicht geringen Einflussmöglichkeiten. Ich brachte ihn auch kurz in Gang, klopfte ihm sofort lobend den Hals, doch fünf

Meter weiter blieb Antony schon wieder stehen, als wäre er ein Baum und hätte Wurzeln geschlagen.

So habe ich mich durch die Prüfung gerobbt. Mal hier ein Stück, mal da ein Stück. Danach sagte der Doktor, wenn er damit durchkommt, kann ich ihn verschenken. Morgen früh werden wir das genau so reiten, als hätten wir eine Prüfung. Und wenn er wieder an der gleichen Stelle anhält, wirst du ihn einmal wirklich strafen. Du musst einmal durchgreifen. Und das habe ich gemacht. Er stand an der gleichen Stelle wie beim letzten Mal. Wir sind um die Ecke gebogen, angetrabt, und wieder: Buff, stand die Kiste. Und dann habe ich die Anweisung des Doktors befolgt und entschlossen die Gerte eingesetzt. Wenn es mir auch leidtat, war es zu diesem Zeitpunkt eine sehr wichtige und richtige Sanktionierung. Ein Journalist hatte mich beobachtet, und ich habe böse Presse gekriegt. Aber es war ein lehrreiches Erlebnis. Antony sagte: Okay. Er ist nie wieder stehen geblieben.

Antony hatte verstanden, aber ein weiteres Problem blieb noch zu lösen. Als wir eines Tages mit diesem Pferd beim Turnier im belgischen Schoten vorfuhren, mussten wir feststellen, dass der Platz nahezu unter Wasser stand. Und Antony hasste Wasser. Er hatte sich schon immer geweigert, durch Pfützen zu schreiten. Lieber machte er einen Umweg und lief seitlich vorbei. Der Abreiteplatz in Schoten war sogar derart überschwemmt, dass die Trainings- und Aufwärmrunden auf den Parkplatz verlegt werden mussten. Ein Blick auf den Turnierplatz aber ließ mich vollends in Schweiß ausbrechen. Überall Pfützen. Wie sollte mir mit Antony da nur eine Prüfung gelingen? Ich sagte damals zum Doktor: Ich weiß überhaupt nicht, wie ich über diesen Platz kommen soll. Schließlich einigten wir uns darauf, dass es das Allerwichtigste sei, Antony erst einmal überhaupt dazu zu bewegen, den Platz zu betre-

ten. Danach würde man weitersehen. Entweder lernte er jetzt endlich schwimmen. Oder er blieb mitten im Wasser stehen, und wir gingen gemeinsam unter. Aber ich hatte es immerhin versucht.

Und so machte ich es. Ich bin mit Speed in das Viereck hineingeritten, und ehe er sich versah, war er mitten im Wasser. Und siehe da, er lernte durch diesen Überraschungseffekt schwimmen. Er erledigte seine Pflicht, als hätte es nie eine Wasserphobie gegeben. Nie wieder weigerte er sich, durchs Wasser zu gehen.

Es war nur eine Laune gewesen. Vielleicht der zweite Versuch nach Mannheim, Punkte zu machen im Streit um die Vorherrschaft im Ring. Nach dieser Erfahrung lieferte Antony sich keinen so radikalen Zweikampf mehr mit Isabell, er hatte offenbar beschlossen, zu kooperieren.

In der Folge entwickelte Antony sich nicht etwa zu einem Duckmäuser, sondern zu einem selbstbewussten Seriensieger, der selbst mit neunzehn Jahren in Neumünster noch eine Weltcup-Qualifikation gewann.

Hin und wieder, wenn er merkte, dass sie sich entspannte und in Sicherheit wiegte, gönnte er sich ein bisschen Halligalli – zur Freude der Zuschauer. Aber nie mehr hielt er während der Prüfung an. Antony stand zwar im Stall nur in der zweiten Reihe. Bei den Championaten brillierte der große Kollege Gigolo. Aber auf den etwas bescheideneren Turnieren sammelte er die eindrucksvolle Lebens-Gewinnsumme von 531 246 Euro ein. Seine größten Erfolge erzielte er allerdings, als er schon im gesetzteren Pferdealter war.

Antonys Paraderolle war lustig. Zu seiner Kür spielte der Schlager: »Im Wagen vor mir fährt ein junges Mädchen, ratta-ratta-radadadada.« Und es gab eine Stelle, an der die beiden erst einmal so taten, als bögen sie nach links ab, bevor eine Stimme aus dem Off »o-ooooh« machte, woraufhin sie sich nach rechts korrigierten. Antony, das Party-Animal. Das passte zu seiner schlitzohrigen Art, mit der er Isabell einst auf die Probe gestellt hatte.

»Es hatte mich als Reiterin, deren Ziel es ist, das unbedingte Vertrauen meiner Pferde zu gewinnen, große Überwindung gekostet, bei Antony zu solchen Maßnahmen zu greifen. Allerdings fühlte ich mich durch den Doktor bestärkt, dass ich die richtige Entscheidung getroffen hatte. Wie Eltern, die ein Kind im Trotzalter bändigen müssen, habe ich gelernt, dass es auch in der Ausbildung von Pferden wichtig ist, energisch Grenzen zu setzen, wenn es notwendig wird.

Ich schaute mir Satchmo an, meinen Liebling, das Pferd, das ich nicht verstand, und überlegte. Er hatte ja schon als ganz junges Pferd die Autorität seiner Reiter heftig auf die Probe gestellt. Wieder fragte ich mich, ob ich es auch bei ihm einmal mit Druck versuchen musste. Und tat es schließlich, weil mir keine andere Möglichkeit mehr einfiel.

Eigentlich habe ich ihn immer ohne Gerte geritten. Aber jetzt benutzte ich die Gerte, um ihn zum Weitergehen zu zwingen. Es war eine Verzweiflungstat.

Die ganze Idee von der Disziplinierung lief genauso ins Leere wie all meine vorherigen Versuche, ihn zu erreichen. Satchmos Verhalten änderte sich nicht, weiterhin überkam es ihn regelmäßig. Er wurde höchstens noch ängstlicher und unberechenbarer. Es war eben doch nicht so, dass er im Machtkampf zu weit gegangen war. Wir blieben beide ratlos und hilflos zurück.

Als ich später die ersten Hinweise auf eine mögliche Erklä-

rung bekam, tat mir das Herz noch mehr weh. Ich machte mir bittere Vorwürfe, weil ich Satchmo vollkommen missverstanden und ihm Unrecht getan hatte mit der Unterstellung, er suche eine Machtprobe. Seine Panik war eben kein Theater, sondern echt. Ich versuchte, mich damit zu trösten, dass ich es mindestens zu 90 Prozent mit Ruhe und Geduld versucht hatte, aber ein Stachel blieb. Ich habe aber auch gesagt: Solange ich atme, werde ich an dieses Pferd glauben.«

Juni 2005: Beim Turnier im Schlosspark zu Balve zeigte sich immer noch das gleiche Bild. Isabell gab nicht auf, sie startete mit Satchmo weiter bei Wettbewerben, obwohl der ganzen Szene jeder ihrer Einsätze mittlerweile vorkam wie ein Himmelfahrtskommando. Satchmo machte auf dem Abreiteplatz einen hervorragenden Eindruck, ging locker und anscheinend voller Zutrauen voran und erledigte die Aufwärmrunden und Probelektionen ohne spürbare Schwierigkeiten. Dann ritt Isabell ins Viereck ein, um die Kurve – und wieder das alte Spiel. Satchmo lief ohne Vorwarnung vor die unsichtbare Wand, verkrampfte, hörte auf zu atmen, brauchte zwei Sekunden. Isabell ritt abermals an, und weiter ging es, als wäre nichts gewesen.

»Ganz kurz hatte ich das Gefühl, dass ihn die Sitzschalen, die das Sonnenlicht reflektierten, geblendet hatten. Oder war das wieder eine dieser vielen Theorien, die sich später als Irrtum herausstellen würden?

Nach der Prüfung ging ich in den Stall, wo Satchmo abgewaschen, vom Pfleger Hacki rundum versorgt, auch mit dem Schwamm am Kopf sauber gemacht wurde. Und plötzlich bemerkte ich, dass Satchmo eine auffällige Bewegung machte, er schreckte vor dem Schwamm ganz unverhältnismäßig zusammen. Plötzlich hatte ich die Eingebung: Ich rief auf dem Nachhauseweg eine Freundin an, die in der Tierklinik Hochmoor arbeitete, schilderte ihr die Beobachtung und sagte: Ich glaube, wir müssen nach seinen Augen sehen lassen. Ich fuhr nicht einmal mehr nach Hause mit Satchmo, sondern direkt von Balve in die Tierklinik. Und tatsächlich: Die Untersuchung ergab einen Befund. Er hatte kleine Schlieren im Auge, eine Art Fischchen, die durch sein Bild schwammen – auf der einen Seite sehr stark, auf der anderen immerhin mittelstark. Aber, so warnte mich der Tierarzt, möglicherweise machte ich mir angesichts dieses Befundes falsche Hoffnungen. Eigentlich handele es sich um nichts Ungewöhnliches, sondern um einen degenerativen Prozess, wie er auch bei Menschen und bei Pferden schon im Alter von sechs Jahren einsetzen könne. Im Grunde hätte das jedes Pferd mehr oder weniger, und die meisten könnten problemlos damit leben. Die Operation sei relativ einfach, die Flüssigkeit im Auge werde ausgesaugt und neu aufgefüllt. Allerdings wolle er den Eingriff lieber nicht vornehmen, wenn er nicht sicher sei, dass wir darin die Ursache für die Probleme gefunden hätten.

Ich versuchte weiter, mir keine Illusionen zu machen. Zu oft schon hatte ich mich euphorisch auf vermeintliche Lösungen gestürzt und war dann enttäuscht worden. Aber die Frage stand im Raum: Saßen die Gespenster, die Satchmo regelmäßig verhexten, in seinen Augen?

Ich nahm Satchmo wieder mit. Zu Hause versuchte ich eine Woche lang, herauszufinden, ob das Pferd ein echtes Augenproblem hatte. Er bekam eine Augenklappe rechts, dann eine Augenklappe links, dann Scheuklappen links und rechts. Entspannte sich Satchmo dauerhaft? Ich fuhr zu unserem Reiterverein, wo am Wochenende ein Turnier abgehalten werden sollte, und simulierte die Prüfungssituation. Ich zog sogar einen Frack an, Satchmo wurde eingeflochten, nach dem ganz normalen Turnierablauf abgeritten, alles typisch wie immer. Satchmo sollte ja nicht auf die Idee kommen, hier herrsche nicht die gewohnte Turnier-Anspannung. Der Schmied machte über Lautsprecher sogar eine offiziell klingende Ansage. Ich ritt ins Viereck ein mit Scheuklappen, ein bisschen ängstlich vielleicht mit Blick auf die erste Piaffe, aber auch das war ja inzwischen der Normalfall. Und Satchmo? Der spulte den kompletten Grand Prix ab, als hätte es nie eine Störung gegeben. Danach nahm ich ihm die Scheuklappen ab und ritt das gleiche Programm noch einmal. Satchmo blieb vor der ersten Piaffe stehen, drehte um, das alte Phänomen war wieder da.

Nach dieser Erfahrung stand der Entschluss fest: Die Operation wird gemacht. Aber nur kein großes Aufheben darum machen. Möglichst wenig Leute einweihen. Ich war so dünnhäutig geworden, dass ich mich vor dem Erfolgsdruck fürchtete, der bei jedem Lösungsversuch heftiger wurde. Ich sagte Satchmos Teilnahme an der deutschen Meisterschaft ab und brachte ihn in die Klinik.

Zehn Tage später durfte ich ihn wieder bewegen. Er bekam viel Zeit zur Erholung.

Mit banger Vorfreude plante ich ihn für das Hallenturnier im November in Stuttgart ein. So ziemlich alle hatten Satchmo aufgegeben, Madeleine litt solidarisch mit, der Bundestrainer Holger Schmezer blieb skeptisch, auch die Journalisten hielten Satchmos Psychoproblem trotz meiner Hartnäckigkeit so langsam für irreparabel.

Und dann: der Grand Prix in Stuttgart. Jeder in der Halle spürte das Prickeln. Und als Satchmo loslegte, locker, virtuos, ohne die Spur seiner Angstneurose, da staunten alle. Wo war der Krampf hin? Satchmo ging brillant in allen Gangarten, glanzvoll in jeder Lektion, leicht, federnd, er dehnte sich in den Seitwärtsgängen, den Traversalen, die ohnehin seine Glanzpunkte waren, er sprang konzentriert die Galoppwechsel – und er absolvierte die Piaffen ohne Stocken. Ich saß im Sattel und konnte es selbst kaum fassen. Ein echter Durchbruch. Ich hatte den Weg zu Satchmo gefunden. Mein Herz jubilierte. Endlich. Endlich.«

An einem bereits winterlichen Samstagvormittag im November in Stuttgart bebte die Halle. Alle spürten es: Es war, als spränge eine Tür auf nach all der Verunsicherung und Zermürbung. Die Richter waren hingerissen und ließen es Punkte regnen – Isabell erhielt eine Weltrekordnote. Alle bemerkten es: Freude und Erleichterung trieben ihr die Tränen in den Augen, hier, in der Schleyer-Halle, an einem ihrer vertrautesten Turnier-Schauplätze, wo sie schon so viel geweint hatte. Etwa bei der Verabschiedung von Gigolo fünf Jahre zuvor. Damals war sie sicher gewesen, in Satchmo einen mindestens gleichwertigen Nachfolger für ihren Superstar gefunden zu haben. Und dann war der große Einbruch gekommen. Statt dem Doktor beweisen zu können, dass sie auch ohne ihn für Goldmedaillen gut war, war sie schmerzhaft an die Grenzen ihrer Fähigkeiten erinnert worden und hatte den Spott noch obendrein ertragen müssen. All die Tränen, die sie in dieser harten Zeit hinuntergeschluckt hatte, brachen sich in diesem Moment, da Satchmo seinen Dämon endlich losgeworden zu sein schien, Bahn.

Und dennoch: Einen Tag später, im Grand Prix Special, wurde sie Dritte. Die Vorstellung gelang längst nicht so konzentriert wie im Grand Prix. Unter anderem kostete sie ein kurzes Stocken Punkte. Vor der ersten Piaffe. Es war wie die winzige Spur einer Erinnerung. Ein angedeutetes:

Da war doch was? Doch der Spuk war dieses Mal vorbei, bevor er richtig hatte beginnen können. Eine glückliche Isabell verabschiedete sich und ließ in Stuttgart einen schweren Stein zurück, der auf ihrem Herzen gelegen hatte. Im kommenden Jahr sollten die Weltreiterspiele auf einem anderen vertrauten Platz, in Aachen, stattfinden. Die Olympischen Spiele in Athen 2004 hatte sie bereits versäumt. Aachen war nun ein erreichbares Ziel geworden.

Die Funktionäre des deutschen Verbandes trauten der plötzlichen Wandlung allerdings nicht zu einhundert Prozent. Irgendwie sah es ihnen ein bisschen zu sehr nach Wunderheilung aus. So etwas hielten sie für unwahrscheinlich – alles erfahrene Pferdeleute, die sich selbst schon irgendwann die Zähne an unerklärlich scheinenden Phänomenen ausgebissen hatten. Sie sahen wohl, welches Talent Satchmo entfaltete, wenn er ohne Schwierigkeiten durch die Aufgaben kam. Aber wenn nicht? Schließlich zeichnete sich ab, dass die Konkurrenz aus den Niederlanden auch bei der Heim-Weltmeisterschaft stark besetzt sein würde. Der Mannschafts-Sieg, den die Deutschen von sich selbst erwarteten, war nicht mehr selbstverständlich. Die Herausforderung erlaubte also keine Experimente. Und die Frage, ob die Bombe, die spätestens seit 2003 in Satchmo getickt hatte, nun wirklich entschärft war, wollten sie lieber nicht endgültig beantworten.

Darum war es nicht weiter verwunderlich, dass bei den deutschen Meisterschaften im Frühsommer 2006 Satchmo nach Punkten schlechter abschnitt als sein Stallkollege Warum nicht. Das war mehr als nur eine nüchterne Rangfolge. Am Ergebnis von nationalen Titelkämpfen, die als Sichtung für die folgenden Großereignisse genutzt werden, kann man im Zweifel leicht ablesen, welche Vorlieben das Deutsche Olympiade-Komitee für Reiterei für seine Championatsnominierung hat. Die Richter bei den deutschen Meisterschaften pflegen erfahrungsgemäß ihre Wertung so zu nuancieren, wie der Verband es von ihnen wünscht. Und so war auch für Isabell schnell klar, wie die Funktionäre entscheiden würden. Deren Favorit für die WM war Warum nicht, den alle nur bei seinem Stallnamen Hannes nennen.

Hannes war ein großer, langer Fuchs, eine imponierende Erscheinung, allerdings nicht unbedingt ein Crack für Einzel-Erfolge bei großen Titelkämpfen. Ein sanfter Riese, auf den Isabell sich verlassen konnte. Hannes zeigte auch damals in Münster eine ordentliche Leistung, aber Isabell war der Meinung, dass Satchmo besser gewesen war. Sie musste trotzdem akzeptieren, dass sie mit Hannes für die WM nominiert wurde, bestand aber darauf, dass Satchmo als Ersatzpferd mitging.

»Ich war zwar enttäuscht, weil Satchmo nun einmal mein Liebling war, aber ich fügte mich dem Urteil ohne Murren. Schließlich wollte ich auf keinen Fall riskieren, dass ich später für eventuelle Probleme verantwortlich gemacht würde.

Was dann geschah, schien mir wie eine Fügung des Schicksals – wenn auch auf Kosten des armen Hannes, der zum Glück nicht lange zu leiden hatte. Irgendwelche Neider mit einem notorischen Hang zum Klatsch unterstellten mir später zwar, ich hätte das Geschehen manipuliert, um meine Wünsche doch noch durchzusetzen. Aber ich schwöre Stein und Bein, dass dem nicht so war, und kann mich dabei auf das Urteil von zwei voneinander unabhängigen Tierärzten berufen.

Doch der Reihe nach: Kurz vor der Weltmeisterschaft trai-

nierte die deutsche Mannschaft gemeinsam in der Nähe von Aachen, auf dem Anwesen unserer Reiterkollegin Nadine Capellmann. Holger Schmezer, der Bundestrainer, hatte sich maßgeblich für Hannes ausgesprochen, das Training mit ihm lief zufriedenstellend, die Vernunftentscheidung schien sich aus Sicht des Verbandes als berechtigt zu erweisen, doch plötzlich entdeckte Mannschaftsarzt Björn Nolting eine Unstimmigkeit. Na? Wenn der durch die Ecke geht – ist er denn wirklich ganz in Ordnung? Wir beschlossen, Hannes in den Stall zu bringen, abzuwarten, bis er sich von der Trainingsstunde erholt und wieder entspannt hatte, und ihn dann zu untersuchen. In der Zwischenzeit trainierten mein damaliger Trainer Wolfram Wittig und ich Satchmo, während das gesamte Team zum Mittagessen ins Haus gegangen war. Für das ganze Umfeld war die Entscheidung längst gefallen. Ich genoss die Runden mit dem gerade erst aus der Welt der bedrohlichen Schatten zurückeroberten Herzenspferd und stellte fest: Er war top in Schuss.

Als Hannes wieder ruhig war, ging Nolting in den Stall, schaute sich die Hinterbeine an und verzog das Gesicht. Das sah nicht gut aus. Er schüttelte den Kopf: Ich glaube, das geht nicht. Der Tierarzt hatte eine Schwellung auf der Sehnenplatte in der Fesselbeuge festgestellt, eine seltene Verletzung bei einem Dressurpferd. Weil er sich mit seiner folgenreichen Diagnose absichern wollte, schlug er vor, außerdem noch den Schweizer Pferdespezialisten Hans Stihl hinzuzuziehen, den ich sowieso für den besten Diagnostiker der Welt halte. Der sagte zunächst, dass er sich so eine Verletzung gar nicht vorstellen könne, er habe Hannes doch erst eine Woche zuvor kontrolliert. Er kam aber noch am selben Abend, ging in den Stall, befühlte die Hinterbeine und kam zum gleichen Ergebnis wie Nolting. Damit ging es nicht. Satchmo musste nachrücken.

Man muss sich die Situation vor Augen führen. Die emotionale Abfolge. Es war kein Fake. Mit so etwas spaßt man nicht. Ich hätte Hannes geritten, auch wenn ich dreitausendmal lieber Satchmo genommen hätte. Ich würde nie eine Verletzung vortäuschen. Da bin ich total abergläubisch.«

Der lahmende Hannes wurde nach Hause geschickt, Satchmo in die Aachener Soers gefahren. Holger Schmezer bekam einen Schweißausbruch, als er hörte, was passiert war. Innerlich spannte er sich bereits beim bloßen Gedanken an Satchmo im Viereck an. Er hatte eigentlich gehofft, sich den Stress ersparen zu können, der mit diesem Pferd verbunden war. Die Konkurrenten aus den Niederlanden wiederum rieben sich die Hände. Selbstverständlich waren ihnen Isabells Schwierigkeiten nicht unbekannt. Also hofften sie, dass Satchmo seine Reiterin bei der Weltmeisterschaft ein weiteres Mal zur Närrin machen würde.

»Björn Nolting sagte zu mir: Ihr seid nicht die Favoriten. Aber ihr könnt vielleicht der Joker sein.«

Und so begann die Waagschale sich zu bewegen. Der lange Albtraum war zu Ende, es begann eine verzauberte Zeit.

Aachen gehört ohnehin für viele zu den schönsten Schauplätzen der Reiterei. Es hat Stil. Es hat Geschichte. Es hat Tradition. Und es verfügt über einen einzigartigen Platz, der eigens für die Weltreiterspiele aufgeputzt worden war. Ein riesiges Rasenareal, an vier Seiten umgeben von imponierenden Tribünen, nach hinten hinaus mit Blick auf sanft geschwungene Hügel. Dieser Rasen ist den Reitern etwa so heilig wie den Tennisspielern der von Wimbledon. Manche Pferde holen erst einmal tief Luft, wenn sie das Stadion betreten müssen, manche versuchen vor lauter Respekt als Erstes, sich rückwärts zu verdünnisieren. Bei dem alljährlichen CHIO-Turnier werden auf dem Hauptplatz üblicherweise die Springwettbewerbe ausgetragen mit dem Großen Preis von Aachen als Höhepunkt, die Dressur hat dann ihre eigene, schicke, aber viel kleinere Arena abseits. Bei den Weltreiterspielen, in deren Rahmen Weltmeisterschaften in sieben Disziplinen ausgetragen wurden, verlegte man die Dressur ins Zentrum der Soers. Dort wurde ein Viereck mit seinem üblichen Sandboden aufgeschüttet. Es ist anzunehmen, dass nie zuvor ein Dressurturnier vor einer solch imposanten Kulisse ausgetragen wurde. Ein bisschen riskant war es schon, bedenkt man, wie empfindlich die Dressurpferde sind. Aber so viel Glanz war nie.

»Ich freute mich drauf. Zur WM nach Aachen, mein geliebtes Aachen mit Satchmo. Erst einmal spazierte ich zu Fuß über den weitläufigen Turnierplatz und schaute mich in Ruhe um. Wow! Kinomäßig. Ich genoss es, über diesen Rasen zum Einritt zu gehen. Ein magischer Moment.

Dann wanderte mein Blick zur Anzeigetafel, an der gerade einige Techniker herumwerkelten. Sie machten die Probe aufs Exempel und spielten einen fiktiven Wettkampf durch. Plötzlich sah ich die Schrift aufleuchten. Da stand: Grand Prix Special – Gold Medal: Anky van Grunsven. Und die WM hatte ja nicht einmal angefangen. Heute noch bildet sich ein Kloß in meinem Hals, wenn ich an diesen Augenblick denke. Ich dachte: So so. Anky also. Ich sagte mir: Hier bin ich mit meinem liebsten Pferd. Dass ich es hier reiten darf, fühlt sich an wie Bestimmung, Fügung, Schicksal. Und hier auf der

Tafel steht diese Schrift. Es war wie ein Zeichen, ein Moment der Hellsicht, wie ich es nie zuvor oder danach erlebte, als ich zu mir selbst sagte: Okay. Das wollen wir doch erst einmal sehen.

Es war unglaublich, da zu reiten. Allein der Gedanke daran nimmt mich immer noch mit, obwohl es schon mehr als ein Jahrzehnt her ist. Ich fühlte mich damals auf Satchmo so sicher wie niemals zuvor. Und nie zuvor oder danach haben wir eine solch stimmungsvolle Veranstaltung erlebt wie diese WM in Aachen.«

Die Mannschaftswertung ging entgegen aller Bedenken an die deutsche Equipe – die niederländische Attacke wurde wieder einmal abgewehrt. Heike Kemmer hatte mit ihrem Hannoveraner-Fuchs Bonaparte schon zum Auftakt eine Sternstunde erlebt und die Basis für den Titelgewinn gelegt. Isabell und Satchmo trugen das drittbeste Ergebnis des Wettbewerbs zum Gewinn des Weltmeistertitels bei. Außerdem in der Mannschaft: Nadine Capellmann mit dem Fuchswallach Elvis und Hubertus Schmidt mit der Stute Wansuela Suerte. Isabell stand wieder einmal ganz oben auf einem Siegerpodest. Sie sagte in der Pressekonferenz, dies sei die wichtigste Goldmedaille ihrer Karriere. Sie hatte alle widerlegt, die an Satchmo gezweifelt hatten. Und jetzt, nach diesem goldenen Comeback, war sie frei von allen Verpflichtungen und Erwartungen, und konnte den Rest der Weltmeisterschaft genießen.

Zwei Tage später folgte der Grand Prix Special, die klassische Prüfung nach einem festgelegten Aufgabenkatalog, in der bei Weltmeisterschaften der erste von zwei Einzel-Titeln vergeben wird. Im Vergleich zur Kür mit Musik gibt es im Special keine Chance, eine Schwäche des Pferdes herunterzuspielen oder mithilfe von künstlerischer Fantasie zu punkten. Der Special ist der seriösere, ehrlichere Vergleich, im Grunde die Stunde der Wahrheit. Die Kür hingegen ist unterhaltsamer und deswegen beim Publikum beliebter. In Aachen allerdings, wo ein Fachpublikum die Tribünen füllt, ist den Leuten die Bedeutung des Grand Prix Special durchaus geläufig, die Tribünen sind voll und die Leute wollen erleben, wie einem Paar nach dem anderen auf den Zahn gefühlt wird.

»Ich konnte es kaum erwarten, einzureiten und loszulegen. Allerdings hielt nun erst einmal Dieter Graf Landsberg-Velen, der damalige Präsident der Deutschen Reiterlichen Vereinigung, eine langatmige Rede. Ich dachte, Mensch Landsberg, red nicht so ewig, so langsam ist es gut, lass mich endlich reiten. Es fühlte sich alles so richtig an, und ich wollte los.

Ich ritt hinein in den Hexenkessel mit meinem Satchmo, in das Viereck, wo 45 000 Zuschauer auf mich warteten, und auf einmal spürte ich etwas ganz Großes. Etwas war im Gange, etwas ganz Besonderes, Elektrisierendes. Während ich die Prüfung ritt, merkte ich, dass das Publikum zu raunen anfing. Ich ritt weiter, vernahm zwar die Geräusche, bewegte mich aber wie in einem Kokon, in den nur ich und Satchmo hineinpassten. Er blieb ganz bei sich. Er saugte die Atmosphäre auf, die sich vom Publikum auf ihn übertrug, und er übertrug seine Energie aufs Publikum – und ich ließ mich tragen von diesen Wellen, alles ging ganz leicht, selbstverständlich, und Satchmo hielt nicht einmal für den Bruchteil einer Sekunde den Atem an, als er zur Piaffe ansetzte – im Gegensatz zum Publikum. Ich hatte keine Sekunde des Zweifels. Alles war wie aus einem Guss, ich traumwandelte von Runde zu Runde, von Raum zu Raum. Die letzte Mittellinie, in der Passage bis zur Mitte, dann eine Piaffe, dann weiter in der Passage – es war überwältigend. Du merktest, dass alles stimmte. Und dann das Halten. Ich werde das nie vergessen.«

Und dann: Die geballte Faust, im Bogen geschwungen. Die Werth-Faust. Jahrelang hatte man diese Geste nicht mehr gesehen, zuletzt vor acht Jahren, beim Gewinn des Weltmeistertitels 1998 in Rom mit Gigolo. Der Weg war weit und schmerzhaft gewesen bis zu diesem Halten und Grüßen und dem Gewinn des Weltmeistertitels. Und bis zu der Gewissheit, dass sie sich mit Satchmo zurückgearbeitet hatte an die Spitze ihres Sports. Sie war jetzt siebenunddreißig Jahre alt. Satchmo erst zwölf. Die Tür zur Zukunft stand wieder offen.

»Tränen? Natürlich. Die liefen wieder mal. Da stand ich und schluchzte. Hier weinte ich meine schönsten Tränen. Es war der emotionale Höhepunkt meiner reiterlichen Karriere. Darum macht man das alles. Um einen solchen Moment zu erleben.«

Am letzten Tag kam zu den beiden Goldmedaillen noch ein Bonbon aus Bronze dazu. Isabell wurde mit Satchmo in der Kür Dritte. Ein Happy End also? Wer das denkt, unterschätzt Satchmo immer noch. Seine Mission als Isabells Schicksalspferd war noch nicht zu Ende.

Isabell allerdings war jetzt sicher: Der Spuk war vorbei. Als Gründe sah sie eine Mischung aus dem Trauma von Warendorf und der Augenstörung. Die Operation schien die Lösung gewesen zu sein. Satchmo entspannte sich. Keine Eskalationen mehr. Im Jahr darauf ging zwar die historische Siegesserie der deutschen Equipe zu Ende.

In La Mandria bei Turin schafften es die Niederländer schließlich doch noch, vorbeizuziehen, und gewannen den Titel. Einzel-Europameisterin im Grand Prix Special aber wurde Isabell mit Satchmo. Als wäre nie etwas gewesen. Er habe sich fantastisch angefühlt, sagte sie in La Mandria den Journalisten selbstbewusst. Sie wisse, dass sie nun nicht mehr hinter den anderen herjage. Sie werde nun wieder gejagt.

Dass sie 2008 als Mitfavoritin nach Hongkong flog, wo das Reitturnier der Olympischen Spiele von Peking abgehalten wurde, lag auf der Hand. Endlich wieder Olympia, nachdem sie Athen hatte auslassen müssen. Und mit Satchmo war sie reif für ihr zweites Einzel-Gold nach Atlanta 2006 mit Gigolo.

Über unlösbar scheinende Schwierigkeiten hinweg hatte sie wieder einen potenziellen Olympiasieger entwickelt. Ganz nach Art des Doktors, aber diesmal unter eigener Regie. Und es lief gut. Ihr Beitrag zum Mannschafts-Gold: bestens. Tageshöchstnote. Satchmo hundertprozentig konzentriert. In Topform. Diesmal kündigte sich ein klarer Vorsprung gegenüber Anky an, schon jetzt, noch vor dem Grand Prix Special und der Kür, die damals zum Ergebnis aus dem ersten Tag addiert wurden, um den Olympiasieger zu ermitteln. Alles angerichtet: Es sah so aus, als läge die Einzel-Goldmedaille für Isabell schon auf einem Tablett bereit – sie brauchte sie nur abzuholen. Und wirklich: Die zweite Etappe, der Special, nahm seinen Lauf, die Zwischennoten für Isabell waren fantastisch, sie war auf dem Weg zu einem Traumergebnis, zum nächsten, noch spektakuläreren Höhepunkt ihrer glanzvollen Karriere.

Aber dann: die Piaffe.

Es war wie ein Ausschnitt aus dem falschen Film. Kata-

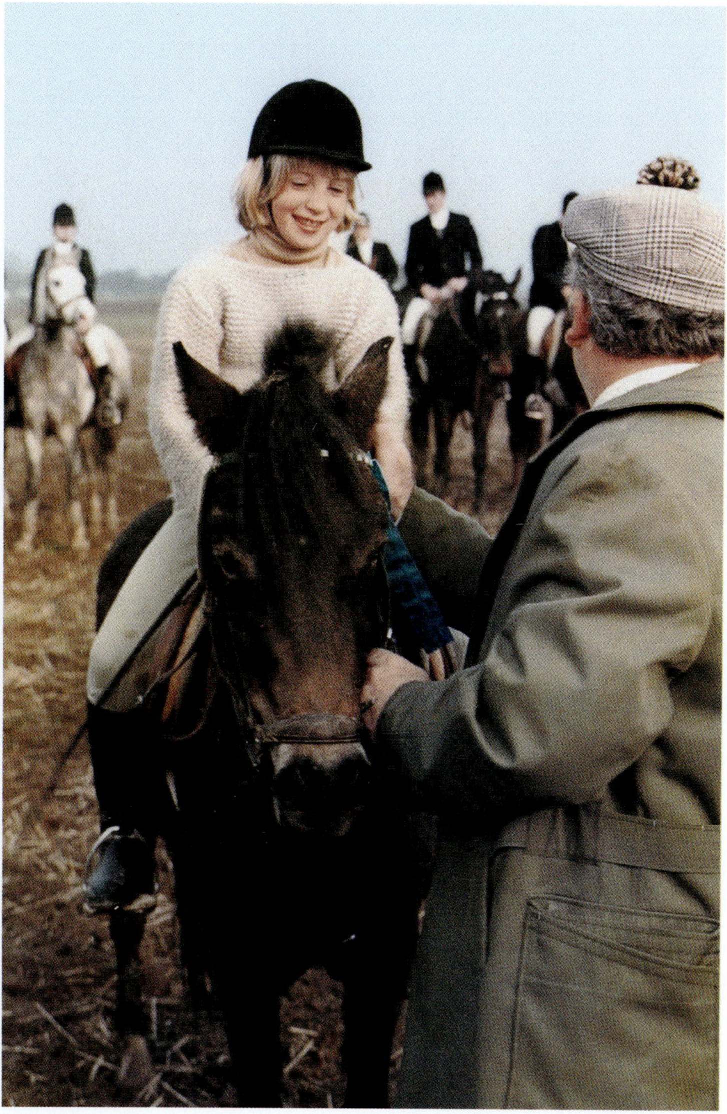

[1] Bei der Fuchsjagd

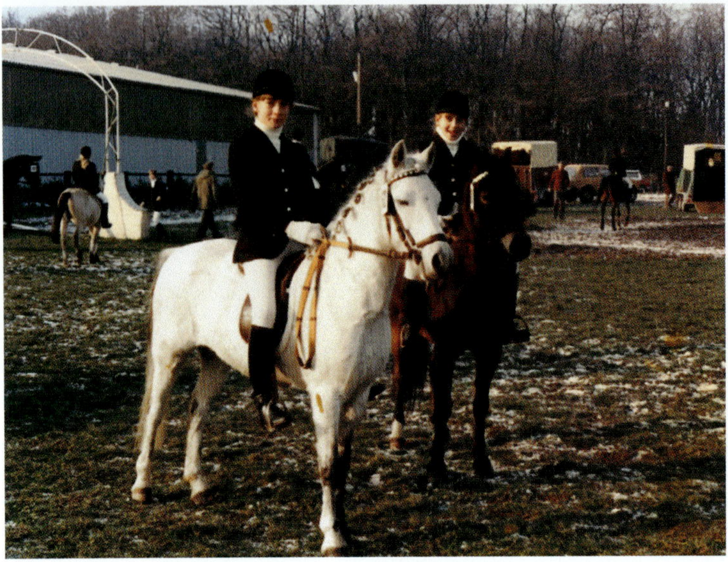

[2] Meine Schwester Claudia (auf Fee) und ich (auf Funny)

[3] Mit Monica Theodorescu (der späteren Bundestrainerin)

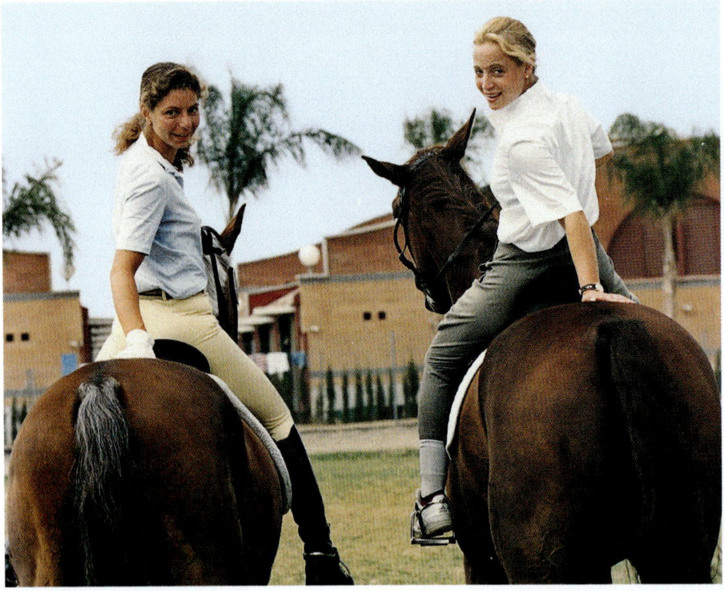

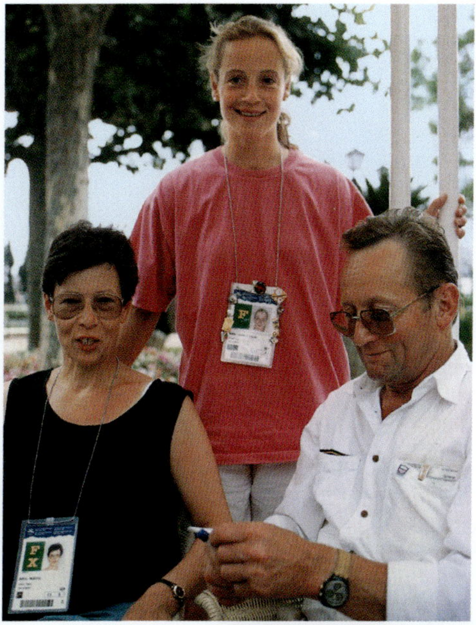

[4] Die stolzen Eltern begleiteten mich wann immer möglich auf Turniere.

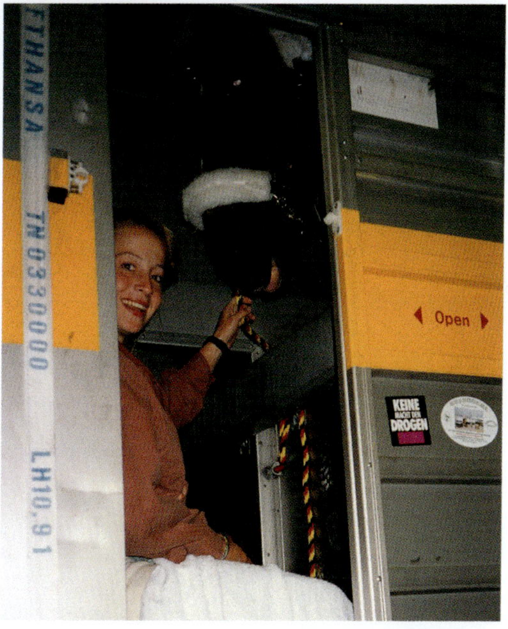

[5] Up in the air …

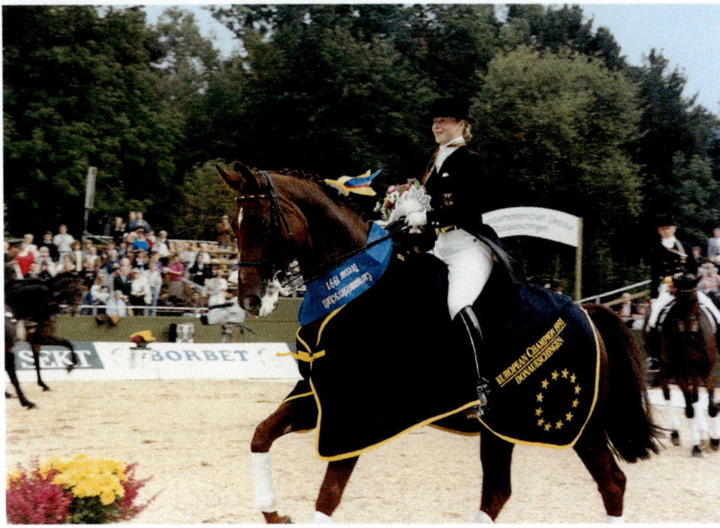

[6] Auf Gigolo siegreich bei der EM in Donaueschingen 1991

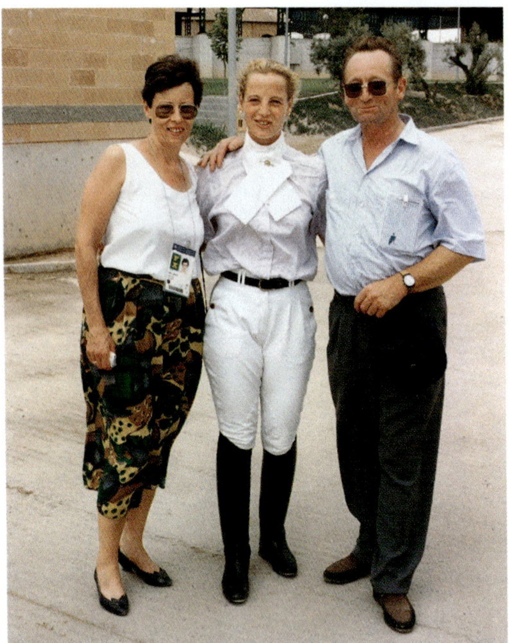

[7] Familie Werth im Turniermodus

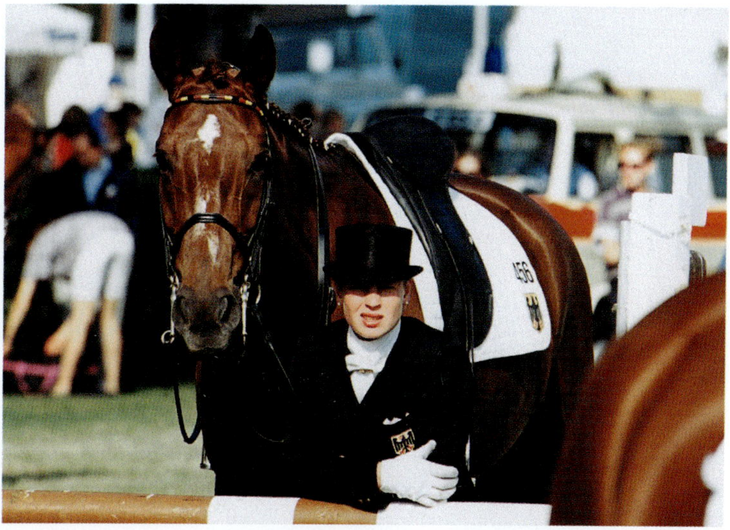

[8] Pause mit Gigolo

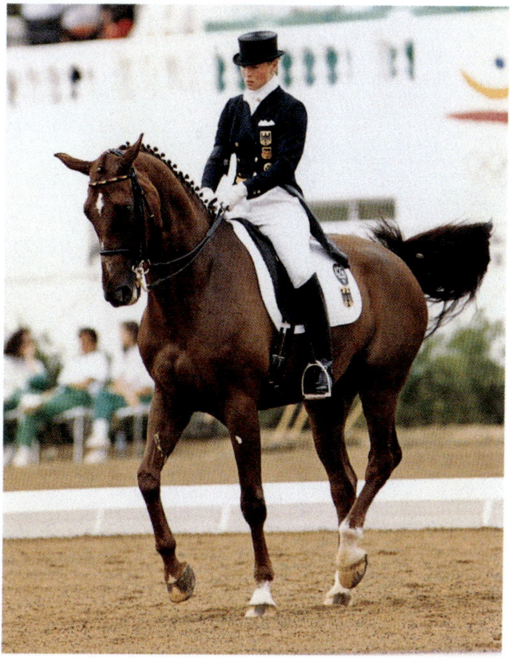

[9] Auf Gigolo im Viereck (Barcelona 1992)

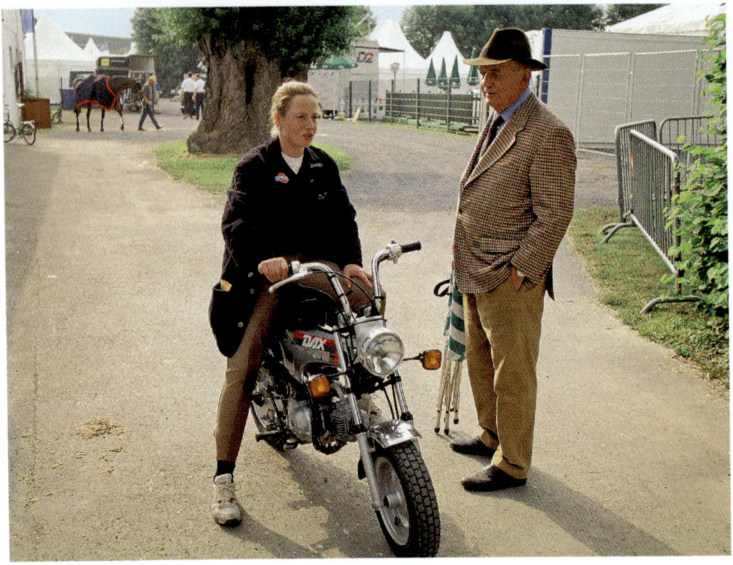

[10] Mit Dr. Schulten-Baumer auf der Honda DAX

[11] Beim Training mit dem Doktor

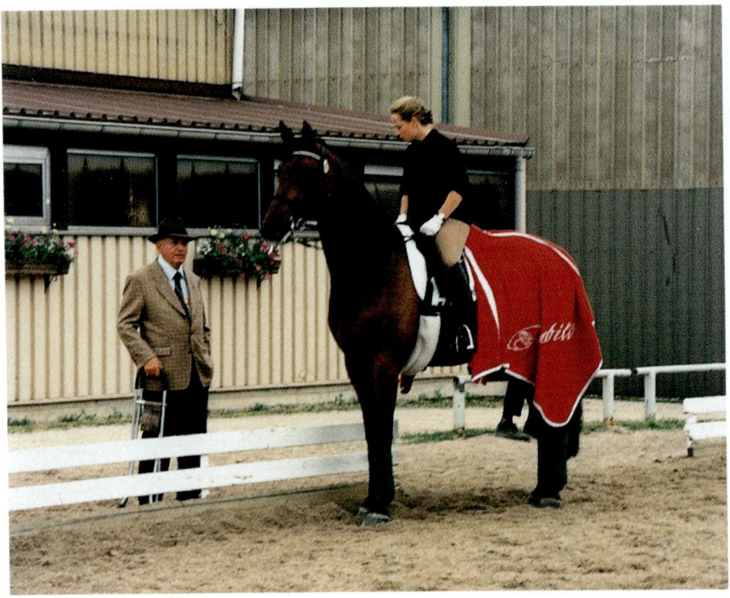

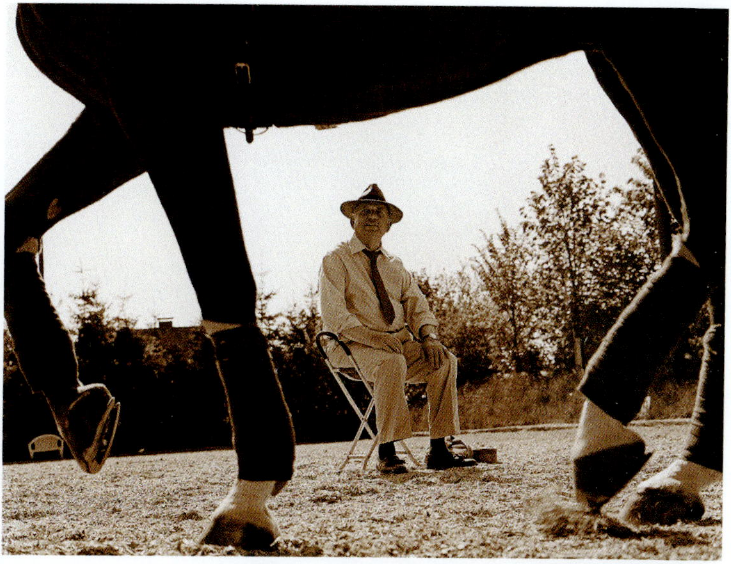

[12] Der Doktor hat alles im Blick.

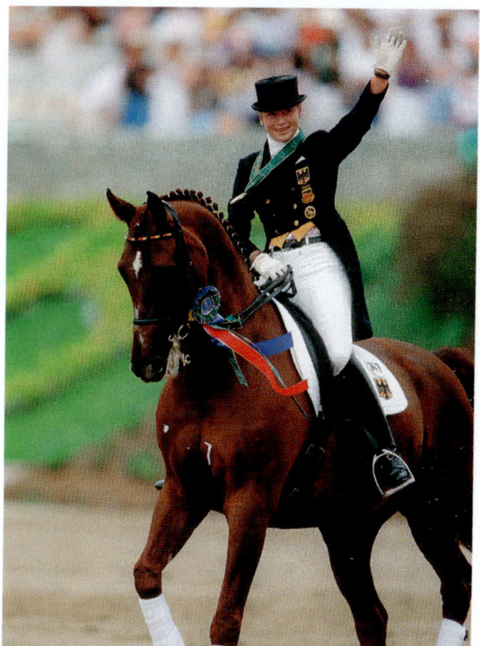

[13] Zwei Sieger in Atlanta
(Gigolo und ich)

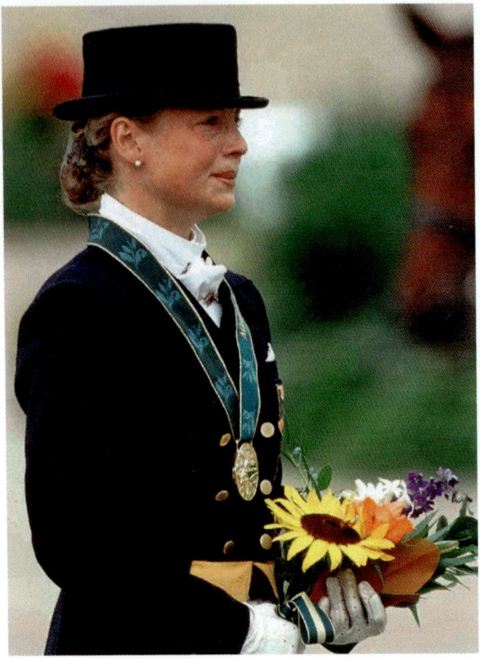

[14] Die Siegerehrung in Atlanta 1996

[15] 1997, bei der EM in Verden, mit der damaligen Equipechefin Madeleine Winter-Schulze

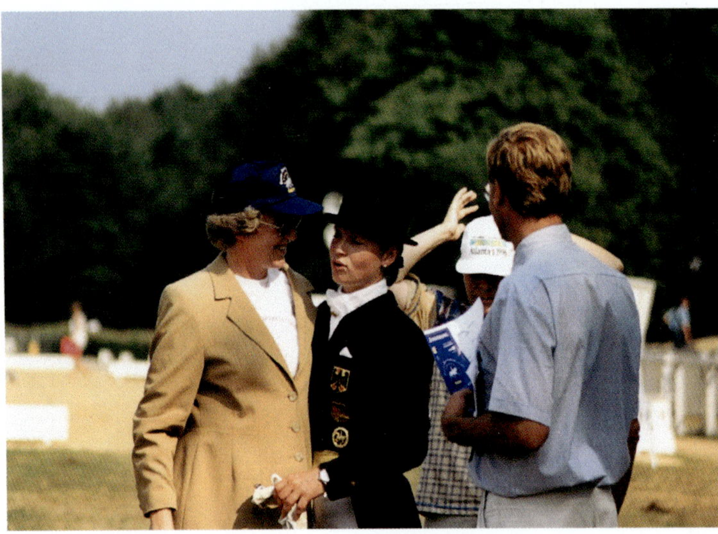

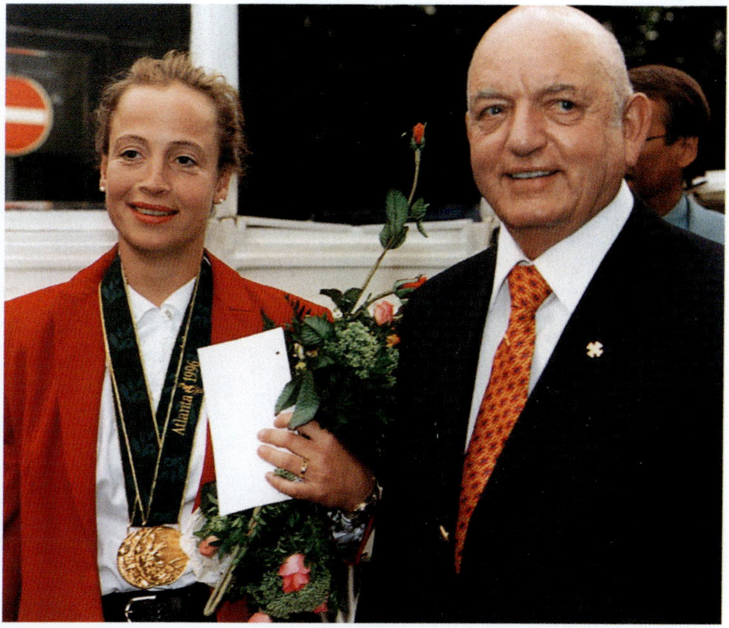

[16] Mit dem stolzen Doktor beim Medaillenempfang des Reitervereins in Rheinberg 1996

[17] Der Doktor gibt Gigolo das übliche Stückchen Zucker.

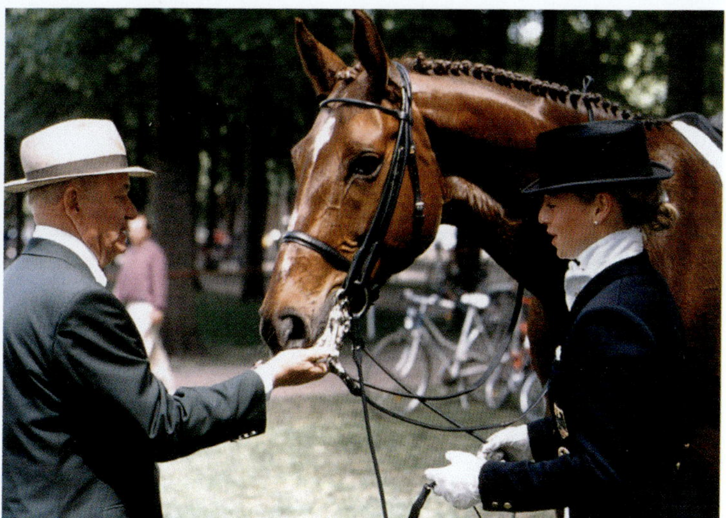

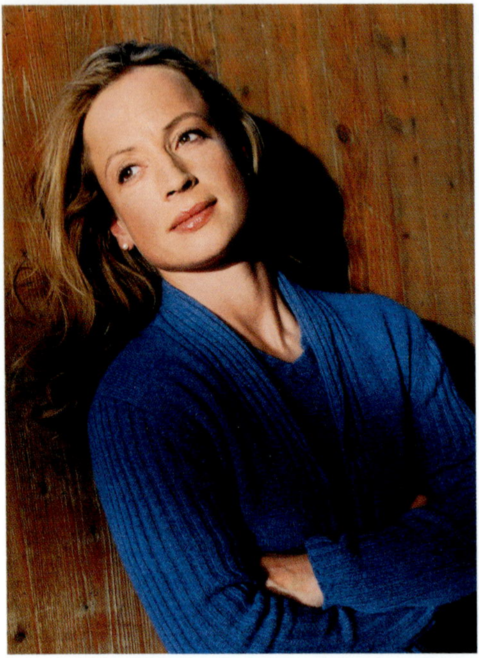

[18] Mein Ausflug in die Modewelt

[19] Satchmo ist übermütig.

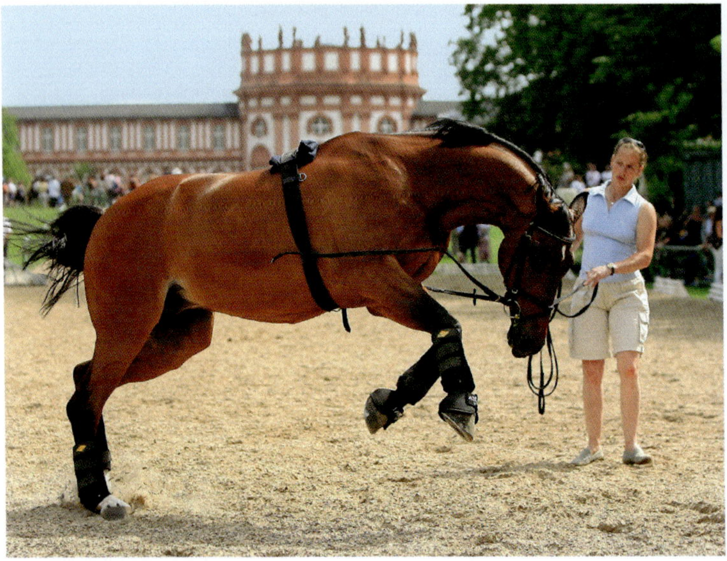

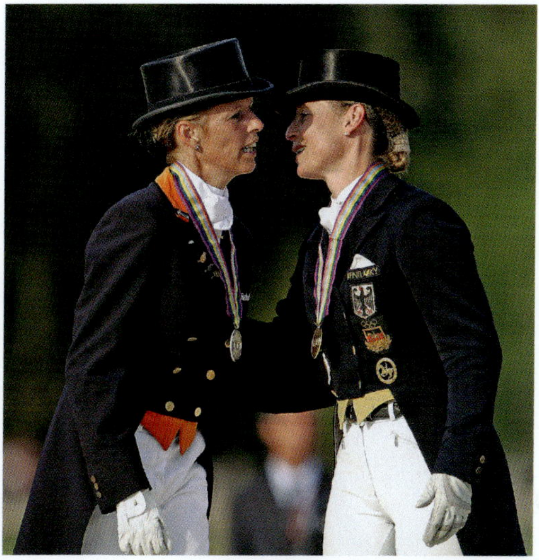

[20] Mit meiner großen Rivalin Anky van Grunsven in Turin 2007

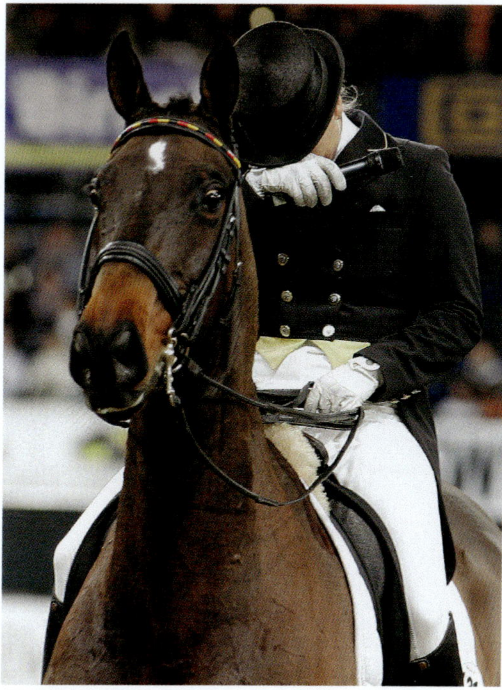

[21] Gerührt auf Satchmo in Stuttgart 2008

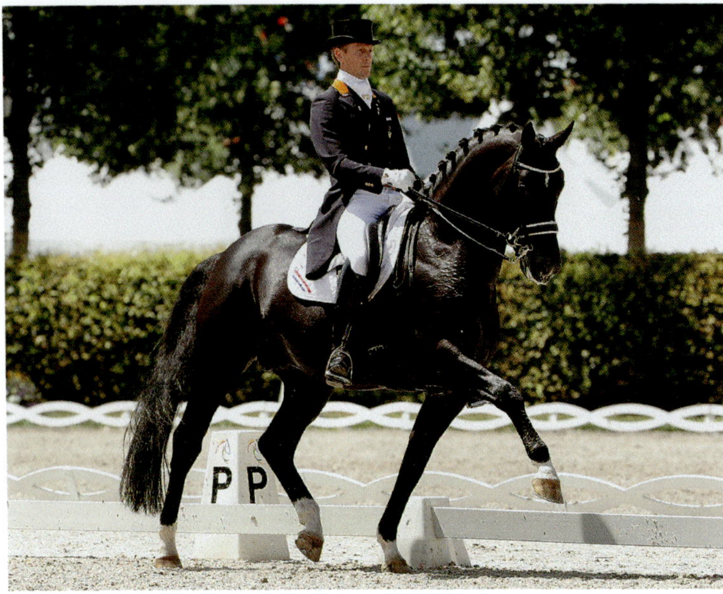

[22] Edward Gal auf Totilas in Aachen 2010

[23] Im Stall mit Satchmo, Hannes (Warum nicht) und Ernie (El Santo)

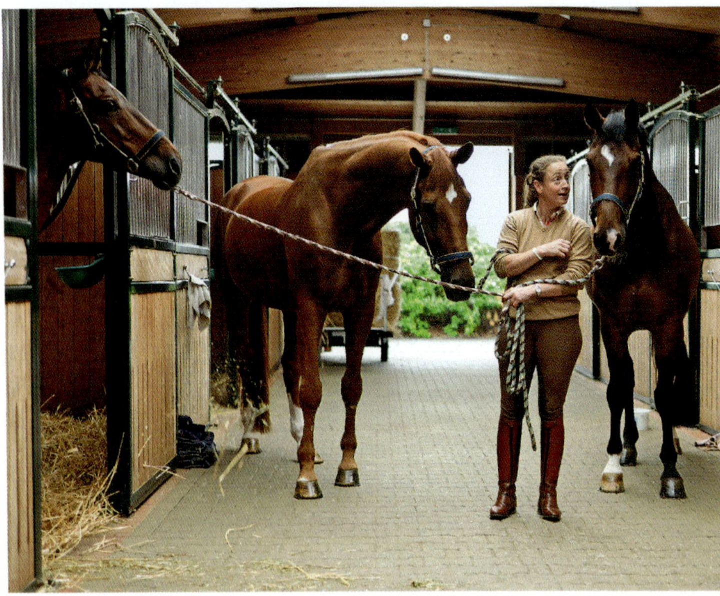

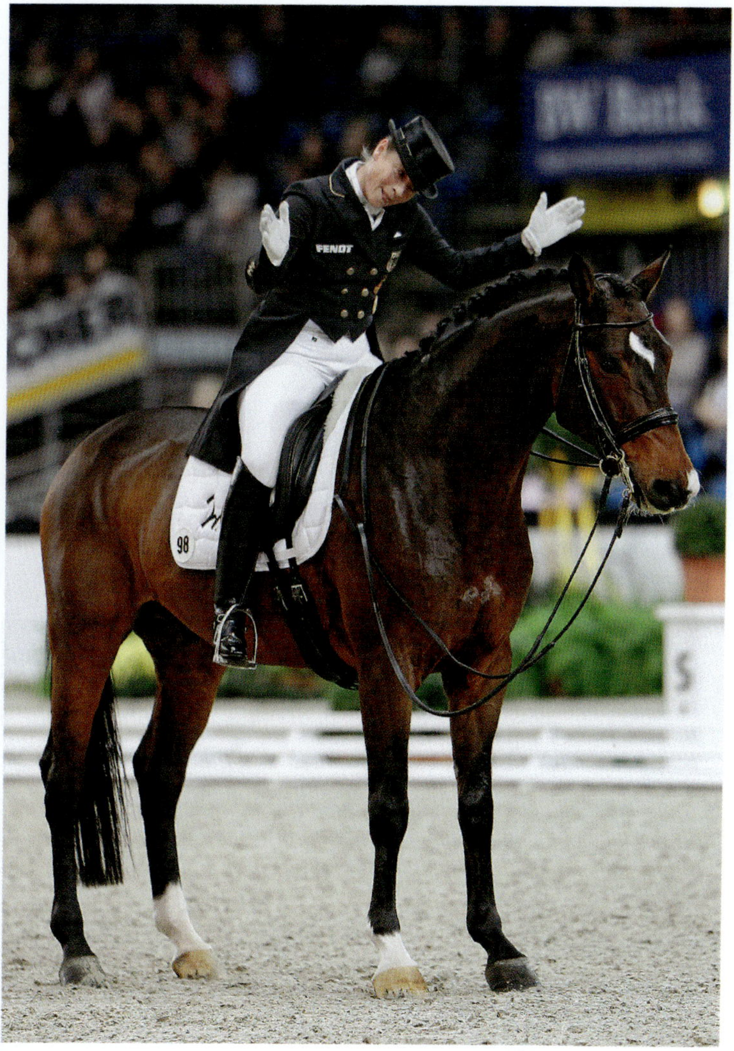

[24] So ist er eben ... Mit Ernie (El Santo) 2010 in Stuttgart

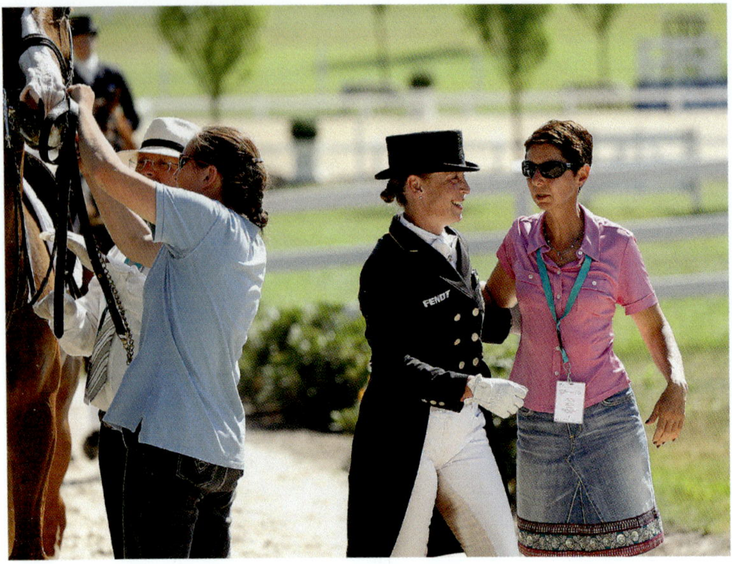

[25] Mit Bundestrainerin Monica Theodorescu und Pflegerin Steffi

[26] Mit Madeleine Winter-Schulze

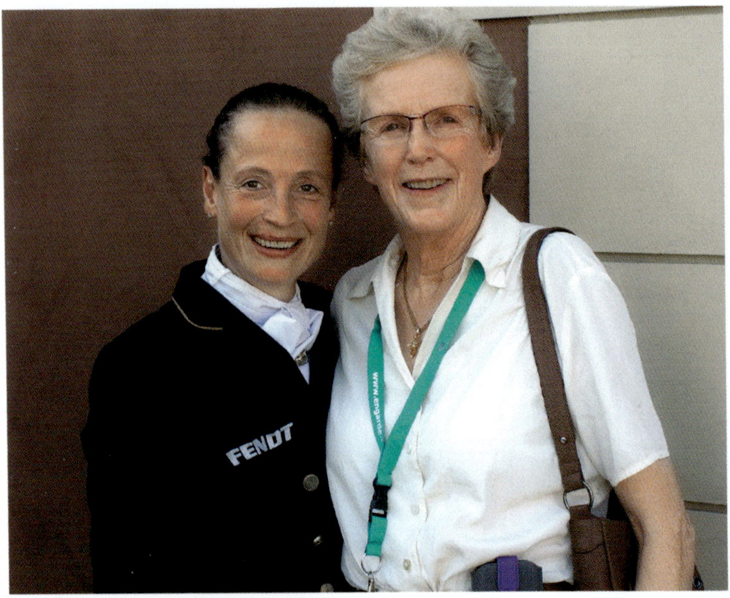

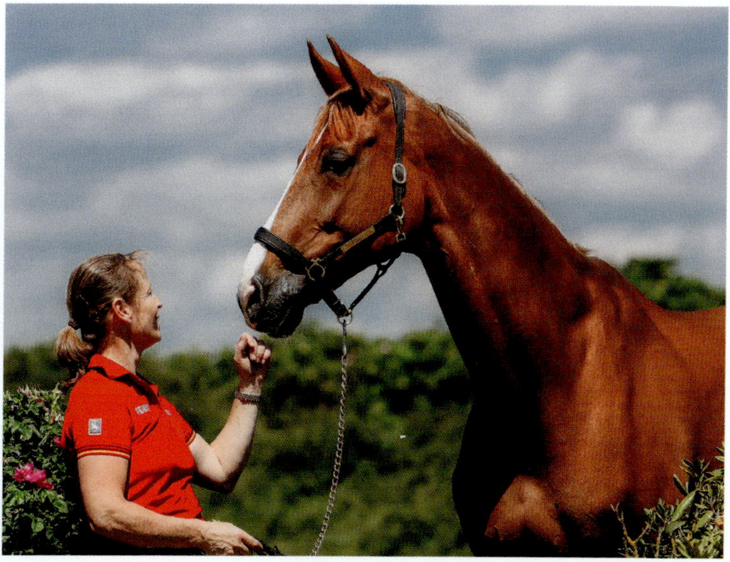

[27] Mit meiner Bella Rose

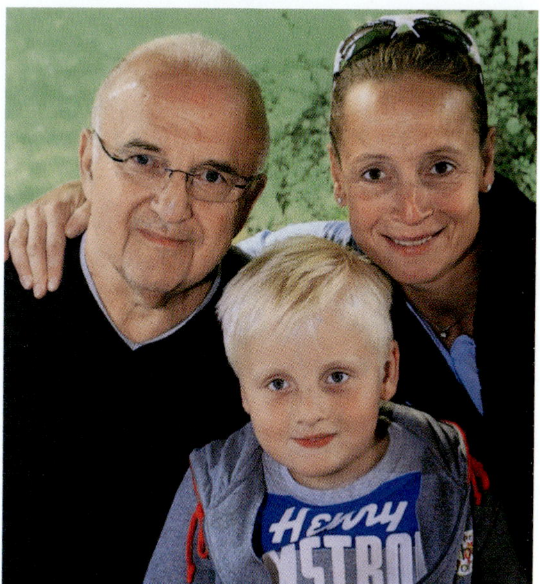

[28] Meine Familie

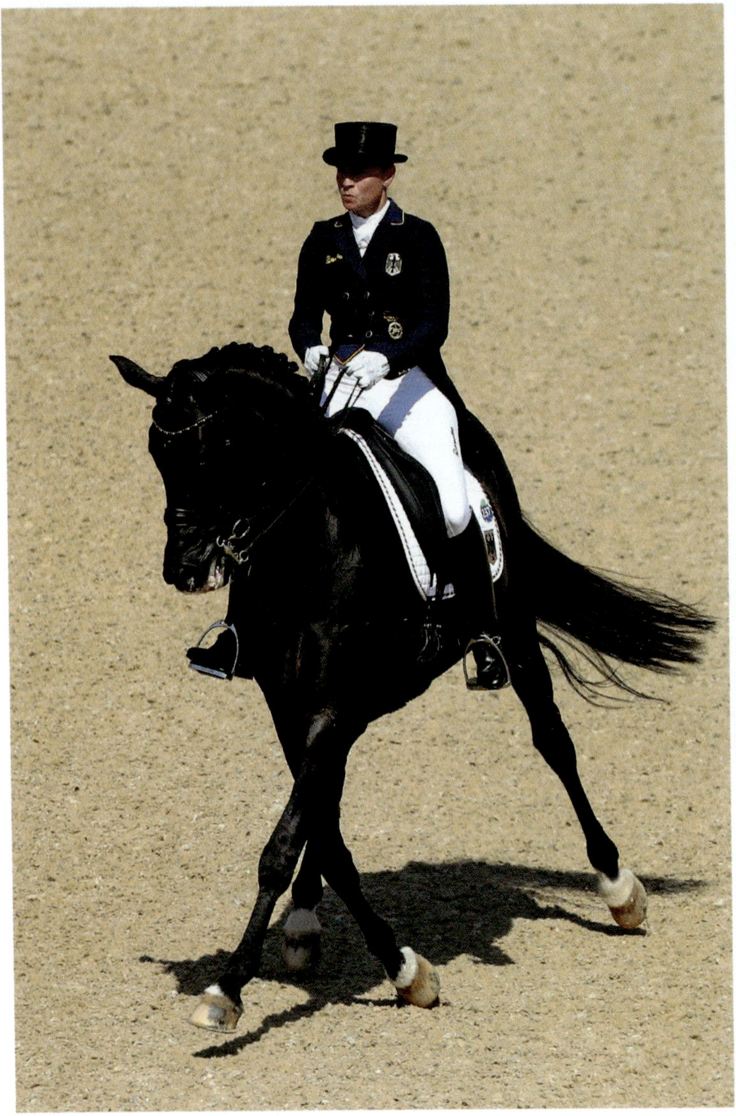

[29] Der olympische Ritt auf Weihegold in Rio 2016

strophe. Satchmo erstarrte. Machte kehrt. Und strebte voller Panik nichts wie weg. Es sah aus, als wäre er lieber zu Fuß von Hongkong zurück nach Rheinberg gerannt, als dass er diese unsichtbare Grenze überschritten hätte. Isabell saß als hilfloser Kopilot oben drauf. So wie einst. Womöglich noch schlimmer. Ein Spiegelbild aus der überwunden geglaubten Vergangenheit. Entsetzen auf den Rängen.

Der ganze Spuk dauerte nur ein paar Sekunden. Dann ging es weiter, als wäre nichts geschehen. Das alte Lied. Dass Isabell es schaffte, konzentriert und auf allerhöchstem Niveau weiterzureiten, zeigt ihre ganze Weltklasse als Turnierreiterin.

»Es war der totale Schock. Andererseits vollkommen unwirklich. Du glaubst, das kann nicht sein. Ein Albtraum. Aber so richtig registrieren kannst du es nicht. Ich habe es erlebt wie in Trance. Der Automatismus funktioniert, du reitest weiter. Aber eigentlich nur, weil du nicht glaubst, was du gerade erlebt hast.

Mein Kopf begann, fieberhaft zu arbeiten. Was konnte die Ursache gewesen sein für dieses niederschmetternde Déjà-vu-Erlebnis? Ich hinterfragte jeden Schritt. Hatte ich irgendetwas falsch eingeschätzt, übersehen, überritten, nicht gefühlt? Der Springreiter Karsten Huck kam sogar zu mir und bot mir Aufnahmen von meinen Trainingsrunden an. Um mir zu bestätigen, dass es keine Zwischenfälle gegeben hatte, die eine solche Situation hätten vorausahnen lassen.

Ich bin heute im Reinen mit mir – auf meinem Gewissen liegt keine Last, wenn ich an Hongkong denke. Alles lief entspannt ab, kein Ansatz zu erkennen, dass hier irgendetwas falsch laufen könnte. Das in Hongkong war ganz sicher immer noch der neue Satchmo gewesen, kein Zweifel, die ganze Zeit, im Grand Prix, und auch im Grand Prix Special – bis zur Piaffe.«

Eine mögliche Erklärung: Als sie zum ersten Mal in die olympische Arena durften, um die Pferde an die Atmosphäre zu gewöhnen, war eine riesige Videowand in Betrieb gewesen, die Bilder von den letzten Olympischen Spielen in Athen zeigte. Reiter und Pferde wurden darauf überlebensgroß herangezoomt, drohend wie Dinosaurier, und einige der sensiblen Dressurpferde reagierten darauf mit Panik und Fluchttrieb. Als Isabell mit Satchmo auf den Bildschirm zuritt, baute sich dort gerade das Pferd Weltall auf, mit Martin Schaudt im Sattel, sie kamen scheinbar direkt auf die beiden zugerannt. Satchmo stand vor lauter Schreck nur noch auf zwei Beinen, er drehte sich im Steigen weg und wäre fast nach hinten gekippt. Hatte diese Erfahrung vielleicht das verschüttete Trauma wiederaufleben lassen? Eigentlich ist es der einzige handfeste Anhaltspunkt. Aber die Theorie hat einen Haken. Eine derartige Erinnerung müsste besonders stark sein, wenn sie noch frisch ist. Also in der ersten Prüfung. Doch da war er völlig entspannt geblieben, keinerlei Weltall-Schock zu spüren.

Irgendetwas war also geschehen, auf diesem Platz in Hongkong. Etwas, das nur Satchmo wahrgenommen hatte, und niemand sonst.

»Ich habe mir extrem viele Gedanken gemacht. Ich habe mir die Videoaufnahmen daraufhin angeschaut, ob jemand einen Laserpointer auf ihn gerichtet hatte. Die kamen damals gerade in Mode. Ich habe alles Mögliche erwogen. Hypertöne.

Das hört sich vielleicht bescheuert an, aber ich habe darüber nachgedacht: Hat da vielleicht einer mit der Hundepfeife gepfiffen? Gab es eine absichtliche Irritation? Ich habe nichts feststellen können.«

Und wer nichts feststellen kann, der kann auch nichts abstellen. Nach dem Zwischenfall im Special war Isabells Vorsprung vor Anky zusammengeschmolzen. Blieb die Kür. Die große Show. Ein Potpourri der Höchstschwierigkeiten zu einer festlichen, eigens neu eingespielten Musik von Vangelis. Satchmo brillierte. Bis er eine besonders schwierige Lektion vorführen sollte. Die Piaffe-Pirouette. Erhabener Trab auf der Stelle. Und das Ganze in einer Drehung. Klar, dass Satchmo diese Übung perfekt beherrschte. Aber dann schoss das Gespenst noch einmal vor ihm aus dem Boden. Ohne Vorwarnung. Satchmo kroch in sich hinein, dieses kurze Pferd machte sich noch kürzer, drehte sich, verkrampfte.

Er sah keine Möglichkeit mehr, sich nach vorne aufzulösen.

Die Goldmedaille war weg.

Isabell klopfte seinen Hals und lächelte.

Mit einer spektakulären Kür, die im Schwierigkeitsgrad aber nicht an Isabells Programm heranreichte, sicherte sich Anky auf Salinero ihren dritten Olympiasieg in Folge. Der Mannschafts-Titel und das Einzel-Silber, die Isabell immer noch blieben, waren ein reiches Trostpflaster, aber die Havarie von Hongkong beschäftigt sie bis heute.

Drei weitere Jahre startete Isabell mit ihrem Herzenspferd bei Turnieren. Satchmos Panikattacken kamen nie mehr wieder. 2011 wurde er verabschiedet.

»Ich bedaure, dass ihm in Hongkong die letzte Vollendung seiner Laufbahn nicht gelungen ist, nachdem die Zeit des Zweifels vorbei war. Das nicht Erklärbare, das Lebendige, das Besondere an ihm fesselt mich bis heute.«

Satchmo war ein rätselhafter Lehrer. Das ersehnte olympische Einzel-Gold hat er ihr nicht gegeben. Dafür die Gelegenheit, trotz eines so dramatischen Untergangs wie in Hongkong mit einem Lächeln im Gesicht aus der Arena zu reiten.

6 Madeleine

Wenn Madeleine Winter-Schulze auf ihrer Terrasse sitzt, kriegt sie alles mit, was auf ihrem Hof geschieht. Rechts fällt ihr Blick auf den großen Außenplatz, wo ihre beiden Bereiter die Turnierpferde trainieren, die sie zu ihrem Vergnügen hält. Ein bisschen weiter links sind die Ställe, wo genüsslich Heu gezupft oder unter dem Solarium entspannt wird. Links der Eingang zur Sattelkammer mit dem riesigen Trophäenschrank voller Schleifen aus fast sechzig Jahren. Und zur Reithalle, die ein bisschen den Stil der Siebzigerjahre atmet, aber immer noch bestens ihren Zweck erfüllt.

Sie sieht ein ständiges Gewusel, Pferde werden hierhin und dorthin geführt. Madeleine hört die Rufe der Menschen, das Wiehern der Pferde, das Klappern der Hufe auf dem Pflaster. Hier, auf ihrem Anwesen in Mellendorf in der Wedemark, geht es nicht einfach nur darum, Pferde zu halten. Das Leben inmitten von Pferden, mit all seinen Geräuschen, Gerüchen, seinen Ritualen und Beschwerlichkeiten, ist ihre Lebensform.

Seit 1978 kann Madeleine ihren Blick über dieses Gesamtkunstwerk schweifen lassen. Als sie hierherzog, war sie noch längst keine vierzig. Am 28. Juni 2016 feierte sie auf dieser Terrasse ihren fünfundsiebzigsten Geburtstag. In all den Jahren genoss sie die Atmosphäre. Sie ist sicher, es war eine der besten Entscheidungen ihres Lebens, diesen Hof zu kaufen. Einst gehörte er dem Springreiter Hartwig Steenken, der 1978 tödlich verunglückte.

Sie dreht sich um. Hinter ihr gluckert das Schwimmbad, das sie erst vor ein paar Jahren hat bauen lassen für ihren Mann Dietrich, den alle, die ihm nahestanden, bis zu seinem Tod im Jahr 2008, nur Dieter nannten. Der Arzt hatte ihm Bewegung verordnet. Das Schwimmbad ist auch jetzt noch in Betrieb, ihr Badeanzug hängt zum Trocknen über dem Geländer. Aber im Moment ist es leer. Verlassen. Egal, wie oft es benutzt wird: für immer verlassen. Wie all die anderen Räume, die Bank in der Sattelkammer, die Stühle auf der Terrasse, die Sofas im Wohnzimmer – sie alle scheinen immer nur einen einzigen Namen zu sagen: Dieter.

Wenn sie zu Hause ist, macht Madeleine jeden Morgen um halb sieben das Frühstück für die ganze Mannschaft. Dann sitzt sie glücklich an einem voll besetzten Tisch. Aber lange kann Madeleine die Beine nicht still halten. Sie muss weg. Inzwischen reist sie so viel in der Welt herum, dass sie sich nicht einmal mehr einen eigenen Hund halten will. Er würde sich nur an die Mädchen im Stall binden und nicht an sie. Schon wieder steht sie auf und rennt hinaus, um Sahne für den Kaffee zu holen. Dann klingelt das Telefon, und sie führt eine Weile lächelnd ein Gespräch. In der Küche bereitet die Haushälterin ihr Mittagessen vor, aber das dauert noch ein bisschen. Madeleine springt auf, um einen Zettel mit Notizen zu holen. Jetzt setz dich doch mal hin. Das sagte Dieter immer zu ihr. Heute sagt es Isabell manchmal. Renn doch nicht ständig von A nach Z. Obwohl Isabell natürlich selbst den ganzen Tag auf den Beinen ist.

Dieter ist überall noch gegenwärtig, nicht nur auf den unzähligen Fotografien, aber dort natürlich für alle sichtbar. Besonders im Wohnzimmer, wo das Leben der beiden in Bildern gerahmt und dokumentiert ist. Kaum ein Foto, auf dem einer von ihnen allein zu sehen ist. Und kaum ein Bild ohne Pferd. Selbst auf ihrem Hochzeitsfoto sind Pferde zu sehen. Die beiden schauen bei Siegerehrungen in die Kamera, neben einem Pferd mit Reiter und Schleife. Bei Festakten, Preisverleihungen, inmitten der vielen Arenen, in denen ihre Reiter mit den Jahren überwältigende Erfolge gefeiert haben. Besonders der Springreiter Ludger Beerbaum. Und Isabell. Ihre beiden Jockeys.

Mehrere Bilder gibt es von Goldfever, dem Fuchshengst, den Dietrich Schulze für den großen Springsport entdeckt hat. Er kaufte den Hannoveraner 1995 von einem Züchter zwei Dörfer weiter, klammheimlich, er sagte nicht einmal seiner Frau etwas davon. Danach setzte sich Ludger in Goldfevers Sattel, angeblich, um ihn auszuprobieren. Erst als er sich als begabtes Springpferd entpuppt hatte, gestand Dieter seinen Alleingang ein.

Der Gedanke an diese Zeit entlockt Madeleine immer noch ein Lächeln. Goldfever war so ein schwieriges Pferd. Nicht nur einmal kam Ludger mit ihm aus dem Parcours und machte wütend eine Schnipp-Schnapp-Bewegung, die in der Branche als Aufforderung zur Kastration zu verstehen ist. Goldfever war frech, aufsässig, aggressiv gegen alle männliche Konkurrenz und permanent hinter den Stuten her. Eine rotgoldene Testosteronbombe. Und er hasste Schimmel, besonders Cento, das Pferd des späteren Bundestrainers Otto Becker. Er ließ keine Gelegenheit aus, ihn anzugiften. Goldfevers Boxenwand musste man mit elektrischem Draht sichern, damit er sie nicht mit wütender Kraft übersprang, um nebenan seinen Nachbarn zu drangsalieren. Ein Teufel in Pferdegestalt.

Dietrich Schulze erzählte genüsslich davon. Denn: Goldfever konnte im Springparcours geniale Runden produzieren. Er brillierte besonders auf dem weiten Platz in Aachen. Bei den Olympischen Spielen in Sydney ließ er seinen Reiter zwar skrupellos im Stich und bereitete ihm die Höchststrafe: als Produzent des Streichresultats, also des schlechtesten Einzelergebnisses, eine Mannschafts-Goldmedaille entgegennehmen zu müssen. Aber insgesamt gewann Ludger mit ihm fast drei Millionen Euro an Preisgeld. Dieter hatte recht behalten.

Noch heute ist Goldfever Madeleines liebstes Springpferd. Er ist überhaupt das letzte Pferd, das sie selbst geritten hat. Damals war sie schon um die siebzig Jahre alt. Sie war zunächst gar nicht so sehr darauf aus gewesen, im Sattel dieses Unholds zu sitzen. Aber Goldfever war nicht mehr so wild wie früher, vom Sport verabschiedet und nur noch als Deckhengst aktiv. Es sei ein herrlicher Ritt gewesen, sagt Madeleine. Während sie so fürstlich auf dem vierbeinigen Star dahingaloppierte, kam ihr die Idee, dass dies ein krönender Abschluss für sie sein könnte. Schließlich konnte sie sich glücklich schätzen, eine jahrzehntelange Laufbahn im Sattel heil überstanden zu haben. Trotz ihrer Reitleidenschaft wachte sie morgens immer noch ohne Zipperlein auf. Sie klopfte Goldfevers Hals – und das war's. Der allerletzte Ritt.

Wieder rappelt das Mobiltelefon. Isabell ist dran. Sie und Ludger, beide mit Anhang – das ist heute Madeleines Familie. Man telefoniert fast täglich. Sie nennt sie ihre Jockeys, obwohl das eigentlich der Begriff für die meist sehr kleinen Spezialisten auf der Galopprennbahn ist. Der lang gewachsene Ludger und die athletische Isabell haben mit diesen zierlichen Rennreitern wenig gemeinsam. Aber Madeleine benutzt gern solche pragmatischen Ausdrücke. Sie will nicht die vornehme Geldgeberin sein, die über allem steht und nicht mittendrin. Sie will auf jeden Fall dazugehören. Sie sagt manchmal Kohle, wenn es um ihr Geld geht. Sogar Moos nennt sie es angelegentlich in einem schnodderigen Satz, der im rauen Berliner Tonfall herauskommt. Ein bisschen steht die rustikale Ausdrucksweise im Widerspruch zu ihrer Stimme, die immer sanft klingt, manchmal fast ein bisschen gehaucht. Sie ist ein grundsätzlich freundlicher Mensch mit einer Tendenz zum Versöhnlichen. Auf so gut wie allen Fotos im Wohnzimmer lächelt sie.

Vielleicht ist das der Grund, warum ihre beiden Jockeys sie wirklich in ihr Leben hineingelassen haben. Und natürlich, dass sie beide gefestigte, geerdete Charaktere mit einem stabilen familiären Hintergrund sind. In dieser Branche, besonders im Springreiten, ist eigentlich etwas anderes weit verbreitet: dass reiche Leute dem Pferdevirus verfallen und dann im Extremfall von den Profis nach allen Regeln der Kunst abgeschöpft werden. Der brennende Wunsch, zum inneren Zirkel zu gehören, ist es, der den Betuchten die Taschen öffnet. Man muss als Reiter anschließend nur dafür sorgen, dass man selbst der Nutznießer ist und nicht einer der gespornten Nahrungskonkurrenten. Aber echte Freundschaft ist üblicherweise nicht drin. Ein gewisses Ehrgefühl haben nämlich auch Pferdehändlerseelen: Ihren Respekt, woran immer dieser sich misst, kann man nicht kaufen. Im Normalfall bleiben Geldgeber ihr Leben lang

Außenseiter, die nicht weiter kommen als in die holzgetäfelten Kaminzimmer der alten Bauernhöfe, wo die Gäste empfangen werden. Man trinkt mit ihnen, bietet ihnen einschlägige Gesellschaft und ein heimeliges ländliches Ambiente, das ihrem Leben eine besondere Bedeutung verleiht. Aber ins Vertrauen ziehen? Nie und nimmer. Schließlich sind sie dazu da, gemolken zu werden.

Madeleine aber ist von so entwaffnender Großzügigkeit, von so unerschütterlicher Loyalität und so nett zu ihren Jockeys, dass sie gar nicht anders konnten, als sie ganz ins Herz zu schließen. Sie schwärmen von ihrer verlässlichen Zuneigung und reden von sich aus von Freundschaft. Auf Ludgers Anwesen in Riesenbeck ist immer ein Bett für sie frei – und sie hat ein enges Verhältnis auch zu dessen Frau Arundell und den Töchtern. Und auch in Isabells Haus in Rheinberg hat sie ein eigenes Zimmer. Mit ihrer ganzen Familie versteht sie sich bestens. Wenn Madeleine Lust verspürt, steigt sie in den Zug und fährt schnell mal zum einen oder zum anderen Jockey hin. Wenn sie will, und wenn das Anwesen in Mellendorf ihr eines Tages zur Last werden sollte, kann sie ganz zu einem der beiden ziehen. Das ist ausgemacht. Oder vielleicht wird sie pendeln, sagt sie, und lacht, und man spürt ihr Glück, dass sie so gut aufgehoben ist. Sie vertraut beiden Reitern hundertprozentig, sagt sie. Und sie ist selig, wenn sie ihnen neue Pferde kaufen kann.

Sie fragt herausfordernd: Warum soll sie nicht im Hier und Jetzt leben? Dies ist die Zeit, in der die beiden reiten wollen, Ludger hat ohnehin nach den Olympischen Spielen 2016 in Rio schon zurückgesteckt, was Madeleine mit leisem Bedauern akzeptiert hat, und es ist abzusehen, dass er sich noch weiter zurückzieht aus dem Sport.

Madeleine findet es großartig, ihre Reiter auf Turniere zu begleiten. Zumal sie auch den Erfolg liebt. Ihre Jockeys sind zwei prägende Figuren des Pferdesports, als Reiter und Unternehmer, und im Sport so ehrgeizig, dass Madeleine es für überflüssig hält, ihnen Druck zu machen. Das machen sie schon selbst. Und Madeleine empfängt sie am Ausritt und nimmt sie in den Arm, wenn es nicht zufriedenstellend gelaufen ist. Und nach einer Weile erklären sie ihr ungefragt die Gründe. Wenn es aber gut gelaufen ist, dann genießt Madeleine den Triumph in vollen Zügen.

Warum also das Geld sparen, so lange, bis es zu spät ist?

Wenn sie solche Sätze sagt, schwingt der Gedanke an Dieters Schicksal mit. Wie schnell kann alles vorbei sein! Eines Tages ging er wegen Rückenschmerzen zum Arzt. Er dachte, er werde eine Spritze bekommen und dann würde es schon wieder gehen. Doch es kam anders. Er erhielt eine niederschmetternde Diagnose. Knochenkrebs. Und auf einmal wurde ihnen bewusst, dass ihre gemeinsamen Tage gezählt waren. Natürlich sagte Madeleine damals, wie es ihre Art ist: Das schaffen wir schon. Aber sie wusste auch, dass das Urteil gefällt war. Sie musste zusehen, wie er schrumpfte, wie er verfiel, wollte ihn festhalten, aber das war nicht möglich. Im Dezember 2008, eine Woche vor Heiligabend, ist er mit achtundsechzig Jahren gestorben. Seitdem dreht sich der Betrieb in Mellendorf um eine verlassene Mitte, die in diesem Leben niemand mehr wird ausfüllen können.

Isabells Mellendorfer Zeit war schon lange vorüber, als Dieter starb, aber sie schaut bis heute regelmäßig dort vorbei.

»In jenem dunklen Dezember, in dem es Dieter immer schlechter ging, machte ich mich auf den Weg von Rheinberg nach Frankfurt, zum Festhallen-Turnier. El Santo, mein damaliges Nachwuchspferd, genannt Ernie, war für das Finale der Serie Nürnberger Burgpokal qualifiziert. Im Rahmen dieser Serie bekommen potenzielle Championatspferde ihre erste große Bühne. Ich hatte ohnehin vor, bald Madeleine und Dieter zu besuchen, vielleicht nach dem Turnier – oder… doch lieber vorher? Ich kann keinen greifbaren Grund nennen, wieso ich mich spontan für den Umweg entschied und mein Auto Richtung Hannover und nach Mellendorf lenkte. Dort lag Dieter – in der Wohnung, die ich zwei Jahre lang bewohnt hatte. Sie befindet sich im Erdgeschoss, er war dorthin gezogen, weil er nur noch schwer gehen konnte. Im Grunde wollte ich ihm nur Hallo sagen. Und doch war es der Abend, an dem Dieters Zustand sich dramatisch verschlechterte und an dem er schließlich starb. Madeleine und ich waren zusammen bei ihm.

Es war wie eine Fügung. Und es ist ein bisschen bezeichnend für unser Verhältnis, dass jede von uns da ist, wenn es wichtig wird. Es war ein einschneidendes Erlebnis und hat Madeleine und mich noch enger zusammengeschweißt.

Es war schwer, sofort wieder in den Alltag zurückzukehren. Aber Madeleine sagte, ich solle unbedingt ins Auto steigen und am nächsten Tag zu dem Turnier fahren, weil Dieter sich das gewünscht hätte. Ich riss mich schweren Herzens zusammen und trat in Frankfurt an – und gewann mit Ernie den Burgpokal. Ich fühlte mich nicht in der Lage, an der folgenden bombastischen Showeinlage teilzunehmen. Aber Ernies Sieg ließ mich unter Tränen lächeln. Weil Dieter immer ein bisschen liebevoll gespottet hatte über Ernie als das kleine Reitschweinchen. Weil er ein etwas unproportionierter Knubbel ist, ein dickes Bäuchlein hat und nicht ganz so elegant aussieht, wie man sich das bei einem Championatspferd wünscht. Siehste, sagte Madeleine, der Ernie wollte Dieter beweisen, dass er doch was kann.«

Isabell und Madeleine kannten und mochten einander bereits zu Zeiten des Doktors. Schon damals, noch als aktive Reiterin, engagierte sich Madeleine für deutsche Mannschaften als Equipechefin, zum Beispiel bei Isabells erster Europameisterschaft. Sie war eine Instanz, immer mittendrin, eine Anlaufstelle für alle, die in der Kälte des Leistungssports zwischendurch einmal eine Zuflucht brauchten, um sich wieder aufzuwärmen. Trotz des Altersunterschieds übernahm sie nicht wirklich eine Mutterrolle, eher die einer guten Freundin und eines guten Geistes. Isabell, ständig vom Doktor unter Leistungsdruck gesetzt, zudem vom eigenen Ehrgeiz zuweilen verhärtet, genoss Madeleines freundliche Art und ihre Gewohnheit, sich nicht immer nur nach Ergebnissen zu erkundigen, sondern mal eine Reiterin zu fragen: Geht es dir auch gut?

Die Art, wie der Doktor mit Isabell umging, hat Madeleine einerseits befremdet. Wenn er sie ausgerechnet in dem Moment zur Schnecke machte, in dem sie strahlend vor Freude vom Pferd stieg. Das sei, findet Madeleine, sicher nicht leicht herunterzuschlucken gewesen. Doch auch für den Doktor hat sie schnell eine Entschuldigung parat: »In der Ausbildung, die Isabell bekommen hat, musste das vielleicht manchmal so sein«, sagt sie. »Da muss man auch mal hart sein. Mit Nettigkeit kriegst du nicht alles hin.«

Die Chemie zwischen der jungen und der achtundzwanzig Jahre älteren Frau stimmte auf Anhieb, obwohl ihre Beziehung mit einem Fehlkauf begann. Madeleine probierte beim Doktor den Hannoveraner Aurelius aus, den bisher Isabell auf Turnieren vorgestellt hatte, kaufte ihn, kam aber nicht gut mit ihm zurecht. So tauschten Isabell und Madeleine sich aus und versuchten, das Zusammenspiel zu verbessern, ohne viel Druck und Stress, allerdings auch ohne Erfolg. Madeleine gab irgendwann auf und stellte Aurelius der Profireiterin Karin Rehbein zur Verfügung. Die Gelassenheit, mit der sie diese misslungene Aktion hinnahm, imponierte Isabell, die es gewohnt war, mit jedem kleinsten Fehler zu hadern.

Wenn man es genau nimmt, war der Doktor keine Ausnahme, was den Umgang der Profis mit reichen Mäzenen anging. Beim Versuch, die hauseigenen Probleme zu lösen, kam er darum auf eine probate Lösung. Madeleine sollte Pferde von ihm kaufen, von denen sie aber außer den Kosten und ihrem Besitzeranteil vom eventuellen Ruhm nicht viel haben würde. Isabell sollte die Pferde wie gehabt in Rheinberg trainieren und auf Turnieren vorstellen, für den Doktor sollte sich also nur eines ändern: Ein Teil von Madeleines Geld würde den Besitzer wechseln und die Zukunft seines Stalls absichern, aus dem er ja auch die Karriere seiner Stieftochter finanzieren musste.

Wenn Madeleine mit ihrem eingebauten inneren Weichzeichner die Geschichte erzählt, hört sie sich natürlich anders an: »Er sagte, ach, ich habe so viele Pferde, wollen Sie nicht zwei kaufen, dann bin ich nicht mehr so belastet. Ich habe dann zwei gekauft.«

Es waren die beiden Nachwuchspferde Satchmo, mit dem Isabell 2006 Weltmeisterin wurde, und Richard Kimble, dessen Karriere wegen einer Verletzung zu früh endete. Das Unbehagen, das dieser Deal bei Isabell auslöste, war der

Anfang vom Ende ihrer Kooperation mit dem Doktor. Er ließ sie los, zumindest ein Stück weit. Die Gewichte verlagerten sich. Dass Isabell sich eines Tages ganz in Richtung Mellendorf orientieren würde, ahnte damals aber noch keiner. Am wenigsten der Doktor.

»Zweimal in meinem Leben ist mir zum richtigen Zeitpunkt der richtige Mensch begegnet. Erst der Doktor. Dann Madeleine. Zwei Glücksfälle.«

Nach dem Bruch mit dem Doktor musste der Neuanfang organisiert werden. Isabell erwog, ihre Pferde bei der Deutschen Reiterlichen Vereinigung in Warendorf einzuquartieren. Selbst ein Umzug zu Ann Kathrin Linsenhoff auf den Kronberger Schafhof war im Gespräch. Schließlich entschied sie sich, ihren Trainingsort zu Madeleine zu verlegen. Zunächst unterstützte sie Bundestrainer Holger Schmezer beim Training. Dann engagierte sie den Ausbilder und einstigen Turnierreiter Wolfram Wittig als Trainer. Er kam regelmäßig nach Mellendorf, wo Isabell langsam wieder zu sich fand. Natürlich musste er mit ihr keine fliegenden Galoppwechsel üben. Sie brauchte ihn als ruhenden Pol, der den frei gewordenen Platz im Hintergrund ausfüllte. Einen kongenialen Partner wie den Doktor, das war klar, würde sie ohnehin nie wieder finden.

Wahrscheinlich hatte Dieter nicht geahnt, was ihr Einzug bedeutete. Isabell brach in das beschauliche Leben ein und brachte den stetigen Rhythmus durcheinander. Manchmal kam sie mitten in der Nacht. Oft abgehetzt und viel später als erwartet. Der immer großzügigen Madeleine machte das nichts aus. Dieter murrte gelegentlich. Aber irgendwie wuchsen sie trotzdem zusammen. Es war, als hätte Isabell plötzlich zwei Familien. Nicht nur in Rheinberg, auch in Mellendorf war sie nun doch so etwas wie die Tochter des Hauses. Ein neues Gefühl für Madeleine und Dieter, denn diese Position war unbesetzt gewesen. Madeleine und Dieter haben keine gemeinsamen Kinder. Erst hatten sie lange nicht den Wunsch gehegt. Und dann war es zu spät.

Madeleine und Dieter begegneten sich erstmals beim Reitturnier in der Berliner Deutschlandhalle. Beide waren damals Turnierreiter, sie ritt Dressur, er Springen. Aber auch sonst hätten die Welten, denen sie angehörten, kaum unterschiedlicher sein können. Madeleine war die behütete Tochter aus begütertem Unternehmerhause. Dietrich war mit seiner Familie 1953 aus der DDR geflohen – damals war er zwölf gewesen. Er lebte in Spandau, verdiente sein Geld zunächst mit Taxifahren, bevor er Berufsreiter wurde. Als die beiden sich zum ersten Mal sahen, war Madeleine achtzehn Jahre alt, er war zwanzig. Immer wieder trafen sie sich bei Turnieren, die junge, blonde, hochgewachsene Madeleine, und der kleinere, handfeste Dieter, Angehöriger der Zunft der Springreiter, denen aus rätselhaften Gründen fast automatisch die Mädchenherzen zufliegen. Eines Tages stürzte er schwer und musste ins Krankenhaus. Madeleine hatte das Bedürfnis, ihn dort zu besuchen. Und über alle gesellschaftlichen Unterschiede hinweg verliebten sie sich ineinander.

Die Zeit gab ihnen recht. Aber natürlich sagten die Leute damals: Aha. Der taxifahrende Springreiter schnappt sich das reiche Mädchen. Madeleine begleitete ihre Mutter regelmäßig zu den Bayreuther Festspielen. Mit so etwas hatte Dieter natürlich nichts am Hut. Er ritt auch anders als sie. Nicht so fein und elegant, sondern, so berichten es Zeitzeugen, eher professionell und effektiv. Aber das spielte keine entscheidende Rolle. Beide hatten den Virus, der sie zusammenbrachte und ein Leben lang miteinander verband. Siebzehn Jahre lang blieben sie verlobt, nur weil Dietrich sich nicht nachsagen lassen wollte, er sei hinter Madeleines Geld her. Mein Spät-Verlobter, sagte sie manchmal selbstironisch und nahm es einfach hin, in einer Zeit, als viele Leute noch wesentlich engstirniger waren als heute. So, als stünde sie sowieso über allem, was sich in den Köpfen der anderen abspielte. Und Dieter, das Mitglied der umgarnten Springreiterzunft, blieb beharrlich an ihrer Seite. Vor ihrer Heirat 1987. Und nach ihrer Heirat. Auf den Turnieren sah man die beiden eigentlich nur zusammen. In den übervölkerten Hotelbars, wo an den Abenden einschlägige Bekanntschaften gemacht werden, auch.

»Wir hätten auch früher heiraten können«, sagt sie. »Wir gehörten zusammen.«

Madeleine war die jüngere Tochter von Eduard Winter, einer Berliner Größe der Nachkriegszeit. Schon in den Zwanzigerjahren hatte er Autos verkauft. Nun wurde er sozusagen das Wirtschaftswunder in Person. Mit zwei Kultprodukten dieser Konsum-Epoche, VW und Coca-Cola, verdiente er ein beträchtliches Vermögen. Er hatte die Generalvertretung für VW, Audi und Porsche inne und verkaufte die Fahrzeuge in seinen Autohäusern, die in ganz Berlin verstreut waren – mit der eleganten Zentrale auf dem Kurfürstendamm. Deutschland motorisierte sich – in Westberlin massenhaft mit dem Käfer aus dem Hause Winter. Falls man sich schon einen dicken Schlitten leisten konnte – den bekam man dort ebenfalls. Außerdem erwarb Eduard Winter die Berliner Markenkonzession für

Coca-Cola. Eine sprudelnde Geldquelle. Lukrativer hätte sich ein Geschäftsmann in dieser Zeit legal wohl kaum aufstellen können. Und er war beliebt. An Winters siebzigstem Geburtstag wurde der Kurfürstendamm gesperrt, an jeder Ecke stand ein Volkswagen, und er fuhr mit seinem Chauffeur durch das Spalier, alle hupten und winkten.

Eduard Winter machte offensichtlich alles richtig. Was für ein Marketinggenie er war, konnte man schon daran sehen, dass er das erste erfolgversprechende Turnierpferd, das er seiner Tochter Madeleine kaufte, Coca-Cola nannte. Mit dieser Stute, dunkelbraun und prickelnd wie die koffeinhaltige Limonade, wurde sie im September 1959, mit achtzehn Jahren, in ihrer Heimatstadt Berlin deutsche Meisterin im Dressurreiten. Es war ein Wettkampf mit Pferdewechsel gegen prominente Konkurrenz: Liselott Linsenhoff, Rosemarie Springer und Ilsebill Becher. Und ganz oben auf der Ergebnisliste die Neue, Madeleine Winter. Der Erste, der ihr gratulierte, war der Verleger Axel Springer, auch einer aus der Unternehmergeneration der ersten Stunde und mit Eduard Winter gut bekannt. Madeleines Vater allerdings erlebte den umwerfenden Erfolg seiner Tochter nicht mehr. Er war im Juli desselben Jahres mit vierundsiebzig Jahren gestorben – er war Jahrgang 1885. Sein Foto hängt in Madeleines Arbeitszimmer, ein ernster Mann mit schwerer Brille.

»Ein unglaublicher Mensch«, sagt Madeleine. Noch heute meint sie manchmal, vor schwierigen Entscheidungen, seine Stimme zu hören. »Wie hätte Papa das Problem gelöst?«

Damals, als sie zum ersten Mal deutsche Meisterin wurde, konnte er nur noch von oben zuschauen. Von der

Seite ging nicht mehr. Es wäre so schön gewesen. Schließlich war er es, der ihre Begeisterung für Pferde geweckt hatte.

Eigentlich wollte Eduard Winter nur ein bisschen im Grunewald spazieren reiten. Dann kam er auf die Idee, seine Töchter Marion und Madeleine mitzunehmen, die damals zehn und acht Jahre alt waren. Sie bekamen Pferde von der Reitschule um die Ecke und begleiteten ihren Vater. So verschieden die beiden Schwestern auch sein mochten, die Ältere introvertiert und ruhig, die Jüngere quirlig und gesellig: Aus den gemütlichen Ausritten mit Papa wurde für beide eine Leidenschaft fürs Leben. Marion Jauß, geborene Winter, gewann später Trabrennen in Serie, unterhält heute noch ein Gestüt in der Nähe von Hamburg und unterstützt als Pferdebesitzerin den Springreiter Christian Ahlmann. Madeleine trieb der Ehrgeiz schon früh in die Arenen. Mit zwölf bestritt sie ihr erstes Turnier. Nach dem deutschen Dressurtitel mit achtzehn wurde sie noch zweimal deutsche Meisterin im Springreiten, 1969 und 1975. Man sieht: eine unerschrockene Frau.

Eduard Winter, der erst spät im Leben Vater geworden war, sorgte für seine Familie über seinen Tod hinaus mit dem ihm eigenen Geschick. Bis heute verwaltet und mehrt ein fünfköpfiger Beirat das Vermögen, das er erarbeitet hatte, für seine Töchter. Madeleine arbeitet daran mit. Die Autohäuser sind verkauft, die Immobilien sind weiterhin im Besitz der Familienfirma und werfen Mieten ab.

Wenn Madeleine auf ihrer Terrasse Kaffee trinkt und sich umschaut, kommt ihr deshalb nicht nur ihr Mann in den Sinn. Auch ihr Vater. Ohne ihn, sagt sie sich, würde ich hier nicht sitzen. Darum also strahlt sie oft diese leicht verwunderte Dankbarkeit aus. Als fragte sie sich immer wieder: Wieso hatte gerade ich so ein Glück und bin so gut versorgt worden? Wie reich sie genau ist, will Madeleine nicht sagen.

»So, dass wir gut leben können«, erklärt sie. »Ich wohne ja nicht so schlecht hier.«

Nicht überschwänglich und nicht verrückt – aber sie kann machen, was sie gerne macht. Und das, sagt sie, sei in erster Linie, ihre Jockeys beritten – und glücklich zu machen.

»Und zwar so«, ja, das sagt sie wirklich, »wie sie es verdient haben.«

Sie versucht, etwas weiterzugeben von ihrem Glück. So hat sie im Jahr 2008 die Bandbreite ihrer Pferdesportdisziplinen erweitert. Damals nahm sie die zweifache Olympiasiegerin Ingrid Klimke in den Kreis ihrer Schützlinge auf. In Hongkong hatte Ingrid mit Abraxxas Mannschafts-Gold gewonnen, und nun wollte der Besitzer des Pferdes, der Abraxxas als gewinnbringende Investition betrachtete, Kasse machen. Als Madeleine das hörte, griff sie zum Telefon, meldete sich bei Ingrid und bot ihre Hilfe an. Sie warteten noch ein paar Monate, bis die Preisvorstellungen sich ein wenig normalisiert hatten, dann eroberte sie sich die Vielseitigkeit und stockte ihr strammes Programm um Geländemärsche auf. Später sicherte sie für Ingrid noch die Stute Escada, die ihre größte Stärke in der Dressur hatte. Mit Escada wurde Ingrid Weltmeisterin und Europameisterin und gewann die Vielseitigkeit in Luhmühlen in der Lüneburger Heide, einen der schwersten Wettbewerbe der Welt. Auch Ingrid fühlt sich Madeleine sehr eng verbunden. Sie sei eine Gentlewoman, sagt sie.

Oft melden sich Leute bei Madeleine, die glauben, sie müssten ihr eine Wohltat abschwatzen. Der Tenor: Das

Pony meiner Tochter ist zu klein, können Sie ihr nicht ein größeres schenken? Oder: Isabell hat doch so viele Pferde, da könnte sie doch sicher eines an meine begabte Tochter abgeben. Madeleine fällt es schwer, Nein zu sagen. Aber die Vernunft befiehlt es, ihre Zuwendungen zu steuern. Die Stiftung zum Beispiel, die sie 2015 gegründet hat, hilft notleidenden Kindern in Berlin. Vor einiger Zeit hat sie etwa in einem Heim für psychisch kranke Kinder einen Raum bauen lassen, wo sie ihre Aggressionen auslassen können. Und einen Ruheraum, damit sie wieder herunterkommen. Natürlich benannte sie ihre Neugründung nach ihrem Vater: Eduard-Winter-Kinderstiftung.

»Die Stiftung ist eine Herzensangelegenheit für sie, weil sie dadurch für die Zukunft etwas geschaffen hat in Gedenken an ihren Vater. Er wäre sicher sehr stolz auf sie. Sie ist ein Mensch, dem es echte Freude macht, anderen zu helfen. Wenn sie das Gefühl der netten Ansprache hat, oder jemand ihr leidtut, dann muss sie ihm etwas geben. Ihr Vater war wohl auch so. Das kannst du nicht lernen und es ist keine Frage der Lebenserfahrung. Das hast du oder hast du nicht. Erst einmal die Grundeinstellung. Es ist natürlich leichter, das zu leben, wenn du finanziell unabhängig bist. Trotzdem – es gibt ja Tausende von Leuten, die auch vermögend sind und trotzdem menschlich ganz anders, völlig abgehoben, arrogant, gar nicht mitfühlend, und die fragen, was geht mich das an.«

Oft fährt Madeleine in ihre Heimatstadt Berlin. Dann besucht sie das Grab ihrer Eltern, nimmt an den Beiratssitzungen teil, befasst sich mit der Vermögensverwaltung und neuen Investitionen. Madeleine sagt, sie verfolge alles genau. Ihren Part erledigt sie allein, ohne ein Sekretariat

Sie nimmt Termine für die Kinderstiftung wahr, schaut Projekte an, weiht Räume ein, manchmal in Begleitung von Isabell. Sie hat immer einen Koffer in Berlin – meistens wohnt sie in einem Hotel am Kurfürstendamm. Shoppingtouren halten sich allerdings in Grenzen. Ihre Kleidung ist praktisch und unprätentiös. Meistens trägt sie helle Jeans und eine frisch gebügelte Bluse, ein hübsches Schmuckstück, kaum Make-up, die Haare schlicht frisiert. Angeblich kauft sie schon mal eine Jacke beim Discounter, die ja schließlich reicht, wenn sie im Stall herumwirbelt.

Das Styling ist für sie nebensächlich. Sie ist froh, bei den Pferden zu sein. Die haben in ihrem Leben absolute Priorität. In Mellendorf gibt sie nicht nur ihren Turnierpferden, sondern einigen der Rentner aus dem Beritt ihrer Jockeys ein Zuhause. Als Gigolo nachkam aus Rheinberg, um seinen Feierabend zu genießen, hat sie ihn sogar noch ein bisschen mitgeritten. Das erfolgreichste Turnierpferd der Geschichte.

Sie liebt einfach den Umgang mit Pferden. Die vielen verschiedenen Charaktere, ihre Eigenheiten, die sich nie gleichen. Und sie liebt die fachliche Kompetenz, mit der ihre Jockeys Pferde beurteilen. Wenn Ludger einen möglichen Crack entdeckt hat, packt auch sie das Fieber. Obwohl so ein Springpferd sehr teuer werden kann. Der Markt ist überreizt, manche Bieter kommen zum Beispiel aus den Golfstaaten. Oder sie heißen Springsteen. Oder Onassis.

»Ludger«, sagt Madeleine, »braucht schon mal einen, der ein bisschen Moos kostet. Er ist schließlich schon ein wenig älter und kann nicht mehr warten.«

Geld für einen Spring-Crack auszugeben, bereitet ihr keine schlaflosen Nächte. Im Gegenteil, es macht ihr

Freude. Und wenn es dann zu Beginn nicht so klappt wie erwartet, tröstet sie ihn.

So wie damals, als die Verbindung mit einem Sturz begann. Dieter Schulze hatte aufgehört mit dem Reiten und suchte jemanden für die Pferde, die er noch im Stall hatte. Sie versuchten es von Anfang an mit renommierten Leuten. Hauke Luther. Gerd Wiltfang. Als sie 1994 Ludger engagierten, hatten sie gleich das Gefühl, das ist der Richtige. Obwohl er schon beim ersten gemeinsamen Turnier in Nörten-Hardenberg vom Pferd fiel. Madeleine entschuldigte sich zu seinem Erstaunen bei ihm, weil sie ihm ein so widerspenstiges Tier zum Reiten gegeben hatten. Dann lachten sie gemeinsam.

Isabell hat ein sehr enges Verhältnis zu Madeleine, Ludger stand Dieter näher – wie das so ist unter Männern und Springreitern. Die beiden reisten viel zusammen, und es wurde pausenlos über die Reiterei gefachsimpelt. Auch die Pferdegeschäfte für Ludger machte Dieter. Madeleine hat die Sache finanziert, aber sie ließ ihrem Mann freie Hand.

Heute regelt Madeleine auch das und lässt die raue Atmosphäre im Springlager auf sich wirken. Wenn es bei Beerbaum im Parcours nicht gut läuft, wird er manchmal ein bisschen unfreundlich. Muffig, sagt selbst die stets konziliante Madeleine. Aber so ist er halt. Ist ja auch ärgerlich, dass im Springen so schnell die Stangen fallen, manchmal nur durch leichtes Streifen, und schon ist alles verdorben. Zumal es da um hohe Summen geht. Madeleine urteilt nicht gern und will niemanden ändern. Lieber geht sie mit einem Lächeln über die Eigenarten ihrer Mitmenschen hinweg.

»Es konnte passieren, dass Dieter im Wohnzimmer saß, neben ihm Madeleines Mobiltelefon klingelte und er einfach nicht ranging, weil er gerade seine Ruhe wollte. Dann rief er, Mado, dein Telefon klingelt. Wenn sie dann außer Atem heruntergerannt kam und der Anruf schon weg war, sagte sie nur: Mensch, Dieter. Hätt'st ja auch mal rangehen können.«

Isabells Konzept, junge Pferde zu einem vernünftigen Preis zu kaufen und selbst auszubilden, ist preisgünstiger als der Kauf eines Millionenkrachers für den Springsport. Isabell hält es immer noch so, wie sie es vom Doktor gelernt hat. Priorität hat die Vernunft. Aber natürlich merkt Madeleine, was los ist, wenn Isabells Stimme am Telefon vibriert, wenn sie wie elektrisiert klingt. Dann sagt sie, das machen wir, und beide sind total euphorisch. Dann heißt es, sich cool geben und sich nicht vom Verkäufer ausbeuten lassen.

»In all den Jahren hat der Doktor mir vorgelebt, dass das Verhältnis zwischen finanziellem Einsatz und Ertrag stimmen muss. Und dass man etwas macht aus dem Pferd, das man erworben hat. Dass man nie sagt, okay, der taugt nicht – der Nächste. Das verfolge ich auch bei Madeleine weiter. Nicht nach dem Schema: Was kostet das Pferd? Bei Madeleine hängen gewisse Leute ja gleich noch eine Null dran an den Preis. Weil sie denken, sie wäre ihrem Geld böse. Aber das Prinzip beherzige ich bis heute: Wenn ein Betrag überzogen ist, dann ist das eben nicht unser Pferd. Mal unabhängig von all den Risiken, die man mit dem Kauf eines Pferdes eingeht. Dass es zum Beispiel krank werden und nicht mehr im Sport gehen könnte.«

Die Hochs und Tiefs der Ausbildungsschritte, das Nachdenken über Lösungswege geben Madeleine eine Menge Stoff zum Nachdenken. Sie ist mit Feuereifer dabei, obwohl sie sich ungern mit Ratschlägen einmischt. Höchstens, indem sie eine komplizierte Einleitung vorausschickt: Damit du das nicht falsch verstehst… Die vielen Gedanken und Sorgen um die Verletzung von Bella Rose teilte sie zum Beispiel jahrelang mit Isabell. Und das Bangen, ob die Stute sich noch einmal erholen würde. Als Isabell just an ihrem 50. Geburtstag, dem 21. Juli 2019, mit ihrer Bella den Großen Dressur-Preis von Aachen gewann, stand Madeleine mit feuchten Augen dabei. Auch die glanzvollen Anfänge von Belantis, dem strahlenden Schimmelhengst aus Brandenburg, stimmen nicht nur Isabell froh, sondern auch sie. Und wenn die Leute bei seinem Anblick Luft holen vor lauter Staunen, ist sie stolz, seine Besitzerin zu sein. Sie hat ihn in zwei Etappen dem Landgestüt Brandenburg abgekauft. Wenn sie Isabell auf Belantis sieht, geht ihr das Herz auf.

»Ich wäre doch bescheuert, wenn ich das nicht machen würde«, sagt sie.

Wenn sie ihre Jockeys zum Turnier begleitet, ist Madeleine in ihrem Element. Auch beim CHIO in Aachen, einem der internationalen Höhepunkte der Reiterwelt, hat sie stets mehrere Pferde am Start. Das heißt, sie ist ständig in Bewegung. Versehen mit allen verfügbaren Zugangsgenehmigungen, Armbändchen für den Stall genauso wie für den VIP-Bereich, eilt sie, mit verschiedenen Startlisten herumwedelnd, über das weitläufige Areal und versucht, sich von den vielen Bekannten in Plauderlaune loszueisen, um rechtzeitig am Ort des Geschehens zu sein. Oh, ich muss zum Springen, gleich ist Ludger dran. Oh, ich muss mich beeilen, Isabell reitet in Kürze im Dressurstadion. War sie gestern nicht wieder super? Eine Menge Kilometer legt Madeleine in so einer Aachen-Woche zurück. Aber das macht nichts, sie ist sportlich und fit und trägt sowieso immer vernünftige Schuhe. Oft muss sie dann abends noch zu einer Ehrung. Sehr oft ist sie selbst die Geehrte. Die Branche hat ihr schon so ziemlich alles verliehen, was sie im Repertoire hat. Alle wissen, was sie an ihr haben. Ohne Madeleines Pferde wäre der dauerhafte Erfolg der deutschen Reiterei nicht möglich.

Isabell hätte sich ohne Madeleine womöglich für ein ganz anderes Leben entscheiden müssen. Sie hat nicht nur als Pferdebesitzerin einen entscheidenden Anteil daran, dass Isabell das Erfolgsniveau hoch halten kann. Denn Pferde kommen und gehen – die Reiter bleiben nur oben, wenn sie immer wieder guten Nachwuchs in den Sport bringen können. Madeleine hat Isabell auch Starthilfe gegeben beim Umbau des elterlichen Hofs in Rheinberg. Obwohl der Entschluss zur Übernahme bedeutete, dass sie die Wedemark schon nach zwei Jahren wieder verließ. Isabell ist stolz, dass sie den Kredit inzwischen komplett zurückbezahlt hat. Neben allem anderen bildet die monatliche Pauschale, mit der Madeleine die Pension und Ausbildung ihrer Pferde honoriert, die wirtschaftliche Basis für Isabells Turnierstall. Stabilität ist alles in diesem schwankenden Geschäft. Und ein gelassener Blick in die Zukunft ist gut für die Nerven. Die Preisgelder teilen sie fifty-fifty.

Dieter hatte erst einmal Zweifel, ob »die Kleene« das schafft. Er glaubte mehr an den wirtschaftlichen Erfolg im Springreiten, schon allein deshalb, weil da viel höhere Preisgelder zu gewinnen sind. Aber er hat nicht mit Isabells Beharrlichkeit und Lernfähigkeit gerechnet. Und ihrer

Entschlossenheit, Madeleines Zuwendungen als Hilfe zur Selbsthilfe zu interpretieren und darauf ein funktionierendes System aufzubauen.

Damals, als sie den Doktor verließ, hatte sie noch andere Vorstellungen gehabt. Das Jurastudium hatte sie beendet und die ersten Schritte im Beruf bereits gemacht. Dabei war eigentlich immer klar gewesen, dass die Reiterei für sie Priorität behalten würde. So hatte der einfache, aber unabänderliche Plan schon zur Schulzeit gelautet. Irgendwann, wenn sie alt sein würde, so mit dreißig oder fünfunddreißig Jahren, würde sie sich dann um den Brotberuf kümmern. Schule war ein Nebenschauplatz – sie ritt, bevor es zur ersten Stunde klingelte, und ritt, sobald die Schule aus war. Das Lernen war nicht besonders wichtig, sicherlich nicht zur Begeisterung ihrer Lehrer, die meinten, wenn sie auf diese Weise noch die Versetzung hinbekomme: Wie gut könnte sie dann erst sein, wenn sie richtig lernte? Beim ersten blauen Brief regten sich ihre Eltern noch auf. Aber sie hielt ihr Versprechen, kam mithilfe von intensiver Saisonarbeit Schuljahr für Schuljahr gerade so durch und schaffte auch das Abitur. Heinrich und Brigitte Werth gewöhnten sich an Isabells Strategie und verfielen nicht mehr in Panik. Nie sagten sie, wenn du in der Schule nicht besser wirst, darfst du nicht mehr reiten. Sie glaubten an das Talent ihrer Tochter.

Pauken auf Kosten des Reitens kam also nicht infrage. Und dasselbe galt später für das Studium, das sie direkt nach dem Abitur aufnahm. Bloß keine Zeit verlieren, es wird ohnehin wegen des Reitens länger dauern als es die Regel ist.

Sie schrieb sich an der Universität Bochum ein, weil sie so ihren Pferden am nächsten sein konnte. Im ersten

Semester genügte sie der Anwesenheitspflicht, erschien ansonsten nur sporadisch und machte ihr erstes Examen nach zwölf Semestern. Das Studieren gefiel ihr eigentlich, weil sie ihren Kopf mit anderen Dingen beschäftigen und sich mental ein bisschen entspannen konnte von der Leistungsmaschinerie im Stall des Doktors. Damals ging es ja schon um Olympiasiege und Weltmeistertitel, aber sie wollte das Studium unbedingt abschließen, auch der Doktor drängte darauf, dass sie sich ein zweites Standbein schuf für die berufliche Zukunft. Die Angst vor dem Verarmen durch Pferdesport verfolgte ihn ja selbst schon sein Leben lang.

Isabell stieg nach ihren anstrengenden Tagen im Sattel aus den Reitstiefeln und legte noch so manche Nachtschicht ein, wenn sie zum Beispiel eine Hausarbeit abgeben musste. Weil immer alles erst auf den letzten Drücker passierte, kannte sie bald genau die Zeiten, in denen die Briefkästen ihrer Gegend geleert wurden. So konnte sie in letzter Sekunde ihre Arbeit abschicken. Irgendwann stürzte einmal im Endspurt der Computer ab, und sie dachte, so, jetzt hast du es vermasselt. Aber irgendwie kriegte sie es hin. Ihre berühmte Nervenstärke half ihr auch da. Und nach der Note fragte sie später niemand.

Danach kündigte sich eine Zeit der Wandlung an, sogar optisch.

Plötzlich sah die Öffentlichkeit ein ganz neues Gesicht von ihr. Glamourös geschminkt, mit offenem, wallendem Haar und in schicken Klamotten – und das Ganze sogar überlebensgroß auf Plakaten, die bei einschlägigen Turnieren aufgehängt waren. Der Kaufhauskonzern Karstadt hatte sie als Testimonial für eine neue Bekleidungslinie engagiert, die Businessfrauen ansprechen sollte und auch auf Reitturnieren präsentiert wurde. Turnierbesucher, die vor den Riesenbildern standen, blieben wie angewurzelt stehen. Das soll Isabell sein, unser natürliches Mädchen vom Niederrhein? Selbstbewusster Blick unter leicht gesenkten Augenlidern. Die Verwandlung war frappierend.

»Ich habe es genossen, einmal professionell zurechtgemacht zu werden. Sieh mal einer an, habe ich mir gesagt, so kannst du also auch aussehen. Aber dieser Stil hat sich nicht durchgesetzt. Ich gehe im Alltag lieber ungeschminkt, mit straff zusammengefasstem Haar. Der Grund ist einfach: Jeden Tag kommt für mich irgendwann der Moment, an dem ich auf ein Pferd steige. Und derangiertes Styling ist für mich schlimmer als gar keins. Und für ständige Nachbesserungsarbeiten fehlen mir Zeit und Geduld.«

Den männlichen Part für die Bekleidungslinie spielte damals übrigens der Berufsboxer Henry Maske. Genannt Sir Henry. Und der Vorstandsvorsitzende des FC Bayern, der ehemalige Fußball-Nationalspieler Karl-Heinz Rummenigge. Isabells Welt weitete sich immer mehr.

Bei der Eröffnung einer Karstadt-Sportabteilung in Hamburg lernte sie Wolfgang Urban kennen, der ihr als designierter Vorstandsvorsitzender vorgestellt wurde. Er zeigte ihr das ganze Haus und erklärte ihr, wie so ein Kaufhaus funktionierte.

Nach dem zweiten Jura-Examen fing sie bei der Anwaltskanzlei Oexmann in Hamm an, auf einer Teilzeitstelle, die sie flexibel gestalten konnte. Sie befasste sich mit Pferderecht und Medizinrecht. Manchmal blieb sie bis 22 Uhr im Büro, weil sie so lange geritten und nachmittags erst so spät angefangen hatte. Auf Dauer war ein solches Leben kaum zu realisieren, die Autobahn wurde ihr zweites Zuhause, und nach zwei Jahren entschied sie, dass es genug war. Sie war von Herrn Urban zum Gespräch geladen worden, und er hatte ihr eine Teilzeitbeschäftigung in der Marketingabteilung angeboten, die ein Programm zum Sportsponsoring aufbauen sollte, und das nahm sie an. Isabell betreute Aktionen, Events, die Gestaltung von Verkaufsflächen. Das Sponsoring des Ruhr Marathons war zum Beispiel ein Projekt, an dem sie beteiligt war.

»Ich tauschte mich regelmäßig mit meinem obersten Chef darüber aus. Von Anfang an war ein Funke übergesprungen. Wir verstanden uns sehr gut, und es wurde mehr daraus. Wolfgang Urban ist heute mein Lebenspartner, und der Vater von Frederik, der 2009 die Prioritäten noch einmal verschob.«

Der Arbeitsplatz befand sich in Essen. Endlich kürzere Fahrten. Aber das war nicht lange ein Glück. Kurz nach dem Wechsel beschloss sie, die Zusammenarbeit mit dem Doktor zu beenden und brachte ihre Pferde zu Madeleine. Nun raste sie zweimal die Woche über die Autobahn von Essen nach Hannover – oder steckte dort fest. Manchmal wurden aus geplanten zweieinhalb Stunden dadurch fünf.

Sie muss in diesen beiden intensiven Jahren zu gleicher Zeit im Überall und Nirgendwo gewesen sein. Im Büro. In Rheinberg. Beim Turnier. Beim Training. Dann wieder sprengte sie in Mellendorf den gewohnten Tagesablauf. Es war eine Zeit der Bewegung für Isabell. Der Veränderung. Des Suchens und des Findens.

In den Jahren am Anfang des Jahrtausends bewegten sich für sie also alle Weichen noch einmal. Wie eine Kette von logischen Folgerungen zeichnete sich ab, wie sie sich nach dem großen Abschied vom Doktor für die nächste Phase ihres Lebens aufstellen musste.

Im Kokon von Mellendorf wärmte sie sich noch einmal zwei Jahre lang auf. Sie tankte eine große Portion heile Welt, saß entspannt mit am Tisch und war so sehr zu Hause, dass es niemandem mehr auffiel, wenn sie zu dritt schweigend vor dem Fernseher saßen. Oder wenn jeder beim Essen seinen eigenen Gedanken nachhing, bevor wieder einer zu reden anfing. Es war beinahe so etwas wie ein letzter Ausläufer der Kindheit, nach dem Isabell sich mit vierunddreißig Jahren aufmachte, die Welt ein zweites Mal zu erobern. Diesmal auf eigene Rechnung. Schluss mit dem Zweitberuf, der nur Beiwerk sein sollte, um die Risiken der Reiterei zu minimieren. Überwunden das Bedürfnis nach einem Chef und Mentor. Ihr Traum wurde wahr. 2003 war der Hof in Rheinberg fertig umgebaut, sie zog in ihr eigenes Haus, natürlich mit Blick auf eine Weide. Und ihre Pferde zogen in den Stall.

»Manchmal dachte ich, puh, hoffentlich hast du dich jetzt nicht übernommen und kriegst das alles so gestemmt, wie du dir das vorgestellt hast. Die Wirtschaftlichkeit muss man sich ja erst mit der Zeit erarbeiten, das kommt nicht von heute auf morgen, und am Anfang steht man gewaltig unter Druck. Obwohl ich immer wusste, dass Madeleine mir helfen würde. Und meine Eltern, ob jetzt mit körperlicher Arbeit oder finanziell. Am Ende des Tages will man es aber selbst hinkriegen.«

Isabell war weg und in Mellendorf zog die alte Beschaulichkeit wieder ein. Das Apartment, in dem sie gewohnt hatte, ist nach Dieters Tod wieder so, wie es zu ihrer Zeit war. Wenn sie zu Besuch kommt, schläft sie dort in einem altbekannten Bett und genießt das Gefühl, nicht wirklich fortgezogen zu sein. Aber ihr Leben spielt sich jetzt in Rheinberg ab, es dreht sich um Frederik und um ihren Lebenspartner. Wolfgang Urban ist vierundzwanzig Jahre älter als Isabell – in einer solchen Konstellation erscheinen gemeinsame Stunden noch wertvoller, und das Verrinnen der Zeit wird noch spürbarer.

»Ich brauche jemanden neben mir mit Autorität, zu dem ich aufblicken kann, bei dem ich nicht denke, der liegt mir zu Füßen. Das bin ich nicht, das kann ich nicht, und das brauche ich nicht. Ich brauche jemanden, mit dem ich kontrovers diskutiere, und niemanden, bei dem ich das Gefühl habe, er ist schwächer als ich.«

Beide, Wolfgang Urban und Madeleine, kämpften an Isabells Seite, als sie mit einem Doping- und später mit einem Medikationsfall konfrontiert war, die ihren Ruf und ihre Existenz bedrohten. Sie gaben Isabell den Rückhalt, den sie brauchte, denn sie war entschlossen, sich nicht unterkriegen zu lassen. Die Recherchen kosteten sehr viel Geld, und auch hier wurde sie von Madeleine unterstützt. Im zweiten Fall, bei dem es um ein Magenmittel ging, das man bei Ernie gefunden hatte, schwor sich Isabell, nicht eher Ruhe zu geben, bis sie rehabilitiert wäre, und Madeleine riss sich zusammen und stimmte ihr tapfer zu. Sie versuchte, ihr zu verheimlichen, wie sehr die Auseinandersetzungen mit dem Verband sie belasteten. Nicht nur, weil sie damals schon selbst Präsidiumsmitglied war. Die Situation widersprach ihrem Harmoniebedürfnis. Sie muss im Einklang leben mit sich und der Welt, sosehr sie auch die

Art und Weise beflügeln mag, wie Isabell ihre Wettkämpfe austrägt – bis aufs Messer. Aber doch bitte nicht außerhalb der Arena. Kinder, vertragt euch!

Eines Tages kam Ludger zu Isabell und sagte, lass es gut sein, akzeptiere die Sperre. Madeleine leidet. Das brachte Isabell nicht über sich. Sie stimmte schließlich schweren Herzens der Einstellung des Verfahrens zu. Aber nur Madeleine zuliebe, die zu Hause auf dem Sofa saß und weinte.

Der Mann, der Ludger damals bat, einzugreifen, war »eine Art Stiefsohn«, wie Madeleine ihn heute nennt. Den hatte sie eine Zeit lang. Es war ein seltsames Intermezzo in ihrem Leben, das nicht nur ihren Jockeys Sorgen bereitete. Wenn in dieser Zeit Madeleine bei den großen Reitturnieren an ihrem Sponsorentisch saß, fuhren überall die Blicke herum, und die Leute kniffen sich ungläubig in den Arm. Saß da Dieter? Aber der war vor Kurzem gestorben. Und nun tauchte auf seinem Platz an ihrer Seite plötzlich ein Mann auf, der genauso aussah wie Dieter in jüngeren Jahren. Ein seltsames Schauspiel: Dietrich Schulzes Wiedergänger. Es war Dieters Sohn aus einer früheren Beziehung, von dessen Existenz Madeleine gewusst, den sie aber bis dahin nie kennengelernt hatte. Er meldete sich bei ihr, nachdem er vom Tod seines Vaters erfahren hatte, und Madeleine öffnete ihm und seinen Angehörigen rasch ihr Herz und ihr Haus. Sie stellte es sich wunderbar vor, eine Familie in Mellendorf zu haben, jetzt, da es so still und einsam geworden war. Sie ließ sogar eine Wohnung anbauen an ihr Haus. Isabell macht sich heute Vorwürfe, sie in ihrer Euphorie nicht genügend gebremst zu haben. Denn die Hoffnung war trügerisch. Natürlich war es ausgeschlossen, dass das Leben Madeleine einen zweiten Dieter liefern würde. Das vermeintliche Idyll wurde keins, und irgendwann zog »die Art Stiefsohn« wieder fort. Es war das einzige Mal, dass Madeleine, die notorische Geberin, sich wirklich von jemandem ausgenutzt fühlte.

Mit diesem Thema ist Madeleine bis heute noch nicht fertig. Aber die Enttäuschung hat ihre großzügige Sicht auf die Menschen nicht schmälern können. Und sie hat ja ihre Jockeys.

Berufsreiter, Turnierstall-Betreiber und Manager in eigener Sache haben natürlich nie Zeit. Darum nutzt sie lieber regelmäßig ihre Dauereinladung nach Riesenbeck oder Rheinberg. Ab und zu geschieht es aber doch, dass sie im Schwarm in Mellendorf einfallen und Leben in die Bude bringen. Vor einiger Zeit, während des Turniers ganz in Madeleines Nähe in Isernhagen, waren beide Jockeys mit ihren Familien zu Gast. Isabells Sohn Frederik, Ludgers Töchter und die Tochter des Bereiters stiegen in ein Golfkart und rasten johlend die Wege entlang. Keiner hatte Lust, ins Restaurant zu gehen, und so speiste die ganze Gesellschaft zusammen fröhlich plaudernd auf der Terrasse, und Madeleine war glücklich.

7 Totilas

Keine Frage: Gigolo war eine Berühmtheit mit vier Beinen. Satchmo ebenfalls. Rembrandt, Bonfire, Salinero, Valegro, Weihegold – das sind Namen mit großem Klang im Dressurreiten. Aber der Kult um diese Pferde ist nur ein laues Lüftchen gegen das, was mit Totilas geschah. Diesem glänzend schwarzen Hengst mit dem ausdrucksvollen Gesicht, dem schwellenden Muskelkleid und den spektakulären Bewegungen. Totilas holte den Dressursport zum ersten Mal aus seinem vornehmen Getto. Er ist bis heute eines der wenigen Pferde, die es überhaupt ins kollektive Gedächtnis des Abendlandes geschafft haben. Black Beauty – nur in echt.

Gut, dass sein erster Reiter, mit dem er berühmt wurde, auch so schön war. Edward Gal, ein perfekt gestylter Niederländer, im Stall manchmal sogar mit rosa Fellstiefelchen an den Füßen, mit einem Mann liiert – und ein exzellenter und erfahrener Pferdemann. Als Gal einmal in Aachen mit Totilas an einem glänzend gewienerten blauen Bus vorbeiritt, konnte er es sich nicht verkneifen, ganz kurz sein Spiegelbild zu bewundern: Die Frisur tadellos, Gesichtsausdruck perfekt, und Totilas, der schwarze Schöne: Ein Anblick für Dressurgötter! An jenem Wochenende drängten so viele Menschen in das ohnehin nicht kleine Dressurstadion, dass die Turnierleitung es irgendwann absperren musste.

Totilas brachte das internationale Publikum zum ersten Mal bei den Europameisterschaften 2009 in Windsor in Wallung. Was sie da zu sehen bekamen, wirkte wie eine Traumerfüllung. Totilas hatte die enorme Kraft, die es braucht, um die entscheidenden Lektionen in Vollendung auszuführen: Piaffe und Passage. Die Beweglichkeit seiner Schulter war Anlass zum Augenreiben. Im starken Trab feuerte er seine Vorderhand in die Luft wie eine Cancan-Tänzerin. Dazu strahlte er einen unvergleichlichen Zauber aus. Power, Männlichkeit, Selbstsicherheit. Und er war den verrückten Hühnern von der Konkurrenz, die sich vor jedem Blumentopf erschreckten, weit überlegen. Wenn er am langen Zügel aus der Arena schritt, schien er sich genüsslich umzuschauen und in der Bewunderung zu baden, die ihm das Publikum entgegenbrachte. Stolze Gelassenheit im Blick.

Die kleine, aber entschlossene Dressurgemeinde in den Niederlanden jubilierte. Mit Totilas war nach dem Coup zwei Jahre zuvor nun endgültig die Umkehr der Kräfte geschafft, die Deutschen entmachtet, Oranje stand nach Anky van Grunsvens Einzelerfolgen nun auch endlich in der Mannschaftswertung der internationalen Meisterschaften ganz oben. Zwei Weltrekordnoten hatte Totilas in Windsor erhalten, die Richter zogen gebannt eine Höchstnote nach der anderen, Gal wurde Europameister mit der Mannschaft und in der Kür. Totilas würde ihre Equipe für lange Zeit an der Spitze halten, da war sich das holländische Lager sicher.

Was sie nicht mitbekamen: Dort, wo die Branchenprominenz saß und speiste, hatte sich auch der Pulsschlag von einem der führenden Pferdehändler und Hengsthalter Europas beschleunigt. Paul Schockemöhle verfolgte die Auftritte von Totilas bereits mit begehrlicher Miene. Seine Pferdeleidenschaft und sein Geschäftssinn tanzten im Duett. Was für ein Dressurpferd! Solch extreme Bewegungsformen hatte selbst er, der Abertausende von Pferden studiert und keines je vergessen hat, noch nicht gesehen. Und das Pferd war erst neun, da waren noch viele erfolgreiche Auftritte drin. Warum also nicht für Deutschland? Der umstrittene Paul, der in seinem Leben als Pferdemann schon eine Menge Kritik hatte einstecken müssen, wäre auf einmal der Retter der deutschen Dressur. Es müsste nur ein vernünftiger Reiter draufgesetzt werden.

Und dann noch ein Hengst! Rattatttattt machte Schockemöhles innere Rechenmaschine, durch deren präzise Arbeit er angeblich schon mit siebzehn Jahren seine erste Million gemacht hatte, und spuckte verlockende Gewinnprognosen aus. Totilas würde als Vatertier begehrt sein, man könnte für die Bedeckung einen hohen Preis fordern, das brächte im Jahr … Schockemöhle beschloss, sein Netzwerk zu nutzen und sich die Möglichkeiten ein bisschen genauer anzusehen.

Ja, aber … Die Kritiker dieses Schauspiels konnten sich kein rechtes Gehör verschaffen. Was sie sagten, wurde als deutsche Propaganda abgetan, besonders wenn sie Kritik an der niederländischen Trainingsmethode damit verbanden. Spielverderber. Es war doch so schön. Und dennoch: Eigentlich war der Hengst ein bisschen kurzbeinig, mit 1 Meter 70 Stockmaß im Grunde groß genug, aber er wirkte kleiner. Aber mit seinem Charme und dem überwältigenden Ausdruck machte er seine Tendenz zur Gedrungenheit vergessen.

»Wenn man ihn bei der Weltmeisterschaft für fünfjährige Pferde gesehen hat – da war er keine Schönheit, sondern eher ein kleiner Muckel, gedrungen, aber sehr schwungvoll. Man konnte sich vorstellen, dass man was aus diesem Pferd machen konnte. Und er hat sich ja auch reiten und fordern lassen.«

Der physische Preis, den seine exaltierten, unnatürlichen Bewegungen fordern würden, drohte aber hoch zu werden. Die Erfahrung lehrt, dass die Verletzungsanfälligkeit wächst, je zirkusreifer ein Pferd sich bewegt. Ziel klassischer Reiterei ist das Erhalten des Pferdes und nicht das schädliche Extrem. Und dann: sein starker Trab. Da schmiss er vorne seine Beine hoch, aber die Hinterhand entwickelte nicht die Schubkraft, die dem ganzen Theater erst seinen Sinn verleihen sollte. Vorne, würde ein alter Kavallerist sagen, spielte die Musik mit Tschingderassabum. Und dann folgten kaum Truppen.

Aber das sind Aspekte, die nur wenige interessierten. Eine Welle der Emotionen spülte alle Bedenken fort. Ein Jahr später, bei den Weltreiterspielen 2010 in Kentucky, gerieten seine Fans in Ekstase, als er zu den Klängen von Big Ben eine perfekte Pirouette drehte. Und dann noch eine. Gal holte mit Totilas alle drei Goldmedaillen. Er schwärmte von dem Hengst wie an dem Tag, als er ihn bekommen hatte, sechsjährig, und zum ersten Mal die Energie spürte, die von ihm ausging. Aber in Kentucky mischte sich in die Freude auch Wehmut, auf der Party herrschte heimlich Abschiedsstimmung.

Alle Insider wussten es: Totilas stand zum Verkauf. Und

das war aus Sicht des Besitzers nur vernünftig. Er war zehn Jahre alt, auf dem Höhepunkt seines Schaffens, und niemand konnte sagen, wie lange sein Körper die extreme Belastung noch aushalten würde. Verkaufe dein Pferd, bevor es zu spät ist – das ist eine alte Regel. Morgen schon könnte es krank werden. Die Züchter und Besitzer, das Ehepaar Cees und Anna Visser, die ihr Geld in der Immobilienbranche gemacht hatten, verhandelten längst mit Paul Schockemöhle, eigentlich war der Deal schon besiegelt, bevor Gal ihn für Kentucky sattelte.

Auch Isabell war in Kentucky am Start, mit Hannes, mit dem sie keine Medaillenchance in der Einzelwertung hatte. Die deutsche Dressur befand sich auf einem Tiefpunkt, mehr als Platz drei hinter den Niederlanden und England war für die Mannschaft in dieser Phase nicht mehr drin. Gal und Totilas konnte keiner von ihnen herausfordern, er war in unerreichbare Notensphären entrückt. Es stimmte also: Seine Punkte hätte die deutsche Equipe zu jener Zeit bitter nötig gehabt, um die alte Geltung wiederzugewinnen.

»Trotzdem tat Edward mir leid, als ich zusammen mit Madeleine über den Platz schlenderte und er mir entgegenkam. Natürlich kannte ich die Gerüchte, dass Totilas wohl verkauft würde und Paul Schockemöhle bereits die Option habe. Das muss ein ganz schlechtes Gefühl sein, sagte ich zu Madeleine, zu wissen, das ist jetzt dein letztes Championat mit einem Pferd, mit dem du solche Wellen geschlagen hast und mit dem du so zusammengewachsen bist. Madeleine stimmte mir zu meiner Überraschung nicht nur einfach zu. Sie drehte sich um und sagte, ach, da bin ich aber froh, dass du das sagst.

Ich sagte: Hä? Wieso?

Und dann rückte Madeleine mit der Wahrheit raus. Schon vor der Weltmeisterschaft war Paul Schockemöhle bei ihr gewesen und hatte sie gefragt, ob sie nicht zusammenarbeiten könnten. Sie sollte Totilas für einen Millionenpreis kaufen, ich sollte ihn im Sport reiten und Schockemöhle würde die Zuchtrechte übernehmen. Madeleine hatte mir vor Kentucky nichts sagen wollen, aber jetzt war es raus. Sie hatte Paul geantwortet, dass sie erst einmal keine Entscheidung treffen wolle. Sie werde irgendwann mit mir darüber sprechen. Als er in Kentucky insistierte, sagte sie, sprich selbst mit ihr.

Es folgte eine lange Diskussion in der Lobby unseres Hotels. Ein bisschen kennt er mich und meine Haltung, jedenfalls begann er das Gespräch mit dem Satz, sag nicht gleich Nein, hör erst einmal zu.

Wahrscheinlich hätte jeder Reiter von Format es damals reizvoll gefunden, Totilas auszuprobieren. Um das Gefühl, das dieses Pferd einem gibt, mit dem auf den eigenen Pferden zu vergleichen. Zu spüren, wie Gal seine Pferde ausbildet und daraus für die eigene Arbeit Nutzen zu ziehen.

Auch ich hätte das spannend gefunden. Einfach aus Neugier, aus Interesse als Reiter und Ausbilder. Aber hinter der Hecke oder zu Hause, wo keiner zuschaut.

Paul sagte: Du kannst das doch noch viel besser als er. Du kannst ihn mal richtig unter Druck setzen, aber du kannst ihn auch loslassen. Aber das Kompliment verfehlte seine Wirkung. Ich war der Meinung, er solle Edward nicht unterschätzen.

Ich fragte ihn, worüber ich mich freuen sollte, wenn ich auf Totilas säße. Edward wird hier dreimal Weltmeister mit dem Hengst – was soll ich denn deiner Meinung nach besser machen? Das ist ein eingespieltes Team. Eine Symbiose. Selbst wenn wir Olympiasieger werden sollten – was daran sollte mich glücklich machen? Ich habe schon ein paar Medaillen. Das ist nicht meins. Ich wüsste auch nicht, wie ich Edward noch hätte ins Gesicht schauen können. Der Verlust von Totilas hat ihm ein Stückchen Herz genommen. Man kann nicht alles mit Geld aufwiegen.

Es wäre das erste Mal seit meiner allerersten Lehrzeit beim Doktor gewesen, dass ich mich auf ein fertig ausgebildetes Pferd gesetzt hätte und im großen Sport gestartet wäre. Ich wäre mir vorgekommen wie eine Pauschalreisende. Der ganze Reiz und die Freude des Ausbildens hätten gefehlt, das Risiko, mit den Leistungen hinter Gal zurückzubleiben, wäre hingegen groß gewesen. Und außerdem: Wie sähe das aus – Millionen ausgeben für eine Goldmedaille. Mein ganzes Rüstzeug wäre ungenutzt geblieben, der Erfolg der einzige Sinn und Zweck der Aktion gewesen. Unmöglich! Nicht meine Philosophie. Es wäre ein Verrat an den eigenen Pferden gewesen. Am Anfang war Nein, und am Ende war auch Nein.«

Immerhin entstand aus diesem Gespräch die Idee, dass Totilas nicht direkt von einem Reiter oder seinem Mäzen gekauft werden sollte. Schockemöhle erwarb den Hengst zunächst ganz und veräußerte dann nur das Recht, ihn im Sport einzusetzen. Die Einnahmen aus der Zucht wollte er natürlich selbst kassieren.

Als bekannt wurde, dass Schockemöhle Totilas gekauft hatte, gab es in Holland einen Aufschrei der Empörung. Fast so, als hätte einer ihrer Fußballspieler die deutsche Staatsangehörigkeit angenommen. Obwohl zwei Parteien im Land der Kaufleute ein glänzendes Geschäft gemacht hatten: die Verkäufer, das Ehepaar Visser. Und Edward Gal, der Reiter, der seinen branchenüblichen Anteil am

Verkaufspreis erhielt. All das Geld schien ihn allerdings nicht über den Verlust von Totilas hinwegzutrösten. Monatelang ließ er zu Hause seine Box leer. Er brachte es nicht über sich, ein neues Pferd hineinzustellen.

Angeblich ließ Schockemöhle sich den Hengst zehn Millionen Euro kosten, er hat diese Summe aber nie bestätigt. Es wäre die höchste Summe, die bis dato für ein Dressurpferd ausgegeben worden war. Und das, obwohl sich der Deal lange hinzog aufgrund von erheblichen Zweifeln an Totilas' Gesundheit. Wie viel von dem Preis der begnadete Geschäftsmann Schockemöhle selbst beigesteuert hat, bleibt ohnehin im Dunkeln. Er fand eine reiche und zahlungskräftige Mäzenin: Ann Kathrin Linsenhoff in Kronberg, in früheren Zeiten Isabells enge Freundin. Die wollte Totilas für den Sohn ihres zweiten Mannes, Matthias Rath. Ihr Ziel: die Familientradition fortzusetzen. Ihre Mutter Liselott hatte 1972 in München eine Goldmedaille gewonnen. Ann Kathrin 1988 in Seoul. Matthias sollte die Serie in London 2012 fortsetzen. In der Vitrine auf dem Schafhof jedenfalls war dafür noch Platz. Um ihn auszufüllen, schienen ein paar Millionen nicht zu teuer. Die Frage, ob man sich Goldmedaillen kaufen kann und darf, stand wieder einmal im Raum. Die Kritik daran kam natürlich vorwiegend aus den Niederlanden, wo die Emotionen überschäumten. Aber nicht nur von dort. War die Quelle der Kritik nun Sozialneid oder Gerechtigkeitssinn? Das beurteilten die Lager naturgemäß unterschiedlich. Isabell sah es rein aus der Warte einer Olympiaathletin.

»Die Art und Weise, wie ein Erfolg zustande gekommen wäre, entspricht nicht meiner Vorstellung von Sport.«

Als Totilas in Kronberg ankam, wurde zum ersten Mal spürbar, wie groß das Interesse an ihm geworden war. Das Pferd wurde in seinem neuen Heim von Fernsehteams erwartet. Man nannte ihn Wunderhengst. Sein Management richtete eine persönliche Homepage für ihn ein. Er erhielt einen eigenen Pressesprecher. Später sogar eigene Leibwächter. Ein Merchandising-Programm wurde aufgelegt. Jetzt konnte man aus Totilas-Tassen trinken und Totilas-Jacken tragen. Die »Bild«-Zeitung setzte zwei Totilas-Reporter auf ihn an, die es besonders inspirierend fanden, dass er neben dem Sport als Zuchthengst tätig war. Sein Sexleben, das sich in nüchternem Rahmen in einem Laborraum mittels eines mit Leder bezogenen Phantoms abspielte, diente fortan allerlei einschlägigen Reportern als Leseanreiz für Geschichten. Sex-Verbot für Totilas – das gab es auch irgendwann einmal. Da hatte er sich beim Sprung auf das Phantom verletzt. Sex-Panne.

Die kleine Dressurgesellschaft staunte, akzeptierte das ungewohnte Theater um diesen schwarzen Hengst um der medialen Aufmerksamkeit willen, die plötzlich alle Veranstaltungen erhielten, bei denen Totilas startete. Im Wiesbadener Schlosspark hingen die Leute wie Früchte in den Bäumen, um einen Blick auf Totilas zu erhaschen. Bei den deutschen Meisterschaften in Balve, einem versteckten Winkel im Sauerland, versanken die Massen mit ihren Autos im Morast.

Das Gold konnte also kommen, doch es kam nicht. Das am schwersten wiegende Problem ergab sich aus dem Gegensatz der Reitweisen in den Niederlanden und in Deutschland. Edward Gal sieht sich zwar nicht als Epigone von Anky van Grunsven und ihrem Trainer Sjef Janssen. Allerdings folgt auch er in seiner Ausbildung nicht nur den alten Vorschriften. Dass Totilas sich so exaltiert bewegte, lag nicht zuletzt an der Spannung, unter die Gal ihn mithilfe von Zwangsmitteln setzte. Ein Resultat auch des straffen Zügels und des tief gezogenen Halses. Der Rollkur also.

»Totilas hat das alles ertragen und mitgemacht. Und Edward hat ihn zu Glanzzeiten wirklich gut geritten. Ich würde nicht sagen, dass er ihn gequält oder unterdrückt hat, was ihm viele vorwerfen. Ich habe mich manchmal gefragt, muss man wirklich so viele Pirouetten machen, über die Intensität kann man diskutieren. Aber sie waren ein zusammengewachsenes Team. Dass die Erwartungen immer größer wurden und die Schraube immer mehr zugedreht wurde – das steht auf einem anderen Blatt.«

Matthias Rath und sein Vater und Trainer Klaus-Martin Rath wussten das alles wohl. Aber sie wollten die Aufgabe mustergültig angehen und sich zunächst ausschließlich an die Methoden der klassischen Reiterei halten – und am Ende als Vorbilder des tadellosen Reitens Olympiasieger werden. Totilas war erst verwirrt. Tatsächlich ging er unter seinem neuen Reiter entspannter, aber auch weniger spektakulär. Als er kapiert hatte, dass er nicht mehr unter dem gewohnten Zwang stand, dankte er das aber nicht etwa durch Wohlverhalten. Gehorsam durch Vertrauen – das muss sich über Jahre entwickeln. Totilas wurde frech, legte sich mit seinem Reiter an, einem netten, friedliebenden jungen Studenten, und beanspruchte die Vorherrschaft im Ring – er wollte derjenige in der Zweierbeziehung sein, der beim Tanzen führt. Der Mann also. Sohn Rath, ein Turnierreiter mit vergleichsweise wenig Erfahrung, drohte den Kampf zu verlieren. Schließlich warf die Familie ihr vorbildliches Programm über den Haufen und verpflichtete als neuen Trainer – Sjef Janssen.

Jetzt war das klassische Reiter-Deutschland empört. Aus seinem Reihenhaus in Münster meldete sich sogar der damals schon fünfundneunzig Jahre alte Major a. D. Paul Stecken zu Wort, jahrzehntelang Leiter der Westfälischen Reit- und Fahrschule. Er pochte auf die Heeresdienstvorschrift aus dem Jahr 1912, an deren Überarbeitung von 1937 er selbst mitgewirkt hatte. Er prangerte die Rollkur als »Fehlverhalten« an, kritisierte, dass Matthias Rath zu wenig Erfahrung als Pferdeausbilder mitgebracht habe, erklärte, dass man ein Pferd in Totilas' Alter nicht mehr nachträglich würde umstellen können. Und er ging davon aus, dass der Hengst bereits körperliche Schäden davongetragen hatte.

»Dass das Pferd gesundheitliche Probleme hatte, war ja kein Geheimnis. Und er musste unter einem jungen Reiter sehr viel mehr arbeiten, damit die beiden zusammenwachsen konnten. Und als es endlich funktioniert hat, spielte die Gesundheit nicht mehr mit.«

So ziemlich jeder, der dieses Ringen mit ansah, stellte sich vor, wo Isabell mit Totilas jetzt wohl stünde. Die plagte sich in dieser Zeit mit Ernies Piaffen-Problem herum. Der brave Kerl bemühte sich unendlich, schaffte es aber einfach nicht, auf der Stelle zu treten wie gefordert. Immer wieder dieselbe Blamage, während Totilas im Grundsatz immer noch piaffierte wie ein Uhrwerk. Aber Isabell kämpfte weiter. Auch Don Johnson, der damals die Führungsrolle im Stall hätte übernehmen können, war nicht auf der Höhe. Er verletzte sich, und konnte bei den Qualifikationen für London 2012 nicht eingesetzt werden. Jetzt ein Totilas für Deutschland mit Isabell im Sattel! Aber sie sah das anders. Es gibt, sagte sie, als klar war, dass sie diesmal nicht bei Olympia würde starten können, auch noch ein Leben nach London.

Es ist anzunehmen, dass sie den Zugang zu Totilas in deutlich kürzerer Zeit gefunden hätte, schon wegen ihrer Erfahrung mit vielen verschiedenen Pferden. Aber seine Anfälligkeit hätte selbst sie nicht aufhalten können. Totilas musste regelmäßig verletzt aussetzen, wenn große Meisterschaften anstanden. Es ist anzunehmen, dass allein die Tierarztrechnungen für den Kauf eines talentierten Nachwuchspferdes ausgereicht hätten, mit dem zusammen der Reiter ganz anders hätte wachsen können.

Totilas schenkte seinen neuen Besitzern nicht das ersehnte Gold bei Olympia. Und auch kein Gold bei der Weltmeisterschaft. Und bei der Europameisterschaft im eigenen Lande, 2015 in Aachen, nahm die Sportkarriere von Totilas ein trauriges Ende. Im Grand Prix wurde offenbar, dass er an einer Verletzung litt. Die Tierärzte hatten bei der Kontrolle wohl Großzügigkeit walten lassen. Aber in der Prüfung wurde es sichtbar: Totilas zeigte deutliche Unregelmäßigkeiten. Es drängte sich der Eindruck auf, dass die letzten Reste seiner Genialität wenigstens für diesen Mannschaftstitel noch hatten herhalten sollen. Die ganze Totilas-Entourage und die Fachleute vom Verband, die tatsächlich später ihr Bedauern ausdrückten, dass sie den erhofften Erfolg über das Pferdewohl gestellt hatten, gaben ein schwaches Bild ab. Unvergessen auch die Erklärungen des Reiters, er habe von der Verletzung im Sattel sitzend nichts bemerkt. Und auch die Richter machten keine gute Figur. Sie hätten die Prüfung abbrechen können. Wenn sie den Mut dazu gehabt hätten. Der clevere Mitbesitzer Paul Schockemöhle hatte es vorgezogen, während der Europameisterschaft zu Hause zu bleiben, weil er wohl ahnte, welches Fiasko bevorstand.

Das Dressurpferd, das die Welt bewegt hat wie kein zweites, wurde zum lebenden Beweis für eine lapidare Weisheit: Wer hoch steigt, kann tief fallen. Die Mannschaft, für die Isabell in Aachen mit Don Johnson am Start war, wurde ohne die erwartete Spitzennote von Totilas nur Dritte.

»Er ist ein Ausnahmepferd und hätte einen schönen, würdigen Abschied verdient gehabt.«

Die Homepage von Totilas wurde geschlossen, sein Pressesprecher nicht mehr gebraucht, die Tassen wollte auch niemand mehr. Der Wunderhengst hatte also doch keine Wunder vollbracht. Das Buch Totilas wurde zugeschlagen, garniert mit zwei allerletzten Schlagzeilen. Als bekannt wurde, dass er künftig nicht mehr im Sport, sondern nur noch als Deckhengst eingesetzt würde: Totilas in Sex-Rente. Und als Paul Schockemöhle aus gegebenem Anlass die Decktaxe von achttausend auf zweitausendfünfhundert Euro senkte: Totilas-Samen zum Schnäppchenpreis.

8 Bella Rose

Bella Rose ist die geborene Diva. Dort, wo sie auftritt, wird es still, und alles schaut sie an. Wenn die Fuchsstute mit den drei weißen Strümpfen und der langen, geschwungenen Blesse irgendwo mit zehn weiteren Pferden zusammen über die Weide laufen würde, gehörte Bella Rose die ganze Aufmerksamkeit. Wenn irgendwo eine Gruppe Pferde steht, schauen alle Bella an. Sie versprüht einen Zauber, wie es auch manche Menschen vermögen, solche, die auf der Leinwand Karriere machen, auf dem Catwalk oder in der Politik. Sie haben dieses Hypnotische, Charismatische, das man nicht lernen kann und das eine magnetische Anziehungskraft entfaltet auf alles, was Augen und Antennen hat. Nun gut, wir wollen nicht übertreiben, Bella Rose ist immer noch ein Tier und keine Hollywoodschauspielerin. Aber das ist es ja. Ihr Blick ist nicht nur anziehend und selbstbewusst, sondern zugleich von unendlicher Sanftheit und deshalb frei von jeder Selbstgefälligkeit oder Arroganz. Ein liebevoller Gruß der Natur. Obwohl: Auch an Temperament und ursprünglicher Kraft fehlt es ihr nicht.

»Bella Rose ist mein Traumpferd. Ein Traumbild, das sich in der Wirklichkeit materialisiert hat. Wenigstens für kurze

Zeit durfte ich es ohne Einschränkung genießen. Perfekte Momente, in denen es an nichts mehr fehlte. Keine Fragen mehr offen. Nichts mehr zu mäkeln, zu korrigieren, zu formen, zu verändern. Nur noch Genuss und das Gefühl, nun endlich erfahren zu dürfen, wie sich die Vollkommenheit anfühlt. Das pure Glück auf vier Beinen. Augenblicke, die ich gerne festgehalten hätte, die sich aber so wenig festhalten ließen wie andere Spielarten von Glück.«

Nicht einmal eine einzige komplette internationale Saison war Isabell zunächst vergönnt mit ihrem ultimativen Pferd. Nur acht Auftritte auf der großen Bühne. Schon im späten Sommer 2014 begann für die damals zehnjährige Bella Rose ein schmerzvoller Leidensweg, die traumwandlerischen Auftritte waren vorbei, kaum dass sie begonnen hatten. Dreieinhalb Jahre dauerte das Suchen, Finden, Therapieren und das Aufbautraining – doch dann schenkte sie Isabell eine Weltmeisterschaft auf Wolke sieben. Bei den Weltreiterspielen 2018 in Tryon in North Carolina gewannen die beiden den Grand Prix der Mannschafts-Entscheidung und den Grand Prix Special. Und wäre die Kür nicht ausgefallen – der Weltverband schaffte es nach schweren Regenfällen durch den Hurrikan Florence nicht, eine Verlegung zu organisieren – wären die beiden wahrscheinlich auch noch zum dritten Gold geschwebt. Isabell lachte während ihrer Ritte – und hinterher strömten die Tränen. Es war noch einmal eine Steigerung zu all den Highlights ihrer bisherigen Laufbahn – eine einzige Schwelgerei auf einem vierbeinigen Wunder.

Und so ging es weiter. Kaum eine Prüfung mit Bella Rose, während der sie unterwegs nicht plötzlich anfängt zu lächeln. Oder ihr unversehens ein paar Tränen in die

Augen schießen. Eine von Bellas perfekten Piaffen kann ganz plötzlich Isabells Herz tief anrühren. Und ein versprungener Galoppwechsel, der entstanden ist, weil die Reiterin emotional zu weit davongeschwebt ist, scheint ihr einen Moment lang gar nicht ärgerlich, sondern fast schon amüsant vorzukommen. Was nicht heißt, dass Isabell vor lauter Genuss in ihrem Ehrgeiz nachlassen würde.

Im Jahr nach Tryon war klar, dass alle, nicht nur ihre Konkurrenten, auch die Promoter des Dressursports, sich mal wieder nach einer Abwechslung sehnten. Sie wusste, sie würde sich trotz der überragenden Fähigkeiten von Bella Rose noch steigern müssen, und das tat sie auch. Auf dem Weg zu den Europameisterschaften 2019 in Rotterdam ergänzte sie Bella Roses Kür um zwei weitere Höchstschwierigkeiten, Traversalen in der Passage zu Beginn der Choreographie und fliegende Galoppwechsel von Sprung zu Sprung auf einer gebogenen Linie. Mehr ging nicht mehr.

Vom Schwierigkeitsgrad her bin ich am Limit. Jeder reizt da seine Möglichkeiten aus. Aber wir können ja nicht auch noch einen Salto einbauen.

Während der Europameisterschaften zeigte sich: Die Maßnahme war der Lage durchaus angemessen. In ihrer Mannschaftskollegin Dorothee Schneider erwuchs Isabell bei diesen Titelkämpfen eine neue, starke Titelkonkurrentin. Deren dunkelbrauner Wallach Showtime bezaubert allein schon durch seine äußere Erscheinung, durch seine Eleganz, seine Schönheit und die ausgeprägten Gangarten. Isabell musste in Rotterdam sich und ihrem Pferd wieder einmal alles abfordern, um die Herausforderung zu meistern. Am Ende aber konnte sie ihre Sammlung an Europameistertiteln um drei weitere auf zwanzig aufstocken. Statistik allerdings bedeutet ihr nicht so viel wie der Glanz des Augenblicks. Zumal sie in Dorothee Schneider, die genau wie sie in jenem Jahr ihren 50. Geburtstag gefeiert hatte, eine Konkurrentin sieht, der sie auf Augenhöhe begegnen kann. Und davon gibt es auf der Welt nicht allzu viele.

Dorothee und ich haben sehr hohen Respekt voreinander, was die reiterliche Erfahrung und Qualität angeht. Beide sind wir Ausbilder von Pferden, und zwar von immer wieder neuen Pferden. Beide sind wir bodenständig und wissen, worum es geht in unserem Metier. Wenn wir einmal ein gutes Pferd haben, dann ist das kein Zufallsprodukt. Dorothee ist sehr effektiv, sehr konzentriert, in der Prüfung hochgradig professionell. Sie kann alles, junge Pferde reiten, ältere Pferde reiten, selber ausbilden, Prüfung reiten. Und dabei ist sie nicht laut, sondern sehr zurückhaltend.

Während der Siegerehrungen war diese gegenseitige Sympathie zu spüren: Immer wieder umarmten sich die beiden. In der Kür hatte Deutschland diesmal alle Medaillenplätze belegt: Gold für Isabell mit Bella Rose, Silber für Dorothee mit Showtime, Bronze für Jessica von Bredow-Werndl mit Dalera. Als alle Formalitäten vorbei waren, stürmte Isabell in die Pressekonferenz, die angebrochene Magnum-Flasche Champagner aus der Siegerehrung noch unter dem Arm, setzte sich und schenkte sich und Dorothee erst einmal ein Gläschen ein. Die beiden Dressur-Ladys prosteten einander einträchtig zu. So, als wollten sie sagen: Wir mögen mittlerweile zusammen hundert Jahre alt sein. Aber wir sind besser denn je. Und: Die Olympischen Spiele 2020 in Tokio können kommen.

Jessica, 17 Jahre jünger, die als Anhängerin des asketischen Lebensstils den Champagner verweigert hatte, nippte derweil an ihrem stillen Wasser. »Das ist der Unterschied«, scherzte Isabell mit Entertainer-Blick in Richtung Journalisten.

Es war eine fröhliche Pressekonferenz. Vielleicht auch, weil Isabell und Dorothee die dunklen Momente des Reiterlebens nicht unbekannt sind. Beide haben jahrelang um ihre Pferde gebangt, immer wieder Hoffnung geschöpft, immer wieder Geduld üben müssen. Showtime war zwei Jahre lang verletzt. Bella Rose sogar dreieinhalb. So schwingt in den Momenten des größten Erfolges die Erinnerung immer mit.

»Zum ersten Mal sah ich Bella Rose, als sie drei Jahre alt war. Schon das hatte einen sehr emotionalen Hintergrund: Meine Mitarbeiterin Anna war mit Matthias Bouten befreundet, dem Mann, der die jungen Pferde im Stall der Bochumer Züchterfamilie Strunk betreute. Sie hatte Bella Rose dort gesehen. Anna gab mir einen Tipp, und so fuhr ich eines Tages nach Bochum, um mir die Stute selbst anzusehen. Ich weiß noch genau, wie ich das Anwesen der Strunks betrat. Ich kam durch das Tor und ging die Stallgasse hinunter. Rechts tat sich ein kleiner Eingang in die Halle auf. Dort stand ich, unterhielt mich mit den Züchtern und schaute mit einem Auge durch die Tür. In der Halle ließ Matthias die junge Bella Rose bereits an der Longe gehen, sie trabte an, und mir stockte der Atem.

Es war wie Elektrizität in meinem Körper. Zupp, meine Haare sträubten sich. Es war ein Kick, eine Zündung, und ich sagte mir sofort: Das ist dein Pferd.

Hoffentlich, dachte ich, noch während ich das Bild genoss, wie Bella Rose vor mir entlangtrabte, ist das jetzt nicht ein

Trugbild, und gleich kommt ein schlimmer Absturz. Ein Problem mit dem Galopp, irgendein Ausschlusskriterium, das die Begeisterung zunichtemacht. Aber das Pferd ging Schritt, Trab, Galopp, und ich bemühte mich darum, meine Gesichtszüge im Griff zu behalten. Dieses schmale Pferd, hochbeinig wie ein Topmodel, hatte mich total verzaubert. So einem Pferd, das wusste ich genau, war ich noch nie begegnet, und so ein Pferd würde ich auch nie wieder finden. Und ihr Name war Bella – so wie ich selbst von einigen engen Wegbegleitern genannt wurde und werde. Monica Theodorescu nennt mich so, die Mannschafts-Olympiasiegerin und Bundestrainerin. Und Heike Kemmer, mit der ich bei Championaten in einer Mannschaft geritten bin.

Ich gab mir Mühe, meine Euphorie zu beherrschen. Wir verließen die Halle, Matthias arbeitete weiter, und ich war nur noch zu einem einzigen Gedanken fähig: Wie komme ich an dieses Wahnsinnspferd? Ich sagte: interessant. Anna las mir die Wahrheit von den Augen ab.

Schließlich nannten die Züchter einen fairen Preis für ein gerade angerittenes Pferd ihrer Klasse. Ich rief Madeleine an, die schon meiner Stimme anmerkte, was los war. Sie fragte nicht einmal, wie viel, sondern sagte nur: Gut, mach das.

Auch den Strunks war natürlich klar, dass Bella Rose ein tolles Pferd war. Aber ihre ganze Klasse war ihnen vielleicht doch nicht so bewusst. Allerdings baten sie darum, sie noch bei der Stutenleistungsprüfung am Westfalentag vorstellen zu dürfen. Bei solchen Präsentationen vergeben die Zuchtverbände ihre Genehmigung zur gezielten Vermehrung. In diesem Fall allerdings lag die Benotung ein bisschen daneben. Bella Rose erhielt für ihren Trab nur 6,5 von 10 Punkten. Waaas?, fragte Madeleine. Was hast du denn da für ein Tier gekauft? Ich sagte, bleib ganz ruhig, Mado. Das Pferd kann überhaupt nicht so gehen, dass es im Trab nur eine 6,5 kriegt. Es war, als hätte Kate Moss eine Vier im Kleidervorführen auf dem Laufsteg bekommen. Oder Michael Jackson eine Vier im Tanzen.

Mir war das egal. Ich freute mich nur noch darauf, dass Bella Rose zu mir nach Rheinberg in den Stall kommen und in den Dressurvierecken dieser Welt ihren Charme versprühen würde. Es war das Jahr 2007, Jahr eins nach Satchmos Weltmeistertitel, und höchste Zeit, das nächste Goldpferd aufzubauen. Und Bella Rose war eins, da war ich sicher, und zwar das beste, das ich jemals hatte. Es verging kein Tag, an dem ich die Faszination nicht wieder fühlte.

Bella Rose war mein Pferd. Die Essenz aus allem, was ich zuvor erlebt hatte, das perfekte, aus den besten Puzzleteilen all meiner Spitzenpferde zusammengefügte Bild. Von Gigolo hat sie die Athletik, die Leistungsbereitschaft, die Gehfreude und den Sportsgeist. Von Satchmo den Charme, die Beweglichkeit und das Genie, aber ohne den Wahnsinn. Und genau wie Weihegold ist sie total unkompliziert und hochbegabt für Passage und Piaffe. Von allen das Beste.

Als ich mich erstmals auf Bella Rose setzte, war mir fast beklommen zumute. Für das Gefühl fehlen mir bis heute die Worte. Unglaublich. Diese Bewegungsfreiheit der Beine. Diese Elastizität. Ein ganz neues Gefühl. Unbeschreiblich, wie dieses Pferd den Körper benutzen kann. Und dann dieser Galopp. Ich habe beim Galoppieren die Vorderbeine fliegen sehen. Das Pferd übt nicht nur von unten gesehen so eine starke Faszination aus, sondern auch von oben.

Eine gottgegebene Beweglichkeit. Satchmos Traversalen, die Gänge zur Seite, die höchste Elastizität erfordern, waren mir immer perfekt erschienen. Und nun Bella Rose: noch eine Nuance besser. Und die Passage und die Piaffen, die erhabensten, feierlichsten Bewegungen, die zugleich einen hohen Kraft-

aufwand, Balance, Körperbeherrschung und Rhythmusgefühl erfordern. Nie hatte ich gefühlt, wie intensiv diese Bewegungen durch den ganzen Pferdekörper gehen können. Der Übergang von der Passage zur Piaffe war kaum spürbar, es war, als produzierte der Körper den Takt einfach weiter wie ein Metronom. Ich konnte die Piaffe in den Pferdekörper hinein auf die Stelle bringen, und es fühlte sich an wie eine Wunscherfüllung. Hinein und wieder heraus, immer durch den ganzen Körper geschwungen. Es war nach all den Jahren noch einmal ein reiterliches Aha-Erlebnis für mich, obwohl ich mein Leben lang nichts anderes getan hatte, als den Bewegungen des Pferdekörpers nachzuspüren und mit dem eigenen Körper mit dieser feinen Mechanik mitzuschwingen. Diese Mischung aus Aktivität und Annehmen, die den Pferdesport ausmacht und uns eine Ahnung davon gibt, dass Grenzen gleichzeitig spürbar und aufhebbar sein können. Eine Erfahrung von starker Intensität.

Bella Rose erwies sich als extrem fein und empfindlich. Als sie fünfjährig in einen Regenguss geriet und die Tropfen auf ihre Kruppe trommelten, fing sie sogleich an zu tänzeln und im Ansatz zu piaffieren. Gleichzeitig war sie so heiß auf Bewegung, hatte einen solchen Laufdrang, dass sie am Anfang kaum zu bändigen war. Mit Bella auf der Rennbahn? Das wurde zum wahren Kraftakt. Sie wollte los mit einer Lust und einem Eifer, dass ich sie kaum halten konnte.

Wie bei allen Pferden, mit denen ich bis dahin den Weg zum großen Erfolg beschritten hatte, war es meine wichtigste Aufgabe, das Temperament in geregelte Bahnen zu lenken. Bella neigte dazu, ihren Vorwärtsdrang zu übertreiben, sich vor lauter Eifer fast zu überschlagen, und ich hatte Mühe, zu erreichen, dass sie sich innerlich ein wenig entspannte. Das war die einzige Herausforderung – und ist es bis heute geblieben.

Zumal Bella Rose derartige Kraftreserven hatte, dass sie nicht so leicht müde wurde. Einfach mal eine Stunde arbeiten, damit sie den größten Dampf abließ – das war bei ihr nicht möglich. Es war auch nie so, dass sie sich von der Umwelt hätte ablenken lassen und sich der Hysterie hingegeben hätte. Sie war sich stets selbst genug und interessierte sich nicht für Blumentöpfe und Sonnenschirme. Ihre Erregung speiste sich aus ihrem eigenen Inneren. Wenn sie in Wallung kam, hatte sie sich selbst durch ihre eigene Aktivität ereifert, am meisten im Galopp. Wie ein hurtiger Motor, der spult und spult und dabei heiß läuft. Die Lektionen lernte sie mühelos. Die Frage war: Wie würde ich die im Fall des Falles unfallfrei auf die Bühne bringen?

Als Bella Rose sechs Jahre alt geworden war, zeigte Isabell sie beim Turnier in München erstmals der Fachwelt. Die Nachricht ging herum wie ein Lauffeuer. Alle wollten Bella Rose sehen. Der Niederländer Edward Gal, damals noch mit Totilas unterwegs, und sein ebenfalls auf Topturnieren reitender Lebensgefährte Hans-Peter Minderhout fragten erstaunt: Was hast du denn da für eine Fuchsstute? Sie startete in einer Dressurprüfung, noch nicht in der schweren Klasse, und die Insider standen mit offenen Mündern an der Bande und ließen die Aura des Pferdes auf sich wirken. Bella Rose zeigte schon eine Trab-Tour, die sie andächtig verstummen ließ. Und auf dem Weg zwischen den Hinterhand-Wendungen, der im Schritt zu gehen ist, fing sie vor lauter Lebenslust an zu piaffieren, was in diesem Stadium der Ausbildung gar nicht gefordert wird. Die Zuschauer schmunzelten. Ihr Bewegungsdrang war überwältigend. Und das Erlernen der Lektionen fiel ihr ganz offensichtlich extrem leicht. Neben allen anderen Vorzügen auch noch eine Musterschülerin. Und die Phase des Lernens hatte zur Zeit ihrer Verletzung ja erst angefangen. Dazu, jetzt dranzubleiben, das Feuerwerk zu entwickeln und zu zünden, kamen sie nicht. Die Entwicklung ging erst mit jahrelanger Verzögerung weiter.

»Ich mag mir gar nicht ausmalen, was alles geschehen wäre, hätte ich die Zeit gehabt, mich ohne Unterbrechung auf Bella Roses Fortschritte zu fokussieren. Wir wären natürlich noch schneller noch enger zusammengewachsen. Schnell hatte die Stute gelernt, zu erkennen, worauf es ankommt. Dass sie mental herunterkommen musste, um ihre Aufgaben erfüllen zu können. Schnell hatte sie den Turnieralltag in sich aufgesogen, immer mehr Routine gewonnen und sich bekannt gemacht mit dem Showbusiness. Ich könnte mir vorstellen, wir hätten schon damals die Szene gerockt. Sogar der Brite Carl Hester, selbst Reiter und Trainer des damals dominierenden Paars Charlotte Dujardin mit Valegro, glaubte schon damals, dass es nur ein Pferd gegeben habe, das ihnen hätte das Leben schwermachen können: Bella Rose.«

Charlotte Dujardin wurde Weltmeisterin, Europameisterin und Olympiasiegerin. Hester war also tief beeindruckt von Bella Rose.

Erster großer Auftritt: die Sichtung für die Weltreiterspiele 2014 in der Normandie, weit abgelegen in der saarländischen Provinz, auf der luxuriösen Anlage eines Arzneimittelhändlers in Perl-Borg. In Brasilien und den Public-Viewing-Zonen tobte die Fußball-WM. Auf dem sauber geharkten Turnierplatz aber, wo die Form der Pferde für die Reiter-WM überprüft werden sollte, legte Bella Rose los, als gälte es, das entscheidende Tor zu schießen. Im Grand Prix knackte sie mit ihrer Note locker die 80-Prozent-Marke – das ist die imaginäre Grenze, bei der die absolute Weltklasse beginnt. Und ein besonders wichtiges Resultat, denn mit dieser Aufgabe wurde bei der WM die Mannschaftswertung entschieden. Die interessiert den Verband immer am meisten – Einzel-Medaillen gelten als Zugabe.

Es war, als wäre man zu Gast auf einer Startrampe: Bella Rose setzte an zum Siegeszug. Und das mit fast schon provozierender Lässigkeit und Nonchalance. Sie konnte alles schon – nur mit der Geduld hatte sie es nicht so. Warten musste sie lernen. Vor lauter Übereifer preschte sie manchmal los, noch bevor das Signal der Chefin da oben sie erreichte. Darum hatte Isabell im Training immer wieder während der Prüfung angehalten, sie einmal durchatmen lassen und ihr ein Stück Pausenzucker gereicht. Als es ernst wurde, erwies sich diese Methode als Fehlerquelle. Bella Rose zögerte an den Stellen, wo sonst Isabell ihr die Arbeit versüßt hatte, um auf die Belohnung zu warten. Stattdessen kam ein Schenkeldruck, die Aufforderung zum Weitergehen, die wiederum ein bisschen stark dosiert war. Statt elegant weiterzuschreiten, zackelte Bella Rose an. Die Umstehenden notierten: Fehler. Aber das war natürlich auch der Beweis, dass sie hochsensibel auf jedes noch so kleine Signal reagierte. Diese Feinheit kostete vorerst noch Punkte. Aber Isabell sah es gelassen:

»Sie möchte keine Fehler machen«, sagte sie in Perl-Borg. »Die Fehler mache ich.«

Es war eine Zeit, in der Isabells erfahrenes Kämpferherz eine Pause bekam. Die alte Isabell, die mit Lust mit ihren widerspenstigen Pferden in den Ring stieg, war im Sattel von Bella Rose nicht gefragt. Die neue Isabell musste zum ersten Mal nicht mehr kämpfen und durfte genießen.

Inzwischen hatte sich auch bei den anwesenden Hengsten herumgesprochen, was da für ein attraktives Modell unterwegs war. Die wurden erst unruhig, dann versuchten sie, sich an sie heranzumachen. Totilas, der ewig Verletzungsanfällige, wieherte, obwohl er eigentlich nicht als besonderer Draufgänger bekannt war. Matthias Rath ging trotzdem auf Nummer sicher und zog es vor, sein Pferd zu isolieren und seine Trainingseinheiten vom Abreiteplatz in eine nahe gelegene Halle zu verlegen.

Es ist selten, dass eine einzelne Stute so eine Wirkung auf ihre männliche Umgebung hat. Man muss sich vorstellen, dass Zuchthengste ja nicht dafür bekannt sind, einen besonders differenzierten Stutengeschmack zu haben. Sie funktionieren üblicherweise sogar angesichts eines mit Leder bespannten Holzgestells, auf das sie reflexartig springen. Aber Bella Rose ließ ungeahnte Liebessehnsüchte in ihnen erwachen. Auch Desperados, den schönen, braven Rappen von Kristina Sprehe, ließ Bella Rose nicht kalt. Normalerweise hatte seine Reiterin ihn im Griff, auch wenn hübsche Stuten kokett vorüberwackelten. Beim Anblick von Bella Rose aber verlor er alle Contenance. Die Gefahr, dass er dem Ruf der Natur diesmal eher folgen würde als seiner Pflicht als manierliches Dressurpferd, lag in der Luft. Er wollte jetzt endlich einmal frei sein. Isabell auf Bella Roses Rücken geriet in ernsthafte Gefahr. Was würde mit ihr geschehen, sollte Desperados seine Reiterin abwerfen und sich besinnungslos auf Bella Rose stürzen? Man musste die beiden Pferde trennen.

»Die Herren«, sagte Isabell später, als sie in Sicherheit war, »haben jedenfalls einen guten Geschmack.«

Da hatte ihr der niederländische Bundestrainer schon zugerufen: »Viel Spaß in Rio. Das werden deine Spiele.«

Bis dahin waren es damals noch zwei Jahre.

Erst einmal Aachen. Der erste CHIO mit Bella Rose in einem Rahmen, in den sie besser passte als jedes andere Pferd. Ganz großes Geläuf. Totilas war dort auch am Start, der Lackschwarze, der die Aufmerksamkeit auf sich zog, weil er nun endlich bereit schien für ein großes Championat, die Weltmeisterschaft, ohne die üblichen Gesundheitsprobleme. Aber schon die zweite Hauptrolle gehörte Bella Rose, die auch hier alles bestätigte, was Isabell sich von ihr versprochen hatte. Ein Weltpferd. Auf dem Weg zur Weltkarriere. Und als Totilas vor dem Schlusstag zurückgezogen worden war, weil er doch wieder nicht ganz in Ordnung war, da ging endgültig der Stern auf für Bella Rose.

Die Kür zu den Klängen von »Freude, schöner Götterfunken« war das Schönste und Beste, was Isabell mit ihrer Traumstute bisher gelungen war. Es schien wirklich wie im Traum zu gehen. Niemand suchte bei dieser Vorstellung mehr nach Fehlern, wie das Dressurzuschauer so gerne tun. Alle genossen ihr Talent, ihren Schwung, ihre Grazilität und Kraft. Isabell, die ohnehin zum Weinen neigt, wenn es emotional wird, wartete diesmal nicht bis zur Siegerehrung damit. Schon während der Kür liefen ihr die Tränen über die Wangen.

Ach, Bella Rose!

Welch ein Seufzen beim Gedanken an diesen Tag im voll besetzten Dressurstadion zu Aachen, und an diese Tränen, die sie weinte, als wüsste sie schon, dass das vorerst der emotionale Höhepunkt des Hollywoodfilms mit dieser überirdisch schönen Hauptdarstellerin war, und dass sie um eine Wiederholung zäh würde kämpfen müssen.

Das international besetzte Richtergremium, das zu denen gehörte, die üblicherweise eine extrem lange Leitung haben und tendenziell lieber dem Mainstream als dem Gesehenen folgen, setzten Isabell und Bella Rose auf den dritten Platz, aber das war ihr in diesem Fall ganz egal. Die Zuschauer standen von ihren Sitzen auf und spendeten ihr rauschende Ovationen, und sie heulte einfach weiter. Vergesst den Schwarzen, dachten viele Leute, die da applaudierend standen. Den Wunderhengst im schwarzen Lack. Hier kommt das Supermodel im fuchsroten Pelzmantel.

»Totilas und Bella Rose – da haben wir zwei völlig verschiedene Pferde. Die Stute hat aus sich heraus außergewöhnliche Beinfreiheit und Talent. Totilas musste von Haus aus natürlich auch viel Talent mitbringen. Aber er wurde sehr gemacht. Dazu bin ich bei Bella gar nicht gekommen, weil sie von sich aus schon so viel angeboten hat. Ich glaube, das ist der große Unterschied. Beide Pferde haben ganz viel Charisma und Ausstrahlung, aber bei der Stute kamen die Bewegungen in einem natürlich lockeren Ablauf aus dem Körper heraus. Einen Totilas musste man, um ihn in einer Trab-Traversale so ausdrucksvoll zu reiten, einspannen. Man musste ihn halten, in der Luft halten. Bei Bella war das alles naturgegeben.«

Bella Rose ließ Isabell immer gut aussehen. Keine Kompromisse mehr nötig, kein Umformen der Körperproportionen, keine Psychoanalyse für eine gestörte Vierbeinerseele. Bella Rose steht auch für eine Weiterentwicklung der Zucht. Ein Pferd, das alles mitbringt, was die Kunden von heute wünschen. Eigentlich auch eine rustikale Gesundheit. Sie litt nicht unter hohen Belastungen, sondern schien von irgendwoher immer wieder neue Kräfte zu beziehen. Ihr Auftritt war modern, schick, mühelos. Die alten Zeiten, als Pferde noch Arbeits- und Zugtiere oder gar Kriegsgerät waren, spiegelten sich in diesem Pferd nicht mehr wider. Ein reines Vergnügungspferd, ein Spaß, ein hochfunktionales Spielzeug. Hochgezüchtet wie ein Ferrari. Die Zukunft des Sports und überhaupt: der Reiterei.

Bei den Weltreiterspielen In der Normandie, auf dem Turnierplatz von Caen, gewann Bella Rose ihren ersten großen Titel, die Mannschafts-Weltmeisterschaft. Auf der Fahrt hatte sie sich erkältet und sich eine Kehlkopfentzündung zugezogen und durfte in den ersten beiden Tagen nur im Schritt geritten werden.

»Und dann, an einem Tag, der sich für mich bis heute wie Fliegen anfühlt, ging sie im Training plötzlich wie ein Traum. Ich saß im Sattel und dachte: So. Jetzt kann dir keiner mehr. Jetzt hast du alles, was du dir als Reiterin erträumt hast. Jetzt gehst du da hin und mischst die Szene auf mit deinem Pferd und ziehst dir alles rein, was im Angebot ist. Es waren noch zwei Tage bis zur ersten WM-Prüfung, und ich sah vor mir, wie jetzt bald eine Tür nach der anderen für mich aufgehen würde.

Am Morgen des Grand Prix wurde ich dann wieder unsanft an die Wirklichkeit erinnert. Ich musste schon morgens um acht Uhr als Erste ins Viereck. Bella Rose war am Tag zuvor richtig heiß gewesen, hatte sich gut angefühlt und mir mit allen Fasern signalisiert, dass es jetzt aber dringend losgehen müsse mit der Weltmeisterschaft. Aber es war mir nicht möglich, meine Vorbereitung darauf abzustimmen. Ich konnte sie vor der Prüfung nicht noch einmal reiten. Um der Stute vor der großen Belastung genügend Pause zu geben, hätte ich um vier Uhr morgens in den Sattel steigen müssen.

Es regnete am Prüfungsmorgen, August in der Normandie – es war kalt, dunkel, ungemütlich, als wir den Stall verließen. Ein Morgen wie gemacht für schlechte Laune. Und dann, der Platz: Als ich schon auf dem Pferd saß – der Zeitplan drängte –, waren auf dem Viereck noch dröhnend die Trecker unterwegs, um den Boden zu bereiten. Katastrophe. Das ohnehin schon empfindliche Pferd, das nicht die Gelegenheit gehabt hatte, seine überschüssige Energie loszuwerden, musste nun gleich in die Prüfung.

Ich ritt vorsichtig los, und erst dachte ich, so schlecht geht es gar nicht. Bella Rose ging vorwärts, wenn auch nicht so frei und enthusiastisch wie zwei Tage zuvor. Irgendetwas war anders, störte. Der Boden war sehr hart. Ich dachte, während ich weiterritt, vielleicht liegt ihr das nicht so. Sie zog nicht richtig durch, ausgerechnet Bella Rose, die Stürmische, die Anhängerin des vorauseilenden Gehorsams. Trotz allem brachte sie eine herausragende Leistung, sie galoppierte schwungvoll, sehr schön, hätte ich mich nicht in einer Traversale mit den Sprüngen verzählt, wäre sie ideal gewesen. Ich schöpfte Hoffnung, vielleicht hatte ich mir die Schwergängigkeit nur eingebildet, aber so ist es ja eigentlich nie. Schon der Gedanke, oh, ist da was?, ist im Umgang mit Pferden sehr ernst zu nehmen. Schon in diesem Stadium hilft Verdrängen normalerweise nicht mehr, aber man versucht es natürlich trotzdem. Im letzten starken Trab, der ein schwungvolles, seliges Schweben hätte sein sollen, fühlte es sich nicht mehr an wie sonst. Es lief gut, ja, aber nicht so gut wie erwartet.«

Innerhalb der deutschen Mannschaft erhielt sie trotzdem die Höchstnote, der Weltmeistertitel war sicher. Am Nachmittag wurde Bella Rose zum Spazierenführen aus dem Stall geholt und nun wurde leider aus dem Zweifel rasch Gewissheit. Es gab ein Problem. Erst lief sie klamm, wie ein Mensch, der gerade aus dem Bett aufgestanden ist. Als sie die Sache näher prüften, war klar: Sie ging lahm. Bella Rose hatte Schmerzen in einem Vorderbein. Ein Schock. Ein emotionaler Absturz für das ganze Team. Isabells Pferdepflegerinnen Steffi und Anna, die noch näher am Wasser gebaut haben als ihre Chefin, heulten. So schnell konnten sie sich nicht von ihren Traumbildern lösen: Bella Rose, wie sie die Normandie verzaubert.

»Anna fragte, ob wir nicht wenigstens einen Tag warten könnten. Vielleicht wäre es nur ein vorübergehendes Problem. Mir war aber sofort klar, dass ich kein Risiko eingehen wollte. Die Erfahrung hat mich gelehrt, dass sich solche Dinge nicht innerhalb eines Tages wieder in Luft auflösen.

Wir entfernten das Hufeisen, und sie fühlte sich gleich viel wohler. Im Trainingslager war Bella Rose noch einmal frisch beschlagen worden, kurz vor der Abreise. Offenbar waren ihr der frische Beschlag und der harte Boden auf dem Turnierplatz nicht bekommen. Die Sorge um mein Pferd kreiste in meinem Kopf, als ich bei der Pressekonferenz die Fragen der Journalisten beantworten musste. Ich zwang mich, auf dem Podium munter von den Qualitäten meines Pferdes zu schwärmen, während es zweihundert Meter weiter gerade vom Tierarzt untersucht wurde. Irgendwie brachte ich den Auftritt hinter mich, im Hinterkopf immer noch die verzweifelte Hoffnung, dass die Sache vielleicht doch glimpflich ausgehen könnte. Die Diagnose des Tierarztes fiel dann auch nicht allzu dramatisch aus. Eine Entzündung der Huflederhaut, also der Sohle.

Obwohl es ihr schon sehr viel besser ging, fuhren wir nach Hause. Es war hart, aber akzeptabel. Schließlich glaubte ich genau zu wissen, worin das Problem bestand und dass es harmlos war. Pech eben, dessen Auswirkungen wir schnell wieder hinter uns lassen würden. Bella Rose stand ja immer noch die ganze Welt offen, sie war erst zehn Jahre alt und erst im übernächsten Jahr standen Olympische Spiele bevor, 2016 in Rio. Zeit genug für große Taten. Wozu sich also grämen? Schade. Aber es ging ja weiter. Erst hatte ich Bella Rose das Warten beibringen müssen. Und jetzt brachte Bella Rose eben im Gegenzug mir das Warten bei.«

Nach ein paar Tagen Schonung trabte Bella Rose schon wieder einwandfrei. Nach einer gründlichen Untersuchung unter Anästhesie gaben die Tierärzte Entwarnung. Einem Start im November beim Turnier in Stuttgart, bei Isabells Schicksalsturnier, stand nichts mehr im Wege. Und Bella Rose bewegte sich so leicht wie vor ihrer Verletzung und ließ auch im Schwabenland ihren Charme spielen.

»Ich war vollkommen glückselig, dass ich in Stuttgart, zum Abschluss der Turniersaison, mit ihr noch ein Happy End erlebt hatte. Doch eines Tages im Winter fühlte sich Bella nicht mehr so gut an wie zuvor. Keine dramatische Lahmheit, aber auch nicht einwandfrei. Es begann ein schleichender Prozess. Sie wurde untersucht, aber wir fanden keine klaren Antworten. Es gab nichts Greifbares. Ich belastete das Pferd den Winter über weniger, und am Bein war keinerlei Veränderung zu erkennen. Das Frühjahr 2015 kam, die Stute wurde antrainiert, sie war jetzt elf und die Welt hätte eigentlich parat für sie stehen sollen. Jetzt hätte es losgehen sollen. Aber nichts ging los. Bella Rose lahmte.«

Es folgte eine lange Zeit der Ungewissheit für Bella Rose, Isabell und ihre ganze Mannschaft. Immer wieder die Hoffnung, das Problem jetzt endlich im Griff zu haben. Viele Behandlungen wurden vorgenommen, ohne dass jemand bis zur Wurzel des Problems vorgestoßen wäre. Sämtliche Untersuchungen brachten unterschiedliche Interpretationen hervor. Noch ein Transport, eine weitere Anästhesie für das Pferd. Auf den Röntgenbildern war nichts Gravierendes zu sehen. Doch der Schmerz kam unleugbar immer zurück. Hoffnung und Verzweiflung lösten sich ab. Immer wieder wurde Isabell nach Bella Rose gefragt. Von Fans, von Journalisten, von den Verbandsfunktionären. Immer wieder äußerte sie sich optimistisch, weil sie selbst glaubte, das Pferd wäre endlich auf dem Wege der Besserung. Und die Zeit verging.

»Ich hatte schon selbst angefangen, medizinische Literatur zu lesen. Immer wieder diese Rückschläge. Ich dachte noch viele Male, jetzt geht es aber endlich los. Und dann …«

Es sollte lange dauern, bis endlich klar wurde, was Bella Rose eigentlich fehlte. Offensichtlich hatte sie schon länger ein Problem mit sich herumgeschleppt, das erst in Caen zum Ausbruch gekommen war. Mehr als zwei Jahre nach der Lahmheit bei den Weltreiterspielen offenbarte sich die Wahrheit durch den Vergleich von drei in größeren Abständen aufgenommenen Bildern der Magnetresonanztomographie (MRT). Sie belegten einen dramatischen Befund. Der Knochen war das Problem. Ein Knochen-Ödem, verursacht durch eine Unterversorgung. Im Frühjahr 2016 war klar: Bis zu den Olympischen Spielen in Rio würde die Stute nicht fit werden. Es hatten ihre Spiele werden sollen. Weil auch Johnny verletzt war, musste eine neue Lösung gefunden werden. Es schlug die Stunde von Weihegold. Während Isabell die Rappstute auf ihre fünften Spiele vorbereitete, wurde Bella Roses Knochen aufwendig stabilisiert. Als sie zurückkam von Rio, inzwischen zur erfolgreichsten Reiterin der Geschichte aufgestiegen, stand Bella Rose als Rekonvaleszentin in ihrer Box. Die Muskeln weg, Trainingszustand gleich null. Und im folgenden Frühjahr, als Weihegold sich anschickte, auch das Weltcup-Finale in Omaha zu dominieren, stieg Bella Rose ins Wasserbad und machte eine Kneipp-Kur. Ganz langsam. Die Prognosen waren günstig, die neuesten Untersuchungen zeigten, dass die Behandlung angeschlagen hatte. Der Knochen war wieder durchbaut. Aber zu früh freute sich in Rheinberg keiner mehr.

Im Frühjahr gab Isabell bekannt, dass sie damit rechne, Bella Rose im Herbst 2017 wieder im Sport einzusetzen. Doch auch diesen Termin musste sie verstreichen lassen.

Zunächst durfte die Stute nur Schritt gehen. Die Zeit aber eilte im Galopp voran. An Bella Rose, der Schönen, Hochbegabten, am idealen Dressurpferd, galoppierte sie vorbei. Kein lustvolles Vorwärtsstreben, keine spielerischen Lernfortschritte, kein Zauber für sie, keine Momente des Schwebens. Im Jahr von Rio war sie zwölf Jahre alt, es hätte der Höhepunkt ihrer Laufbahn werden können.

»Bella Rose schien selbst erkannt zu haben, dass sie Ruhe halten musste. Sie bremste sich, versetzte sich in einen neuen Modus, in dem sie die Ereignisse stoisch über sich ergehen ließ. In der Wildnis würde ein Pferd, das als Fluchttier geboren ist, eine solche Beinverletzung nicht lange überleben. In

der Zivilisation verwandelte sie sich in eine geduldige Patientin. Zwölf Monate lang schlich sie ausschließlich im Schritt herum. Und doch blieb sie die Königin.

Jeden Morgen begann sie mit Würde und ihrem wunderschönen Augenaufschlag. Sie behielt ihr freundliches Wesen. Ich öffnete die Boxentür – Bella Rose, die mit den Menschen schon so viel durchgemacht hatte, kam mir immer noch freudig entgegen. Als wüsste sie, dass all die unangenehmen und verängstigenden Prozeduren dazu dienten, ihre Gesundheit wiederherzustellen. Nur eines konnte sie nie leiden: Wenn Pferde vor ihrer Box hin und her gingen, drehten und wendeten. Das beobachtete sie ganz genau, legte ihre Ohren an und wurde ein bisschen giftig. Als wüsste sie noch etwas: Dass eigentlich, wenn alles mit rechten Dingen zuginge, die ganze Aufmerksamkeit nicht den anderen gebührt hätte, sondern ihr.

Erst, als das Training wieder anfing, erwachte ihre alte Ungeduld. Als wäre ein Startschuss gefallen. Sie wollte wieder loslegen. Vorwärtsgehen, sich ausgiebig bewegen, ihr Herz weit machen, ihre großen Lungen füllen, ihren Körper spüren und genießen. Herumspringen, losbocken, sich in der Luft winden und verdrehen. Zimperlich war sie doch noch nie. Aber die ganze Mannschaft zuckte zusammen, wenn Bella Rose sich zu rasch bewegte. Bitte, bitte, nicht noch einmal ein Rückschlag. Die Gefahr bestand, dass ihre Gehfreude für sie selbst gefährlich würde.

Ich konnte nicht sagen, Bella, wir tuckern nur ein bisschen rum. Sie ist so heiß, dass sie sich gleich übernimmt. Ich hatte ständig Angst, dass sie sich wieder einen Schaden zuzieht. Das war eine Reha wie bei einem Menschen. Dem kannst du aber sagen, du darfst nur zu 20 Prozent belasten und peu à peu aufbauen. Erklär ihr das mal.«

Isabell ist von Beruf Dressurreiterin. Man könnte auch sagen: Problemlöserin. Welche Schwierigkeiten ihre Pferde haben mögen: Sie arbeitet daran. In jeder Minute. Auch in dem mit Gold übergossenen Herbst 2017 wandte sie ihren Blick Bella Rose zu. Ihr Stall quoll nun fast über von vierbeinigen Cracks und großen Zukunftshoffnungen. Der Weltverband hatte sie zur Reiterin des Jahres gewählt. Die Zahl ihrer Siege in jenem Jahr bewegte sich auf vierzig zu, ihre Gewinnsumme überschritt eine halbe Million Euro. Sie führte mit Weihegold die Weltrangliste an und stand mit Emilio, der in diesem Jahr zum Toppferd herangereift war, und Johnny unter den besten zehn. Sie hatte damit begonnen, dem Dressurpublikum ihren jungen Schimmelhengst Belantis zu zeigen, und die Leute reagierten mit wahren Begeisterungsstürmen. Isabell hatte ein beispielloses Erfolgsjahr hinter sich. Es mehrten sich die Zeichen, dass der jahrelange Einsatz sich ausgezahlt hatte und die Zeit der Ernte für sie gekommen war.

Mit all diesen großen Geschenken im Herzen wandte sie sich Bella Rose zu, der Unvollendeten. Sie schwärmte unerschütterlich von ihrer Haltung und ihrem Blick, der Feinheit und Grazie, die das Pferd in seiner langen Leidenszeit nie verloren hatte. Für Isabell stimmte fast alles in diesem Jahr, das sich nun dem Ende zuneigte. Ach, schöne Bella Rose.

Isabell gab nicht auf. Sie wusste es immer: Diese Geschichte würde weitergehen. Es kam das Jahr 2018. Bella Rose war wieder da. Isabell tanzte mit ihr in den Dressur-Himmel hinein und weinte vor Glück.

9 Die Piaffe

Was ist denn eigentlich eine Piaffe? Wenn ein Laie sich in die Dressurreiter-Szene wagt und solch eine einfache Frage stellt, wird er gerne abgespeist mit einem Satz wie: Das ist der Trab auf der Stelle. Eine Piaffe, stellt er dann selbst fest, wenn er sich einen langen Grand Prix angesehen hat, das ist häufig die Übung, die Pferde nicht gerne zu machen oder nicht richtig zu können scheinen. Manchmal sieht es aus wie ein verklemmtes Gezappel. Manchmal wie ein widerwilliges Gestrampel. Manchmal scheint der Reiter gleichzeitig auf Gaspedal und Bremse zu stehen, das Pferd versucht, nach oben auszuweichen, und steigt mit den Vorderbeinen senkrecht hoch. Doch wenn plötzlich im Dressurviereck eine Piaffe gelingt, verklärt sich auch die Miene des Laien. Er sieht ein Pferd tanzen.

Das Tier, das zu nichts mehr geboren ist als zur Fortbewegung, zur Verwandlung von Kraft in Raumgewinn, drückt auf kleinstem Raum ohne Vorwärtsdrang den edlen Glanz seiner Persönlichkeit aus. Das, was es da vorführt, ist nämlich längst nicht nur Trab auf der Stelle. Es ist eine ganz besondere, rhythmische, sehr kraftvolle und erhabene Bewegung, die Stolz und Selbstbewusstsein ausstrahlt. Eine echte Attraktion. Eigentlich müsste ein Trommelwirbel dazu ertönen. Und der Reiter, der das Privileg hat, im Sattel diese Bewegung zu genießen, wirkt zuweilen regelrecht glücklich. Als schwebte er auf Wolken. Ein Sonntagsgefühl. Er gibt sich einer ganz besonderen Schwingung hin, einem rhythmischen Wiegen.

Er erlebt ein Stück Vollkommenheit. So nennt es Isabell. Reiter wie sie, Anky van Grunsven oder Edward Gal können mit dem richtigen Pferd einen regelrechten Piaffen-Kult zelebrieren. Dazu die Passage, die meistens in Verbindung mit der Piaffe gezeigt wird – ein majestätisch verlangsamter Trab mit kurzen Momenten, in denen das Pferd den Bodenkontakt aufgibt und in der Luft zu schweben scheint.

Isabells Piaffen mit Bella Rose – das war für sie sichtlich das höchste der Gefühle. Oder mit Weihegold. Die piaffierte und passagierte zum Beispiel bei den Europameisterschaften 2017 in Göteborg so hinreißend und scheinbar mühelos, dass das Publikum rhythmisch zu klatschen anfing. Unter üblichen Umständen eine Todsünde im Dressursport, wo manche Pferde schon bei weit geringeren Störungen vor Schreck aus dem Viereck zu springen drohen. Aber in diesem Fall schien Weihegold die Begeisterung der Leute aufzusaugen und in noch mehr Strahlkraft umzuwandeln. Das macht sie mit wachsender Erfahrung auf immer selbstbewusstere und lustvollere Weise.

»Ich habe jetzt mit meinen Pferden die Piaffe noch einmal ganz neu kennengelernt, ganz besonders mit meinen Stuten. Nicht aus der Spannung, sondern aus der Ruhe heraus den Rhythmus der Piaffe erarbeiten. Ich erlebe sie auf einmal als ganz besonderen Luxus. Nach fünfundzwanzig Jahren Arbeit mit Dressurpferden hat sich mir in den letzten Jahren eine neue Welt eröffnet.«

Isabells wichtigster Lehrer dabei war El Santo, der etwas unförmige braune Rheinländer mit großem Schwung. Nicht umsonst hat er zwei spiegelverkehrte Fragezeichen im Gesicht, eines auf der Stirn und eines auf der Nase. Die Aufgabe, die er ihr stellte, war knifflig, ja fast unlösbar, nicht wenige Beobachter wunderten sich, dass sie nicht irgendwann das Handtuch warf. Doch sie biss sich durch und erkämpfte sich damit als Ausbilderin einen atemraubenden Wachstumsschub.

Zur Erinnerung: El Santo, im Stall nur Ernie gerufen, war das Pferd, das am Anfang von Dieter Schulze wegen seines runden Bäuchleins liebevoll als Reitschweinchen verspottet wurde. Dabei gewann er im Viereck enorm an Ausstrahlung. Und seine langen, eleganten Augenwimpern sind Legende. Seine größte körperliche Herausforderung aber waren seine Hinterbeine, die um einiges vom Ideal abwichen. Von hinten gesehen nicht kerzengerade wie bei Model Bella Rose, sondern nach außen geschwungen. Ein regelrechtes Paar O-Beine. Über diese Fußballerbeine war Isabell einst ziemlich unglücklich. Heute ist das anders. Ernie hat sie damit innerlich freigespielt.

Mit diesen Hinterbeinen schaffte Ernie es nicht, auf der Stelle zu piaffieren. Er sah sich gezwungen, dabei nach vorne zu gehen, um die Belastung aushalten zu können. Ein gravierender Makel für ein Dressurpferd. Von Anfang an war zwar klar gewesen, dass Ernie nicht zu den Supertalenten für die Piaffe gehörte. Aber seine Stärke lag in den schwungvollen Lektionen. Seine weit greifende Galoppade war eindrucksvoll, sein starker Trab, bei dem die Pferde wie von einem Heckmotor angetrieben vorwärtsstreben und dabei die Vorderbeine nach vorne strecken sollen, war voller Elan.

»Den Rest, so dachte ich mir, wird er auch lernen. Die Annäherung an die Piaffe machte ihm noch keine ernsthaften Probleme. Aber als er die Tritte wirklich auf der Stelle hätte machen müssen, klappte nichts mehr.

Ich habe ihm im Grunde genommen den Schneid abgekauft. Das konnte er schlicht noch nicht halten. Und dann bin ich aus dem Loch nicht mehr rausgekommen. Er war einfach vom Körperbau nicht so geeignet.«

Um zu verstehen, wie wichtig die Rolle von Ernies Hinterbeinen in dieser Geschichte ist, muss man verstehen, wie eine Piaffe, die aus einer natürlichen Bewegung der Pferde entwickelt wurde, überhaupt funktionieren soll. Den Sinn der Übung kann man an der angestrebten Gesamtsilhouette ablesen. Die Kruppe des Pferdes, also sein Hinterteil, ist bei der Piaffe gesenkt, man kann sehen, dass es mit den Hinterbeinen einen großen Teil des Gewichts seines eigenen Körpers und des Reiters trägt. Diese Gewichtsverlagerung ist von großer Bedeutung, schließlich ist ein Pferd ursprünglich nicht dafür gebaut, einen Reiter zu tragen. Es muss erst dafür fit gemacht werden, damit es auf Dauer keine körperlichen Schäden erleidet. Ein Warmblutpferd, wie man sie üblicherweise für die Dressur einsetzt, wiegt zwar allein schon mindestens sechshundert Kilo. Es ist also keine kleine Portion. Aber ein Reiter auf dem Rücken wird ihm trotzdem auf Dauer zur Last. Es muss einen lebenden Rucksack tragen, einen Menschen, der sich im besten Fall mit seiner eigenen Mechanik in den Bewegungsablauf einbringt, ihn im schlechtesten Fall aber sogar stört, sodass das Pferd auch noch die Ungeschicklichkeit des gestiefelten Menschen ausbalancieren muss.

In der Natur, wo ein Pferd nur sein eigenes Gewicht zu

tragen hat, lastet mehr Körpergewicht vorne als hinten. Wenn sich ein Reiter auf seinen Rücken setzt, verstärkt sich dieses ungleiche Verhältnis. Dann trägt die Vorderhand 60 Prozent und die Hinterhand 40 Prozent des Gesamtgewichts. Es muss also durch entsprechendes Training etwas an der Balance getan werden. In der Dressurausbildung wird das Pferd mehr und mehr in die Lage gebracht, mit den Hinterbeinen unter den Körper zu treten und mehr Gewicht zu übernehmen. Diesen Vorgang nennen die Experten Versammlung. Durch diese Verlagerung werden die Vorderbeine leichter, sie gewinnen gewissermaßen Versammlungs-Freiheit. Der höchste Grad der Versammlung wird in der Piaffe erreicht. So kann das Vorderbein fast bis zur Waagerechten angehoben werden. Das Hinterbein zeigt den sogenannten Hankenbug – eine Senkung in den großen Gelenken, der Hüfte, dem Knie und dem Sprunggelenk. Diese Absenkung ist extrem anstrengend und erfordert viel Muskelkraft. Vergleichbar ist sie am ehesten mit Kniebeugen, aber mit solchen Kniebeugen, die Gewichtheber ausführen, also beschwert mit einer zusätzlichen Last. Die Bewegung ist dem Trab ähnlich, das heißt, die Hufe fußen diagonal gleichzeitig ab. Und das in einem klaren Takt, der in der Bewertung der Qualität die Hauptrolle spielt. Zwölf bis fünfzehn Tritte sind im Viereck gefordert. Und es ist nur eine leichte Vorwärtstendenz erlaubt. Pro Tritt maximal eine Hufbreite.

»Und Ernie? Der wollte weiter vorwärtsgehen, weil seine Hinterbeine zu weich waren, um diese Kraftübung durchzustehen. Selbst unter normalen Anforderungen ging er darum schon ein wenig watschelig. Ich versuchte trotzdem, ihn immer weiter zurückzuführen, seinen Vorwärtsdrang aufzuhalten

und ihm die Kunst der maximalen Bewegung bei maximalem Stillstand beizubringen. Er hatte doch bisher alle Anforderungen glänzend erfüllt. Hatte 2010, kurz nach Dieters Tod, noch den Burgpokal für Nachwuchspferde in Frankfurt gewonnen. Alle Lektionen schnell und sicher gelernt. Dazu sein Charakter: Ein weniger kompliziertes, ein mehr um Lob bemühtes Pferd war kaum vorstellbar. Brav im Stall, eifrig im Training, leistungswillig in der Prüfung. Doch die Piaffen-Frage entwickelte sich in Windeseile zu einem Problem. Sein Körperbau war prädestiniert dazu, dass er sich zu tief auf die Hinterhand setzte, und das lockere Abschwingen auf der Stelle ihm dadurch zu schwerfiel.«

Im Burgpokal, einer Prüfungsserie für junge Nachwuchsdressurpferde, war dieses Kunststück noch nicht gefordert. Aber schon im folgenden Jahr erlebte Ernie im Stall einen gewaltigen Aufstieg. Er avancierte schon mit zehn Jahren zum Pferd Nummer eins für die ganz großen Aufgaben. Der Stern, das potenzielle Championatspferd nach Satchmo, hatte sich als junges Pferd verletzt und nicht mehr die nötige Belastbarkeit erreicht. Ernie musste ran, und er war bereit, sein letztes Hemd zu geben. Aber was nicht ging, das ging einfach nicht.

Isabell konnte froh sein, dass bei den Europameisterschaften 2011 in Rotterdam alle Blicke auf Totilas gerichtet waren, mit dem Matthias Rath erstmals bei einem großen Titelkampf für Deutschland ritt. So schrumpfte ihr Problem mit Ernie zu einer Randerscheinung. Dabei spielte sich zwischen Reiterin und Pferd ein Psychodrama ab.

»Ernie machte nicht nur keine Fortschritte mehr in der Piaffe. Er machte Rückschritte. Schließlich war er so frustriert, dass

er kaum mehr zu dem Versuch zu bewegen war, eine vernünftige Piaffe zu entwickeln. Er trat gar nicht mehr richtig an. Er hob die Beine nur noch wenig, die ganze Aktion hatte kaum mehr Dynamik. Und schließlich erstarb die Bewegung ganz, wie bei einem Vierzylindermotor, der aussetzt und dann stehen bleibt. Ich hörte, wie die Leute im Publikum mit der Zunge schnalzten, um ihm wenigstens ein paar weitere Tritte zu entlocken.

In keiner Lektion fällt eine Schwäche so sehr ins Auge wie in der Piaffe. Eine Pirouette zu groß – da bleibt immer noch die wunderbare Bewegung an sich. Beim fliegenden Galoppwechsel mit dem hinteren Beinpaar nicht mitgesprungen – das sind Nuancen, es geht sofort weiter zum nächsten, und ein Außenstehender merkt das nicht mal. Aber Tanzverweigerung? Ein Pferd, das sich peinlich in der Mitte des Platzes herumdrückt? Große Blamage.

Ich saß verzweifelt im Sattel und wusste nicht weiter. All meine Erfahrung half mir nicht. Wir beide, Ernie und ich, entwickelten einen regelrechten Komplex.

Ernies ganze Persönlichkeit erstarrte, er wurde vom Sonnenschein des ganzen Stalls zum frustrierten Grübler, der aus der Psychofalle nicht mehr herauskam. Er litt unter seiner eigenen Unzulänglichkeit. Es war, als wollte er mir sagen, dass er Angst hatte, dass er stocksteif wurde in der Erwartung dessen, was auf ihn zukam, weil er schon wusste, er würde es wieder nicht können, weil er unfähig war, sein eigenes Gewicht so zu tragen, wie ich es verlangte, und dass er schlicht nicht so auf der Stelle piaffieren konnte, wie ich es wollte. Aber ich war nicht in der Lage, ihn zu hören.«

Isabell erkannte zunächst nicht, dass sie damit einen ihrer wichtigsten Grundsätze außer Acht gelassen hatte. Dass die Kunst der Ausbildung darin bestand, sich auf das Pferd einzustellen und die individuelle Lösung zu entwickeln, die für das Tier die Aufgabe am leichtesten macht. Ausgerechnet in der Piaffe passierte ihr das. In der Lektion, in der sich bei einem modernen Dressurpferd alles entscheidet. Wer nicht mit der Piaffe punkten kann, hat auf internationaler Ebene keine Medaillenchance. Ende des 20. Jahrhunderts war das noch anders, aber sowohl die Pferde als auch die Ausbildung haben sich seither verbessert. Piaffe, Passage, also der erhabene Trab, und die Übergänge aus der Passage in die Piaffe hinein und wieder hinaus, machen darum inzwischen bei einem Grand Prix, also einer der schwersten Aufgaben, ein Viertel der Gesamtnote aus. Die Piaffen, von denen in der Aufgabe drei vorgeschrieben sind, zählen jeweils doppelt. Ernies Ende als Grand-Prix-Pferd schien also bevorzustehen.

»Mit doppeltem Herzklopfen bewegten wir uns auf die Kurve zu, nach der die Piaffe folgen sollte. Keiner von uns beiden atmete mehr – und als es so weit war, ging gar nichts mehr. Es fühlte sich an wie bei einem Ballon. Die Luft entwich, und ich hatte in der Prüfung keine Zeit mehr, ihn wieder aufzupumpen. Weder ich noch Ernie hatten eine Ahnung, wie wir weitermachen sollten. Die Verzweiflung verband uns zu einer ohnmächtigen Schicksalsgemeinschaft.«

Mehr als Platz sieben sprang nicht heraus in Rotterdam, immerhin der zweite Platz in der Mannschaftswertung, aber keine Einzelmedaille. Und es war absolut kein Trost, dass Rath und Totilas ebenfalls leer ausgingen. Isabell wusste, sie steckte in einer Sackgasse.

»Was auch immer ich versucht habe, egal, mit weniger reiten, mit mehr Druck, egal. Ich musste ihn immer mehr auffordern, mehr zu machen. Und er machte immer weniger. Es war eine Zäsur in meinem Leben. Es hat dazu geführt, dass ich den Schritt gewagt und mir das Thema Piaffe noch einmal völlig neu erarbeitet habe.«

Die Piaffe ist kein vom Menschen für den Pferdekörper entwickeltes Kunststück wie für ihn selbst etwa das Stelzenlaufen oder ein Schraubensalto. Sie ist vielmehr der Natur abgeschaut, wo Pferde in der Piaffe eine Emotion ausdrücken. Als geborene Fluchttiere wandeln sie ihre Gefühle in Aktion um. Das mag einer der Gründe sein, warum ihre Körpersprache derart ausdrucksvoll auf uns wirkt und Emotionen in uns auslöst. Der Grund, warum ein Pferd anfängt, mit den Hufen zu trippeln, kann Aufregung sein. Ungeduldiges Stampfen, von einem Bein auf das andere treten. Manche Pferde beginnen zu piaffieren, wenn ihre Stallkollegen zur Weide geführt werden und sie selbst zurückbleiben müssen. Ein Hengst piaffiert, wenn er gleich zur Stute geführt, aber noch festgehalten wird. Auf diese Weise kompensieren die Tiere ihren Bewegungsdrang. Man könnte auch sagen, sie führen sich auf wie zappelige Kinder. Manche Pferde piaffieren in ihren Boxen, wenn sie den Futterwagen hören. Und von Otto Lörke, dem Sattelmeister von Kaiser Wilhelm II. und stilprägenden Dressurausbilder der deutschen Reiterei, erzählt man sich Folgendes: Immer wenn er in seinem Betrieb in Berlin die Stallungen betrat, fingen seine Pferde in den Boxen an zu piaffieren. Vor lauter Respekt vielleicht. Oder weil sie wussten: Jetzt geht es ans Arbeiten. Gigolo, der ewige Athlet, piaffierte wie früher erwähnt noch mit mehr als zwanzig Jahren in der Stallgasse, wenn der Schmied kam und er erwartete, dass es jetzt gleich Action gab.

Am eindrucksvollsten aber piaffieren Hengste, wenn sie einer Stute gefallen wollen. Dann handelt es sich um das reinste, vom Testosteron gesteuerte Imponiergehabe. Sie glänzen, machen sich vorne groß, runden ihre Hälse und lassen die Muskeln spielen. Aber auch Stuten geben gerne ab und zu ein bisschen an. Manchmal, wenn Isabell zu Hause auf dem Pferd sitzt und die Zuchtstuten werden gerade auf die Weide herausgelassen, erfreut sie sich an dem Anblick: Wie sie sich produzieren und mit erhobenem Schweif im Schwebetrab die Weide hoch- und runterparadieren. Dann denkt sie: Ja. Das ist das Gefühl, was sie ihrem Pferd ermöglichen will, wenn es in der Prüfung durch die Mittellinie schwebt. In der Passage, der erhabenen, feierlichen Form des Trabs. Und dann aus diesem Rhythmus heraus in die Piaffe übergeht. Seht her, ich bin ein Star!

Herrlich, diesen naiven Stolz mit anzusehen. Die ursprüngliche Gefühlswelt dieser eleganten Tiere. Und das sollte Ernie nicht vergönnt sein?

»Ich hatte zufällig einen Film gesehen über die natürlichen Bewegungen, die Pferde machen, wenn sie auf der Wiese unter sich sind. Die fliegenden Galoppwechsel als ganz normale natürliche Sprünge, wenn sie eine neue Richtung einschlagen. Sogar die Pirouetten, bei denen sich ein Pferd auf den Hinterbeinen um eine imaginäre Mitte dreht – wenn sie spielen, steuern sie einander im Laufen an und drehen sich dann im letzten Moment um die eigene Achse. Und natürlich Passage und Piaffe, das Imponiergehabe.

Erst als ich am Ende meiner bisher erlernten Möglichkeiten war, wurde mir klar, welches Potenzial für die Ausbildung im angeborenen Bewegungsspektrum der Pferde liegt. Natürlich gilt: Je besser die natürliche Veranlagung, desto leichter hat es der Ausbilder, seinem Pferd die Lektionen beizubringen und sie später mit ihm auf großer Bühne zu feiern. Ernie lehrte mich, den Zeigestock der Lehrerin wegzulegen und stattdessen den Pferden noch besser zuzusehen. Warum sollte es nicht möglich sein, auch beim Thema Piaffe Ernies Natur zum Sprechen zu bringen?

Mithilfe des dänischen Trainers Morten Thomsen lockerten wir den innerlich festgefahrenen Ernie durch zirzensische Spielchen wieder auf. Er ermunterte ihn zunächst vom Boden aus zum Antreten. Aber nur zwei- oder dreimal, und schon wurde er zurück in die Box gebracht. Und das bis zu fünf oder sechs Mal am Tag. Und jedes Mal mit einem erfolgreichen Schlussakkord, sodass Ernie das Gefühl zurückgewann, das Verlangte richtig zu machen. Etwas gut machen – absteigen – wegbringen. Manchmal wurde er sogar in der Box aufgefordert, ein paar erhabene Tritte zu tun, und er versuchte es ohne Krampf. Oder er wurde in die Halle gebracht, nur kurz nach hinten in die Ecke reiten, absteigen, klopfen und wieder zurückbringen in die Box. So lockerte sich langsam der Krampf, und Ernies Selbstwertgefühl kehrte zurück.

Obwohl er nicht zu den Pferden gehörte, die allzu empfindlich auf die Ablenkungen der Umwelt reagieren, wurden für ihn interessante Kulissen aufgebaut. Transparente, Fahnen, Schirme, alles, was ein Pferd normalerweise dazu bringt, den Atem anzuhalten. Angstlösungsmaßnahmen. Obwohl Morten nur einmal da war, habe ich gelernt, dass auch das zirzensische Moment eine wichtige Rolle spielen kann. Es war für mich eine ganz neue Art, mich mit meinen Pferden zu befassen. Ich fühlte, wie gut es Ernie tat, wenn ich still im

Sattel saß und nicht ständig Druck auf ihn ausübte, sondern ihn machen ließ und versuchte, ihn zu entlasten. In Ernie begann der Knoten sich langsam zu lösen.«

Endgültig die Augen öffnete Isabell dann ein Spanier: José Antonio Garcia Mena, selbst Dressurreiter auf internationalem Niveau, mit einem 21. Platz bei der Weltmeisterschaft 2014 als bestes Resultat – und dazu jede Menge Sympathiepunkte von den Zuschauern. Dieser Reiter, geboren in Cádiz, stammt aus einem Landstrich, in dem eine eigene, an den Erfordernissen des Rejoneo, des berittenen Stierkampfs, orientierte Reitkunst gepflegt wird. Die Pferde, die dort eingesetzt werden, unterscheiden sich im Körperbau deutlich von den für die Dressur gezüchteten Hannoveranern. Sie sind klein und gedrungen und entwickeln nicht das machtvolle Gangwerk, nicht den motormäßigen Antrieb eines mitteleuropäischen Warmblutpferds. Aber sie sind von exotischer Anmut und aufgrund ihrer üppigen Muskeln und ihrer kurzen Körper bestens geeignet für die Lektionen, die einem Pferd hohe Versammlung abfordern. Sie können sich kurz machen wie Ziehharmonikas, sich fast auf die Hinterhand setzen und sich vorne leicht machen, wie das bei Piaffe und Pirouette im Extrem gefordert ist. Und ganz besonders beim Stierkampf, wo ein Pferd nicht nur Mut beweisen muss, sondern Beweglichkeit auf kleinstem Raum.

Auch José stammt aus dieser Tradition. Er absolvierte seine Ausbildung auf dem Gestüt von Alvaro Domecq in Jerez de la Frontera, wo Kampfstiere und die passenden Pferde gezüchtet werden. Anschließend machte er sich zusammen mit seinem Vater in der Nähe selbstständig. Weil die Stierkampfbranche zunehmend an Bedeutung verliert, weil sie nicht mehr in die Auffassungen unserer Zeit passt, wurde der Sport zu seinem zweiten wichtigsten Geschäftszweig.

Andalusische Pferde traten einst einen Siegeszug über den ganzen europäischen Kontinent an, unter anderem dienten sie gekrönten Häuptern als Pracht- und Prestigepferde. Bis heute sind die Meister der andalusischen Reitkunst gefragte Ausbilder. Und immer wieder mischt sich ein Pferd der Pura Raza Espanola in die Starterfelder des internationalen Dressurreitens, kraftstrotzende weiße Schönheiten mit Piaffen wie aus dem Bilderbuch und feurigen Küren zu Gitarren- und Kastagnetten-Klängen, die das Publikum zu Begeisterungsstürmen hinreißen. Nur die Punktrichter halten sich zurück, weil das Bewegungsschema dieser Pferde nicht ganz in die Vorschriften passt.

Josés Name fiel Isabell erstmals bei den Weltreiterspielen 2010 in Kentucky auf, allerdings verwechselte sie ihn. Sie glaubte, er wäre der leidenschaftliche Spanier gewesen, der die Leute auch damit begeisterte, dass er seinen Hut in die Menge warf. Hannes, mit dem Isabell als Nächste an der Reihe war, leistete sich damals ein paar Aussetzer – und so fragte die Chefrichterin Linda Zang, ob Isabell Protest einlegen wolle, weil die Hut-Nummer eventuell der Grund für die Unruhe gewesen sein könnte. Isabell winkte damals ab mit der Begründung, das könne sie nun wirklich nicht als Erklärung für die Guckigkeit von Hannes heranziehen. Heute weiß sie: Das war gar nicht José, sondern sein Landsmann Juan Manuel Munoz Diaz mit dem prächtigen Schimmelhengst Fuego. José war trotzdem in ihr Leben getreten. Einige Zeit später, in der Phase von Ernies schlimmsten Piaffen-Problemen, stellte Isabells Mitarbeiter Guillem, ein Freund Josés, den Kontakt zu ihm her.

»Es war wie eine Neuorientierung. Eine Inspiration. Ich erkannte, dass unsere frühere Praxis, einem Pferd die Piaffe beizubringen, zwar teils erfolgreich gewesen war. Dass es aber andere Herangehensweisen gab. Üblicherweise hatte für mich der Weg zur Piaffe mit dem Aufbau von Spannung begonnen. Aus diesem Spannungszustand heraus machte ich das Pferd im Trab eiliger, also nicht einfach schneller, sondern versetzte es gewissermaßen in einen Zeitraffer mit dem Ziel, irgendwann nur noch die Bewegung zurückzubehalten, ohne das Vorwärtsstreben, und auf diese Weise die Piaffe herauszuarbeiten. Der Doktor hatte mir immer empfohlen, jede Aufregung des Pferdes zum Üben der Piaffe zu nutzen. Wenn es etwa im Trubel einer Siegerehrung heiß wurde. Nutze die Situation, sagte er, und lass ihn einfach mal piaffieren, solange er aufgeregt ist. Auch dies war eine Art, die natürlichen, stimmungsgeleiteten Bewegungen des Pferdes zu nutzen und zu zivilisieren. Die Pferde sollten nach Auffassung des Doktors natürlich trotzdem Freude an der Bewegung entwickeln. Aber ihr Ursprung blieb die Spannung.

Bei José: das Gegenteil. Keinen einzigen Tritt aus der Spannung heraus. Er riet mir, sobald das Pferd sich in einen Übereifer hineinzusteigern drohte, eine Schrittpause einzulegen. Schritt reiten ohne Spannung – und dann zur Piaffe ansetzen.

Das hat mir einen völlig neuen Einblick gegeben. Das war etwas ganz Entscheidendes. Egal mit welchem Pferd. Auch Emilio, der extrem talentiert ist für die Piaffe und in den Körper hineinpiaffiert, hat von diesem Ansatz profitiert. Ich werde nie mehr den Fehler machen, die Piaffe aus der Spannung heraus zu entwickeln, sondern immer aus der Ruhe heraus. Und deshalb setzen meine Pferde heute mit einer solchen Selbstverständlichkeit zur Piaffe an. Du musst im Grunde den Rhythmus nur zurückgeben.«

Es war der entscheidende Impuls. Seit Jahren kommt José nun regelmäßig zu Isabell in den Stall, fast jeden Monat ist er für zwei Tage da. Wie extrem wichtig ihr diese Entwicklung ist, erkennt man auch daran, wie oft sie in Gesprächen auf ihren Paradigmenwechsel zu sprechen kommt. Und darauf, dass er und natürlich Ernie ihn ihr ermöglicht haben. Es war wie eine Tür, die sie erst mit zweiundvierzig Jahren hatte öffnen können, und die alles veränderte. Zehn Jahre, nachdem sie die Zusammenarbeit mit dem Doktor beendet hatte, vollzog sie einen weiteren großen Schritt in die Freiheit. Seine Grundsätze waren immer ihre Leitlinie gewesen. Nun hatte sie diese selbstständig fortentwickelt in Richtung zu mehr Natürlichkeit und empfand diese Entwicklung wie die Entdeckung eines neuen Kontinents.

»Der Doktor hat aus der Distanz meine Entwicklung mit Freude verfolgt, und ich glaube schon, dass er stolz auf mich war.«

Zu diesem Zeitpunkt dürfte ihm längst klar geworden sein, dass er die wichtigste Inspiration seines Lebens verloren hatte. Und sicherlich hätte er als leidenschaftlicher Autodidakt Isabells Fortschritte gerne selbst mitvollzogen. Mit ihr gemeinsam darüber nachgedacht, welches zusätzliche Potenzial sie wohl mit dem Wissen von heute bei ihrem erfolgreichsten Pferd zur Entfaltung hätten bringen können.

»Mensch, sage ich mir manchmal, wenn ich an Gigolo denke. Hätte ich das damals doch schon gewusst. Gigolos Piaffen waren auch so schon nicht schlecht, er hatte das Talent, seinen Körper locker schwingen zu lassen. Später störte manchmal

ein Zucken mit dem Fuß – aber ich war damals davon überzeugt, das Optimum erreicht zu haben. Heute denke ich, er ist unter seinen Möglichkeiten geblieben mangels Wissen. Es gab noch ein Schloss, das ich hätte öffnen können. Er hätte statt einer guten eine super Piaffe haben können. Er wäre im Grunde auch auf heutigem Niveau konkurrenzfähig, obwohl die Dressurpferde sich fortentwickelt haben. Aber die Zeit kann man nicht zurückdrehen.«

Das Duell mit den niederländischen Hochleistungs-Piaffierern allerdings hätte sie angesichts eines Gigolo, der die Übung so locker getanzt hätte wie einen Mambo, noch eindeutiger gestalten können. Anky van Grunsven punktete mit den ausdrucksvollen, aus der Spannung entwickelten Piaffen und Passagen – den extremen Resultaten der Idee, von der sich Isabell mithilfe von Ernie und José inzwischen vollkommen verabschiedet hat.

Mit diesem Wissen im Hinterkopf stellt sich die Lage in der Gigolo-Ära noch einmal eine Nuance anders dar: Bonfire und Salinero waren damals aufgrund ihres enormen Talents für die entscheidenden Lektionen dauerfavorisiert, sodass die Richter dazu neigten, bei ihrer Benotung Defizite in den Grundgangarten zugunsten der imposanten Piaffe und Passage unter den Tisch fallen zu lassen. Bonfires Schwächen beim Schritt, Salineros hohe Kruppe im Galopp, die immer wieder zu Fehlern führte, wurden nicht weiter diskutiert angesichts der zirzensischen Höhepunkte, die nicht nur eine starke Wirkung auf die Punktrichter hatten, sondern auch auf ein Publikum, das die Dressur bisher noch nicht erreicht hatte: die breite Masse.

Eigentlich, so hätte man damals argumentieren müssen, gehören zu einem Pferd drei Grundgangarten. Wenn eine nicht funktioniert, kann das nicht durch extrem starke Piaffen ausgeglichen werden. Wohingegen an Gigolo hauptsächlich seine mangelnde Schönheit kritisiert wurde. Er konnte alles, war aber nun mal kein Beau. Aber mit einem Punkt mehr bei der Piaffe? Als lebender Beweis, dass Perfektion auch ohne Spannung möglich ist? Die Dressurgeschichte wäre anders verlaufen.

Und womöglich auch die niederländische Zuchtgeschichte. Isabell ist davon überzeugt, dass die Pferdezucht sich dort zu weit von der Basis entfernt hat und inzwischen die Quittung bekommt für die Überbetonung der spektakulären Bewegung.

»Die holländische Zucht hat sehr viele exaltierte, hochbeinige und spektakuläre Pferde hervorgebracht. Aber das Spektakel hat Substanz gekostet. Teilweise kamen mir die Pferde schon überzüchtet vor. Aber sie haben das inzwischen erkannt und versuchen, dem entgegenzuwirken.«

Umgekehrt hatte die Betonung der Piaffe auch auf die deutsche Zucht eine lehrreiche Wirkung. Das Ziel heute ist ein Pferd mit ausgeglichen starken Gangarten, dazu dem Talent für die schweren Lektionen. Die Zahl der international eingesetzten Dressurpferde, die souverän passagieren und piaffieren können, hat sich spürbar vermehrt. Ein weiterer Schritt in der Emanzipation vom schon lange überkommenen Pferdebegriff, hin zum modernen Partner mit Chic und Klasse, der den Menschen Freude, Inspiration und Erfolgserlebnisse bringt.

Mit großem Interesse verfolgt Isabell die unterschiedlichsten Entwicklungen rund ums Pferd. Zum Beispiel schaut sie sich auch die Freiheitsdressuren von Lorenzo an, einem französischen Pferdemagier aus der Camargue, der immer wieder im Rahmenprogramm von Turnieren auftritt. Seine Pferde tragen meistens weder Zaumzeug noch Sattel und gehorchen allein seiner Stimme, seinen Gesten und einer instinktgeleiteten Verbindung, die sich auf einer Ebene jenseits aller normalen Kommunikation abspielt. Seine Shows verzaubern die Zuschauer, weil sie spüren, dass hier ein Mensch die Fähigkeit entwickelt hat, sich in die natürlichen Sozialstrukturen einzuklinken und das unbedingte Vertrauen der Tiere zu gewinnen. Es ist eine spannende Art und Weise, mit Pferden umzugehen.

»Man hat mir erzählt, Lorenzo geht auf die Wiese, hebt nur die Arme, und alle Pferde kommen angaloppiert. Die Pferde schauen sich auch vieles ab. Don Johnson zum Beispiel wäre ein Pferd, das darauf reagieren würde. Weil er so verspielt ist.

Mir gefällt der Gedanke, dass Lorenzo und seine Familie mit ihren Pferden zusammenleben sollen. Nicht nur Tür an Tür, wie ich es schon für mich als großes Privileg empfinde, sondern richtig eng. Wie früher vielleicht Nomaden, die in einer Symbiose mit ihren Tieren lebten und bei denen durch den Alltag die verschiedenen Lebewesen zusammenwuchsen. Auch heute noch staune ich darüber, wie gerne sich manche Tiere den Menschen anschließen. Vermenschlichen, nenne ich das, in einem positiven Sinn.

Solche Gedanken haben mich noch aus einem anderen Grund nachdenklich gemacht. Viele der Probleme, die ein Reiter mit seinem Pferd bekommt, haben damit zu tun, dass er zu wenig Zeit aufwendet, um sie zu erfassen. Ich habe festgestellt, dass die größten Fehler, die ich heute mache, dem Zeitmangel geschuldet sind.

Ich muss mich ausreichend mit dem Tier, der Sache,

beschäftigen. Ich habe durch die vielen Jahre und die Erfahrung alles, was auf dem Pferd passiert, ganz gut verstanden. Ich mache weiterhin Fehler, aber deutlich weniger als früher. Es ist der Alltag, der mich auffrisst. Man muss vielen Herren dienen und sein Programm abarbeiten, und da fällt einiges diesem Alltag zum Opfer. Wenn man es aber richtig macht, ist bei so vielen Pferden so viel mehr drin.«

Ernie hat sie durch seine Verzweiflung zum Nachdenken gezwungen, und sie hat maximal davon profitiert. Isabells Mitarbeiter haben den neuen Ausbildungsansatz Richtung Piaffe von ihr übernommen. Und zwar mit einer Selbstverständlichkeit, die Isabell verblüfft. Vermutlich, weil er derart einleuchtend ist. Isabell wundert sich, dass ihnen gar nicht auffällt, welches Privileg ihnen damit zuteilwird, so etwas zu erlernen und in ihr weiteres Leben mit Pferden mitzunehmen. Diesem Leben eine überwältigende Ernie-Dimension hinzufügen zu können.

»Um bei der Wahrheit zu bleiben: Ernie wurde nie ein Piaffierwunder. Wie hätte er das bei seinem unabänderlichen Körperbau auch werden sollen? Es dauerte zwei Jahre, bis es mir gelang, wieder auf null zurückzugehen, Ernies Möglichkeiten zurückzugewinnen und sie von diesem Punkt aus zu optimieren. Ich kehrte mit ihm zurück zur Piaffe mit Vorwärtsbewegung – mehr vorwärts, als in den Vorschriften erlaubt. Aber wiederum nicht so viel vorwärts, dass sie als total misslungen hätte gewertet werden müssen. Das Wichtigste war: Ernie wurde in dieser Zeit wieder er selbst. Ich spürte, wie er aus tiefster Seele aufatmete.

Ich bin ihm unglaublich dankbar. Es verwundert mich bis heute, wie viel Geduld so ein Pferd aufbringt – wenn man bedenkt, wie viel Kraft sie haben. Und doch wollen sie sich so sehr dem Menschen unterwerfen. Obwohl: Dieses Wort will ich eigentlich gar nicht gebrauchen, weil es so demütigend klingt. Anpassen ist vielleicht das bessere Wort. Zusammenarbeiten. Sie wollen uns gefallen. Und alles richtig machen.«

Isabell erreichte mit Ernie nicht mehr das alte Niveau – er war einfach nicht als Championatspferd geboren, und inzwischen gab es Bella Rose und Weihegold. Aber sie gönnte sich mit ihm die besonders pittoresken Momente. 2016 machte sie mit ihm zusammen einen nacholympischen Urlaub auf Mallorca und gewann bei einem Turnier die Kür. Im September 2014 und 2015 flog sie mit Ernie nach New York, zu einem Einladungsturnier im Central Park. Das brave Pferd gab dort wie immer alles. Weder die Wolkenkratzer im Hintergrund noch die typischen Polizeisirenen in den Straßenschluchten konnten Ernie davon abhalten, seine Aufgabe in voller Konzentration zu erledigen. Zugegeben: Er ging in den Piaffen ein bisschen viel vorwärts, aber wen interessierte das noch? Sie gewannen zweimal nacheinander unter rauschendem Applaus.

Beim zweiten Turnier waren riesige Menschenmassen in den Central Park geströmt, allerdings nicht nur, um die Kür eines Pferdes mit dem Namen El Santo, zu Deutsch der Heilige, zu sehen. Ein noch Heiligerer sollte ganz in der Nähe vorbeikommen, nämlich der Heilige Vater Franziskus. Ganz kurz nach Ernies Kür war es so weit – wenn auch weiträumig abgeschirmt durch Sicherheitskräfte. Isabell und Madeleine eroberten sich einen günstigen Aussichtsplatz auf einem Stallcontainer, Ernies Interesse am Papst aus Rom war nicht ganz so groß.

Die Musik, zu der Ernie seine Küren aufführte, war übrigens besonders poppig: Ein Potpourri aus Hits von David Bowie. Kürmusik ist überhaupt ein wichtiges Thema, gerade wenn es um die Untermalung der tänzerischen Piaffen geht. Ernie durfte sich produzieren zum Sound von heulenden Gitarren. Und natürlich konnte Isabell es sich nicht verkneifen, seine Piaffen mit einem von Bowies Superhits zu unterlegen: »Let's dance«. Ein Scherz für Insider. Als Bowie im Januar 2016 starb, ließen es sich die Redakteure eines amerikanischen Videoportals für Pferdebegeisterte nicht nehmen, El Santos Auftritt in ihre Trauerarbeit zu integrieren. Sie stellten die Aufnahmen von seiner New Yorker Kür ins Netz als ganz besondere Interpretation eines grandiosen Werks.

Dass Isabell diese Musik überhaupt hatte nutzen dürfen, war ein Glücksfall. Michael Erdmann, einer der wenigen Profis für reiterliche Kürmusiken, hat besonders gute Beziehungen zu einem ehemaligen Manager von Bowies Plattenfirma, der wiederum gut bekannt ist mit den Verlagen und Rechteinhabern. Die genehmigten es Isabell, Ernie zu den Bowie-Hits tanzen zu lassen. Andernfalls hätte sie eine Menge Geld dafür bezahlen müssen.

Die Rechtefrage ist ein heikles Thema geworden im Dressurreiten, seit die Küren so populär geworden sind. Das ist einer der Gründe, warum Isabell mehr und mehr Motive aus der klassischen Musik bevorzugt: Man kann sie frei einsetzen. Aber natürlich waren die festlichen und rauschhaften Klänge von Beethovens Neunter Sinfonie auch ein Ausdruck ihres überwältigenden Glücks, ein Pferd wie Bella Rose gefunden zu haben.

Antonys Kür zu »Im Wagen vor mir sitzt ein schönes Mädchen« war eher der Durchtriebenheit dieses hochintelligenten Pferdes geschuldet. Und eine besondere Ironie verbarg sich hinter der späten Kür, zu der sie 2010 in Aachen noch einmal mit Satchmo antrat. Sie hatte Roberto Blanco kennengelernt und mit ihm zusammen eine Musik für das Pferd gestaltet, das sie in die tiefsten Täler ihrer Laufbahn geschickt, ihr Glücksgefühle bei seiner Wiedergeburt in Aachen beschert und sie später noch einmal im Stich gelassen hatte. Das Motto der neuen Musik für Satchmo: »Ein bisschen Spaß muss sein.«

»Das war eine Hommage an Satchmo in Erinnerung an die ganze Situation. Es hatte sich so viel angestaut – eigentlich war es ein Ventil. Solch eine Musik ist natürlich nicht für Olympische Spiele geeignet.«

Eine Kult-Kür, vielleicht sogar die eindrucksvollste, die es hinsichtlich Musikauswahl und darauf abgestimmter Choreografie bisher im Sport gegeben hat, stammt von Anky van Grunsven mit Salinero. Bei den Olympischen Spielen 2004 in Athen – Isabell war aufgrund von Satchmos Widersetzlichkeit nicht am Start – brillierte sie zu den Klängen französischer Chansons. Salinero sauste im starken Trab durch die Diagonale, und es erklang das Bar-Klavier von »Milord«. Und die Piaffen, die Salinero scheinbar mühelos beherrschte, wurden begleitet von »Je ne regrette rien«, na klar, auch dieses Chanson, diesmal passend zur Übung, von Edith Piaf.

Wer sich davontragen lässt von den Showeffekten der Kür, denkt in diesem Moment gewiss nicht an den Aufwand, den ihre Entwicklung erfordert hat. Es gibt keine Musik, die sich perfekt in Pferdebewegungen umsetzen lässt, ohne dass sie dafür modifiziert wurde. In der Anfangszeit halfen sich die Reiter einfach damit, dass sie die Bänder langsamer oder schneller abspielten, je nach Gangart und Mechanik des Pferdes. Es entstand eine pragmatische Katzenmusik, die allerdings kaum jemandem Freude machte.

Isabell erinnert sich, wie sie mit Stefan Krawczyk, einem Zahnarzt, der nebenbei Kürmusiken herstellte, im Studio saß und sie beide mechanisch Tonbandschnipsel aneinanderklebten. Heute wird eine Kürmusik erst zusammengestellt, dann wird eine exakte Partitur geschrieben, und schließlich das ganze Stück, maßgeschneidert auf die Pferdemechanik, komplett neu eingespielt. Allein am Computer ist so etwas nicht möglich. Auf elektronischem Wege kann eine Musik nur langsamer und schneller oder lauter und leiser gemacht, aber nicht einem Bewegungsablauf angepasst werden.

Eine der Küren für Satchmo wurde zum Beispiel von einem Sinfonieorchester in einer Berliner Kirche eingespielt. Die Musiker gaben dort ohnehin ein Konzert, und Isabell konnte sie davon überzeugen, für sie eine Privataufführung anzuhängen. Aber natürlich nicht kostenlos. So sind die Gebühren, die sich aus den Rechten an der Musik ergeben, nicht einmal der wichtigste Posten auf der Rechnung. Für eine präsentable Kür muss ein Dressurreiter mit mindestens zwanzigtausend Euro rechnen. Es kann aber auch sehr viel teurer werden. Womöglich singt zusätzlich noch ein Chor oder eine Arie wird passend zum Pferde-Soundtrack aufgeführt. Zahlungskräftige Dressurreiter haben sich ihre Musik auch schon eigens komponieren lassen und sie dann im Wettkampf uraufgeführt.

Bei solchen Preisen heißt es haushalten. Schließlich hat Isabell den Stall voller Pferde, die irgendwann ihr eigenes Programm brauchen. Die Kürmusik, mit der Don Johnson normalerweise auftritt, hat er darum von seinen älteren Stallkollegen geerbt, so wie Kinder oft die Kleider ihrer älteren Geschwister übernehmen müssen. Einst war sie für Amaretto eingespielt worden, der aufgrund seiner Krankheit nie zu den erhofften Championatsauftritten gekommen war. In dieser Form ging sie schließlich auf Johnny über. Nun galoppiert er zum Aufschrei: Mama! Aus der »Bohemian Rhapsody« von Queen. Und er piaffiert zu Motiven aus dem ersten Marsch von Edward Elgars »Pomp and Circumstance«, dass es eine wahre Pracht ist. Zwei echte Evergreens eben. Gerade in der traditionsbewussten Dressurszene wird dieser Festmusik niemand jemals überdrüssig. Andere, die zu theatralisch sind, zu pompös oder populistisch, kommen irgendwann aus der Mode. Aber »Freude, schöner Götterfunken«? Das ist klassisch, wie die edlen Pferde es auch sind. Kein Wunder also, dass zum Beispiel bei der Flutlicht-Kür in Wiesbaden die Leute schon mal in Fünferreihen stehen, bei strömendem Regen, und sich trotz der widrigen Umstände an einer Kür berauschen.

Eine Kür reiten, das ist eben doch mehr als Können, sondern auch Kunst. Und beinahe hätte es El Santo damit am Ende doch noch zu Olympischen Spielen gebracht.

Im Januar 2016 wurde bekannt, dass José versuchte, sich mit dem Pferd, dem er selbst zur inneren Befreiung verholfen hatte, für das Turnier in Rio zu qualifizieren. Weil er seine beiden Pferde verloren hatte – eines war verkauft worden, das andere hatte sich verletzt –, stellte Madeleine ihm Ernie zur Verfügung. Es wäre ein magischer Schritt gewesen, vom hoffnungslosen Fall bei den Europameisterschaften in Rotterdam 2011 bis zum Olympiapferd fünf Jahre später. Allerdings kam es dazu nicht. Vor der entscheidenden Qualifikation war Ernie mit einem dicken Bein vorübergehend außer Gefecht.

Und so ging Ernies internationale Karriere als Dressurpferd zu Ende. Frohgemut startete er eine neue Karriere als Lehrpferd für die junge Bereiterin in Isabells Stall, während seine Kollegin Weihegold in Rio auftrumpfte und auf die Spitze trieb, was er angestoßen hatte. Sie zelebrierte Piaffen und Passagen, als gäbe es nichts Lustvolleres in einem Pferdeleben.

»Weihegold ist von Natur aus mit einem so starken Hinterbein gesegnet, dass Passage und Piaffe ihr ganz besonders leichtfallen. Das Gegenteil von Ernie. Die extreme Versammlung ist für sie kein Problem. Mühelos tritt sie auch fünfzehn Mal auf der Stelle, wenn es sein muss, schafft den Übergang, ohne dass ihr Rhythmus unterbrochen wird, und passagiert weiter, als wären das, was sie da aufführt, keine Kraftproben, sondern ein Spaziergang. Ein großer Teil ihrer Fähigkeit beruht auf dem natürlichen Talent. Aber das Genussvolle daran, das, was jeder fühlen kann, der sie beobachtet, rührt aus meinem Umdenken in der Ausbildung. Weihegold wirkt stolz dabei und selbstbewusst, so als wüsste sie genau um ihre eigene Schönheit.«

Und manchmal, wenn Isabell nicht bis aufs Messer kämpfen muss, wenn kein Konkurrent sie zwingt, wehrhaft die Stirn zu runzeln, wenn sie die Herzen der Zuschauer schon gewonnen hat, dann strahlt sie all das auch selbst aus: Als ginge es ihr bei der Piaffe genauso wie Weihegold. In Omaha hatten sie und ihre Stute solch eine unwiderstehliche Ausstrahlung, im Frühjahr 2017, als das olympische Jahr vorbei war und es zumindest für den Moment einmal nichts mehr zu beweisen galt. Weit weg von zu Hause, in dieser voll besetzten Halle in Nebraska, kam der Moment, in dem sie ihr ausgereiftes Spätwerk zelebrieren konnte. Sie hielt mit Weihegold im starken Trab auf eine Ecke des Vierecks zu, und dabei fing sie, noch während Weihegold hurtig weiterstrebte, über das ganze Gesicht zu strahlen an. Wieso? Das war jedem klar, der das Programm kennt: Sie freute sich auf das, was noch kommen sollte. Genuss pur.

Nach rechts abwenden und sich vom Pferd auf der Mittellinie zum Abschluss federnd tragen und beschwingen lassen in Passage und Piaffe. Alle achttausend Zuschauer in der Halle nahmen wahr, wie perfekt das Pferd diese edle Bewegung beherrschte und wie gut sie ihm stand. Weihegold schien sich in den bewundernden Blicken der Menge zu sonnen. Und Isabell ließ sich tragen und vom Rhythmus des Pferdekörpers bewegen. Jeder konnte sehen, wie entspannt sie im Sattel mitging, sich dem Federn und Schwingen hingab, und das als Schlussakkord eines Weltcup-Finales, wo üblicherweise um jeden Punkt gefightet wird. Weihegold drehte sich in der Piaffe um 360 Grad, und es fehlten eigentlich nur noch ein Glassturz und eine starke Lampe: Es war als würde ein prachtvolles Schmuckstück präsentiert, ein vielfach geschliffener Brillant, der in alle Richtungen funkelte.

10 Doping

Für einen Dopingfall gibt es keinen günstigen Termin. Für Isabells Dopingfall allerdings gilt: Er kam zum ungünstigsten Termin, den man sich vorstellen kann. Fast zwanzig Jahre lang war sie nun schon auf den Turnierplätzen der Welt unterwegs gewesen, ohne je mit einer positiven Probe ihrer Pferde aufzufallen. Und dann brach der Sturm ausgerechnet zu einer Zeit los, als die Deutsche Reiterliche Vereinigung ohnehin in schwerem Aufruhr und in der Defensive war.

Man schrieb das Jahr 2009, die Vorkommnisse beim olympischen Turnier in Hongkong im Sommer zuvor waren noch längst nicht aufgearbeitet. Es zeigte sich nämlich, dass Satchmos Kurzstreiks im Viereck noch die geringste Katastrophe für die deutschen Reiter bei diesen Spielen waren. Viel schlimmer: Der Fall des Springreiters Christian Ahlmann, Schützling von Madeleines Schwester Marion Jauß, dessen Pferd dort positiv getestet wurde. Im Urin seines Schimmels Cöster fand das Labor Rückstände von Capsaicin, einer scharfen Substanz, die aus der Chilischote stammt.

Es ist unmöglich, einzuschätzen, wie gravierend dieser Fall war, denn dieser Stoff könnte auf zwei sehr verschiedene Weisen eingesetzt worden sein. Mit Capsaicin reiben manche Reiter ihrem Pferd den Rücken ein, um Verspannungen entgegenzuwirken, ähnlich wie das Menschen mit einer Wärmesalbe tun. Es ist aber auch denkbar, dass Ahlmann die Beine seines Pferdes damit behandelt hat, mit dem Ziel, ihre Empfindlichkeit zu erhöhen. Dadurch scheut es im Parcours die Stangenberührung noch mehr, als ein gutes Springpferd dies ohnehin schon tut. Die eine Variante wäre eine unerlaubte medizinische Behandlung gewesen, kein unbedeutendes, aber ein leichteres Vergehen, schließlich leidet das Pferd darunter nicht, sondern erfährt höchstens eine Linderung. Die andere wäre ein Dopingfall der besonders verwerflichen Sorte.

Anhand von Ahlmanns Geschichte mit ihren beiden Interpretationsvarianten lässt sich besonders gut aufzeigen, welchen Unterschied die Reiterverbände zwischen Doping und verbotener Medikation machen. Eine solche Unterscheidung gibt es nur im Pferdesport. Unter Doping fällt dort alles, was der Leistungssteigerung des vierbeinigen Athleten dient. Das bekannteste Beispiel sind anabole Steroide, deren Einnahme wie beim Menschen dem Muskelaufbau dienen. Aber auch Beruhigungsmittel, die ein aufgekratztes Pferd mental in einen leistungsfähigeren Modus versetzen.

Anders als im Sport der Menschen dürfen Pferde aber auch nicht an den Start gebracht werden, wenn eine Leistungseinbuße durch Erkrankung mithilfe eines Medikaments wettgemacht wurde. Während zweibeinige Athleten oft vollgestopft mit Schmerzmitteln zum Wettkampf antreten, ja, sich sogar massive Kortisonpräparate ganz offiziell genehmigen lassen, gilt im Reitsport die Regel, dass generell nur gesunde Pferde an den Start gebracht werden dürfen. Diese Regel, die sogenannte Nulllösung, wurde zwar noch im Herbst 2009 auf internationaler Ebene aufgeweicht. Inzwischen ist die Verabreichung bestimmter Medikamente erlaubt. Aber bei Olympia 2008 war die Regel noch nahezu uneingeschränkt in Kraft.

Die Frage im Fall Ahlmann war: Wer glaubt was? Stimmt die Wärmesalbe-Version, die als nicht genehmigte Medikation hätte betrachtet werden müssen? Oder die verschärfte Version mit den empfindlich gemachten Beinen, die unter den Begriff Doping gefallen wäre? Die Wahrheit wissen nur der Reiter selbst und seine Entourage. Für die Öffentlichkeit aber schien der Fall klar zu sein, angesichts des schlechten Rufes, den Generationen von Pferdehändlern in jahrhundertelanger Kleinarbeit aufgebaut hatten. Und den zahllose Reiter mit ihrem Hang zu abenteuerlichen Vertuschungsversuchen gefestigt haben. Im Internet jedenfalls brach ein allgemeiner Shitstorm gegen Reiter los.

Der Deutschen Reiterlichen Vereinigung grauste es vor dem Imageschaden, und so gingen die Funktionäre schlagartig und geschlossen auf Distanz. Der Reiter musste umgehend nach Hause fliegen, bereits jetzt gebrandmarkt. Ahlmann, einst Doppel-Europameister, war auf einmal der Buhmann des deutschen Reitsports. Seine Bestrafung fiel widersprüchlich aus. Der Weltverband sperrte ihn – wie vier andere Reiter mit positiven Capsaicin-Proben – für vier Monate wegen verbotener Medikation. Die Deutsche Reiterliche Vereinigung gab sich damit aber nicht zufrieden. Sie legte gegen dieses Urteil Widerspruch beim Internationalen Sportgerichtshof ein mit der Begründung, sie glaube ihrem eigenen Reiter nicht, dass er lediglich den Pferderücken behandelt habe. Hier handele es sich vielmehr um Doping. Woraufhin die Strafe – nur für ihn – auf acht Monate verdoppelt wurde. Eine große Ungerechtigkeit im Vergleich zu den vier weiteren, am selben Ort mit der gleichen Substanz erwischten Reitern. Zusätzlich schloss der deutsche Verband Ahlmann für zwei Jahre von der Nationalmannschaft aus. Er fühlte sich verraten und verkauft von seinem Verband, der eigentlich nicht nur verpflichtet ist, die Pferde und sein eigenes Image vor Schaden zu schützen, sondern auch seine Reiter.

Kurz nach den Spielen erschütterten weitere Einzelheiten aus Hongkong den deutschen Pferdesport. Dabei stand ein weiteres Springpferd im Mittelpunkt, der bombastische Zuchthengst Cornet Obolensky aus dem Stall von Ludger Beerbaum, den sein Bereiter Marco Kutscher bei den Olympischen Spielen vorgestellt hatte. Der Schimmel hatte im ersten Umlauf des Nationenpreises ungewöhnliche Schwächen gezeigt, woraufhin er in seiner Box eine Stärkungsspritze erhielt. Es handelte sich um Arnika und Lactanase, keine schlimmen Substanzen, sie hätten sogar ganz legal verabreicht werden dürfen, hätte Mannschaftsveterinär Björn Nolting dies beim Turniertierarzt beantragt, doch das war nicht geschehen. Erschwerend kam die Meldung hinzu, dass Cornet Obolensky durch die Spritze, die ihm Beerbaums Stallmanagerin Marie gegeben hatte, einen kurzen Schwächeanfall erlitten hatte. Trotzdem wurde er am nächsten Tag beim zweiten Umlauf des Nationenpreises eingesetzt.

Noch ein potenzieller Skandal, der den Verband beutelte. Obwohl mehrere hohe Funktionäre, darunter der deutsche Präsident Breido Graf zu Rantzau, während des Vorfalls im Stall präsent waren, zeigte man sich empört auch darüber.

Ludger Beerbaum aber, den Chef von Marco Kutscher, regte die Entwicklung aus einem anderen Grund auf. Er wollte sich nun endlich ganz grundsätzlich stark machen für die Idee, dass Pferde mit kleineren gesundheitlichen Problemen vor dem Turnierstart medikamentös behandelt werden dürfen. Schließlich hatte auch er einschlägige Erfahrungen: 2004 in Athen hatte, wie er später erklärte, seine Stallmanagerin Marie mit einer kortisonhaltigen Salbe eine hartnäckige Hautentzündung am Huf von Goldfever behandelt. Der positive Dopingtest kostete die ganze Equipe damals die olympische Goldmedaille.

Als nun Beerbaums Reiter Marco Kutscher wegen eines vergleichsweise geringfügigen Vergehens am Pranger stand, entschied er sich für die Flucht nach vorn. Er äußerte sich zum Thema verbotene Medikation, allerdings nicht ohne vorsichtige Vorbemerkung: Die Profis bildeten sich nicht etwa ein, das Regelwerk, das die Behandlung von Pferden für Turniere verbietet, gäbe es nur aus kosmetischen Gründen und gälte nicht für sie, beteuerte er. Doch er erklärte ebenfalls: »Im Lauf der Jahre habe ich mich darin eingerichtet, auszuschöpfen, was geht.« Und: »In der Vergangenheit hatte ich die Haltung: Erlaubt ist, was nicht gefunden wird.«

Am nächsten Tag stand es in der »Frankfurter Allgemeinen Sonntagszeitung«, am übernächsten überall. Er hatte eine Bombe geworfen.

Man könnte diese Aussagen als spektakulären Appell an die Offiziellen interpretieren, den Reitern den dringend gebrauchten Spielraum zu geben. Aber das könnte in Deutschland im Widerspruch zu Paragraf 3 Absatz 1a des Tierschutzgesetzes stehen, wo es in umständlichem Juristendeutsch heißt: »Es ist verboten, einem Tier, an dem

Eingriffe und Behandlungen vorgenommen worden sind, die einen leistungsmindernden körperlichen Zustand verdecken, Leistungen abzuverlangen, denen es wegen seines körperlichen Zustands nicht gewachsen ist.«

Der Verband, einer der zuverlässigsten Medaillenlieferanten des deutschen Sports, steckte in der Klemme. Und das umso mehr, als gerade Verhandlungen um einen neuen Fernsehvertrag mit den öffentlich-rechtlichen Anstalten ARD und ZDF anstanden. Beide Sender plagten sich schon mit den Dopingskandalen im Radsport und Berufsboxen herum und konnten sich keine weitere Angriffsfläche mehr leisten. Was also tun? Die Deutsche Reiterliche Vereinigung beschloss eine große Reinwaschung.

Zunächst einmal wurden sämtliche Spitzenkader, aus denen die Nationalmannschaften rekrutiert wurden, aufgelöst. Jeder Einzelne sollte in sich gehen, was den Umgang mit Doping und Medikation anging, und sich vor einer Kommission unter Leitung des ehemaligen Verfassungsrichters Udo Steiner zur Einhaltung der Regeln bekennen. Dreiundfünfzig Reiter der olympischen Disziplinen und dreizehn Funktionäre wurden zu den Bekenntnisversammlungen eingeladen, darunter natürlich auch Isabell. Obwohl sie bis dato noch nie mit einer positiven Probe aufgefallen war.

»Ich habe den Verband dafür kritisiert. Ich habe gesagt, ihr könnt uns doch hier nicht alle unter Generalverdacht stellen und alle Reiter ausnahmslos vor die Steiner-Kommission zitieren. Wieso denn? Sind wir in euren Augen jetzt alle Doper? Es war sowieso eine schreckliche Zeit des Misstrauens. Hanfried Haring, der ehemalige Geschäftsführer des Verbandes, hat behauptet, es handele sich um einen Flächenbrand.

Ich fand das unerhört und fühlte mich in eine Geschichte hineingezogen, die nicht meine war. Ich war nie ein Grenzgänger. Ich habe nie gesagt, wir müssen ein Pferd fit machen für ein Turnier. Ein krankes Pferd geht bei uns kein Turnier. Den Umgang des Verbandes mit dem Fall Christian Ahlmann halte ich bis heute für opportunistisch und unfair. Leider ist es uns nicht gelungen, das komplexe Problem im Reitsport der Öffentlichkeit verständlich zu machen. Ich bin der Ansicht, sie haben diese Kommission nicht ins Leben gerufen, um den Umgang mit Doping und Medikation gerechter zu machen, sondern um nach außen zu demonstrieren, wir tun was. Tatsächlich haben sie gar nichts oder nur das Falsche gemacht.«

Auch in Interviews in jenem Jahr der angeblichen Selbstfindung hielt Isabell mit ihrer Meinung nicht hinter dem Berg. Am Rande der deutschen Meisterschaften in Balve wetterte sie in einem Pressegespräch: »Ich bin gegen generelle Unterstellungen. Tatsache ist, dass da ein Aktionismus entstanden ist. Welches Rechtsinstitut ist denn diese Kommission? Ein Beichtstuhl?«

So ereiferte sie sich, ihr Ton erinnerte dabei an ihren gern gepflegten, rheinisch gefärbten Spott. Die Journalisten schrieben freudig mit. Isabell verweigerte also die Reinwaschung von einem Grauschleier, den andere – um sich selbst zu profilieren – ihr andichten wollten?

Keine zwei Wochen später, am 23. Juni 2009, entdeckte sie eine Nachricht auf dem Display ihres Mobiltelefons. Soenke Lauterbach, der Generalsekretär der Deutschen Reiterlichen Vereinigung, bat um Rückruf. Als sie ihn am Telefon hatte, teilte er ihr mit, dass bei einer Dopingprobe, die am 30. Mai 2009 beim Pfingstturnier in Wiesbaden von ihrem zehnjährigen Wallach Whisper genommen wurde, die verbotene Substanz Fluphenazin gefunden worden war. Eine niederschmetternde Nachricht. Ihr erster positiver Dopingtest. Und das jetzt, nachdem sie sich derartig aus der Deckung gewagt hatte. Die Welt um sie herum begann zu wanken.

Fluphenazin ist im Pferdesport nicht unbekannt und wurde lange Zeit üblicherweise als Beruhigungsmittel eingesetzt. Laut dem Internet-Volkslexikon Wikipedia wird es »in der Veterinärmedizin zur Narkosevorbereitung und zur Beruhigung bei Transporten genutzt«. Im Sport wurde es gerne eingesetzt in der Zeit, als es noch keine ernsthaften Dopingkontrollen gab. Und es hat eine unrühmlichen Geschichte: Unter anderem wegen dieses Wirkstoffs hatte einige Jahre zuvor der Ire Cian O'Connor die olympische Goldmedaille von Athen 2004 wieder zurückgeben müssen. Sein Pferd Waterford Crystal war dort positiv getestet worden. Es handelt sich um ein Mittel, das offiziell nur für Menschen zugelassen ist, und zwar in der Psychiatrie, zur Bekämpfung von Schizophrenie. Der Beipackzettel liest sich entsprechend.

»Über Nacht stand ich in einem ganz anderen Licht da. Das war völlig absurd. Natürlich habe ich nicht gedopt. Mein Pferd hat das Mittel nicht vorsätzlich für den Wettbewerb bekommen. Ich will weder betrügen noch manipulieren. Ich liebe den fairen Leistungsvergleich.«

Nicht nur für Isabell ging die Welt plötzlich in Scherben nach dieser Nachricht. Auch für ihre Fans, die reitenden Teenies, deren Idol sie war. Isabell, der Prototyp eines erwachsen gewordenen Pferdemädchens. Und, was damals nur ein kleiner Kreis wusste: Sie war im fünften Monat schwanger. Das hatte sie noch nicht bekannt gegeben, und tat es jetzt erst recht nicht. Schon allein, damit niemand ihr vorwerfen konnte, sie spiele jetzt die Mitleidskarte aus.

Weil der Verband Isabell sofort suspendierte, hatte sie kaum Zeit, sich zu fassen und über ihre Lage nachzudenken, bevor die Presselawine über sie hereinbrach. Und vom Verband: nichts. Keine Nachfrage nach Details oder nach ihrem Umgang mit der desaströsen Nachricht, wie das in anderen Fällen schon einmal üblich war. Isabell war davon überzeugt, dass sie jetzt nicht nur für den positiven Test geradestehen, sondern auch für ihre kritischen Äußerungen zur Verbandspolitik und zur Steiner-Kommission büßen musste.

»Das Messer war aufgeklappt, und ich bin voll reingelaufen. Ich habe eine willkommene Gelegenheit geboten, mich mundtot zu machen. «

Madeleine Winter-Schulze, auf deren Konto auch damals schon buchstäblich der anhaltende Erfolg der deutschen Reiterei ging, sah plötzlich ihre beiden Jockeys Beerbaum und Werth im Kreuzfeuer der Verbandskritik. Mit den Worten, ich stehe auf der Seite meiner Reiter, zog sie sich erst einmal aus den Vorständen der Deutschen Reiterlichen Vereinigung und dessen Leistungssport-Organisation, des Deutschen Olympiade-Komitees für Reiterei, zurück.

Kurz nach Bekanntwerden des positiven Tests veröffentlichte Isabell eine Pressemitteilung mit einer Erklärung: Das Pferd Whisper leide an einer Krankheit namens

Shivering Syndrom, zu Deutsch: Zitterkrankheit. Es sei von Tierarzt Hans Stihl dagegen mit dem Mittel Modecate behandelt worden, das den Wirkstoff Fluphenazin enthalte. Stihl sei davon ausgegangen, dass die Spuren des Mittels nach sechs Tagen den Pferdekörper verlassen hätten, und sie habe ihm geglaubt. Dies sei aber offensichtlich nicht der Fall gewesen. Die Medikation sei am 16. Mai erfolgt, die Dopingprobe am 30. Mai.

»Ich bin mir bewusst«, hieß es dort wörtlich, »dass ich zu Zweifeln an der Redlichkeit und Sauberkeit meiner Person und unseres Sports Anlass gegeben habe. Ich entschuldige mich auf diesem Wege bei allen, die dem Reitsport und mir verbunden sind.«

So fing eine Geschichte an, die Isabell an den Rand ihrer Kräfte brachte, und die heute noch nachwirkt. Die Wut hat sie sich bewahrt, die sich damals, nach den ersten Phasen der Verzweiflung, in ihr zusammenballte. Die positive Dopingprobe bei einem ihrer Pferde war nicht wegzudiskutieren. Sie musste den Vorwurf akzeptieren, die Regeln gebrochen zu haben, weil sie, wie bis dahin immer, der Empfehlung ihres Tierarztes vertraut hatte, ohne sie zu hinterfragen, und seiner Prognose geglaubt hatte. Angesichts dessen, dass Hans Stihl nicht zum ersten Mal in einen Dopingfall verwickelt war, erschien dem inneren Zirkel ihr Verhalten zumindest leichtsinnig. Daran, dass eine Strafe gerechtfertigt war, zweifelte ohnehin niemand, auch sie selbst nicht. Aber das radikale Urteil, das die Öffentlichkeit und vor allem ihr eigener Verband über sie sprachen, und das allgemeine Misstrauen, das verstärkt wurde durch die Vorgeschichte um Ahlmann und Kutscher, vergrößerten die Verfehlung zu einem Monster, das ihre Existenz gefährdete.

»Ich hatte das Gefühl, alles, was vorher war, zählte nicht mehr, und ich werde für den schlimmsten Menschen der Welt gehalten. Ich stand da und wusste nicht, wie mir geschah. Das Letzte, was ich gewollt hatte, war, ein Pferd zu reiten, in dessen Körper sich ein Dopingmittel befand. Und du hattest das Gefühl, hinter jedem Baum kommt ein Mensch hervor, der mit dem Finger auf dich zeigt und sagt, schau mal, das ist einer von den schlimmen Dopern.

Ich war dermaßen niedergeschlagen, dass ich sogar ans Aufhören gedacht habe. Ich habe mich zum ersten Mal gefragt, welchen Sinn es eigentlich hat, was ich da mache. Aber im gleichen Moment dachte ich: Nein, so wirst du nicht aufhören können. Nicht in Schimpf und Schande. Meine Familie und Madeleine, die unerschütterlich zu mir standen, haben mir den Rückhalt gegeben, den ich gebraucht habe, um zu kämpfen. Ich hatte den Willen, der Welt zu beweisen, dass ich gut genug bin, um zurückzukommen.

Das Verhalten des Verbandes war eine einzige Enttäuschung. Der Gipfel dabei ist, dass mir Unterlagen vorlagen, aus denen hervorging, dass auch hochrangige Funktionäre dieses Medikament in ihrer aktiven Zeit schon verwendet haben. Leute, die heute so taten, als müsste man ihnen den Namen des Mittels buchstabieren. Dieser Fall hat mein Verhältnis zu den verantwortlichen Funktionären nachhaltig gestört. Es wird nie mehr ein Vertrauensverhältnis werden. Dabei ist der Sachverhalt komplizierter, als er bei oberflächlicher Betrachtung aussehen mag.«

Die Umstände, unter denen Whisper in Isabells Stall gelangte, enthalten bereits einen Teil einer Erklärung für den Dopingfall. Sie kam an Whisper, wie an Bella Rose, über ihren einstigen Mitarbeiter Matthias Bouten.

»Er hat ihn mir auf einem Video gezeigt und gesagt, er sei fasziniert von dem Wallach. Er sei außergewöhnlich im Bewegungsablauf, aber extrem schwierig und nicht ungefährlich. Ich habe ihn ausprobiert, und tatsächlich war auch ich begeistert von seinem Potenzial. Seine Schwierigkeiten haben mich nicht abgeschreckt. Der Besitzer, Hans Elmerhaus, hat uns gewarnt. Er sagte wortwörtlich: ›Frau Werth, Sie wissen ja, was Sie tun. Aber meines Erachtens hat der Gaul einen Knall.‹ Ich habe gesagt, in Ordnung, es ist mir bewusst, dass dieses Pferd schwierig ist, dass die Aufgabe, ihn zu einem Dressurpferd zu machen, eine Herausforderung ist – und ich hatte zu diesem Zeitpunkt mit Satchmo und Hannes starke, erfolgreiche Pferde im Stall. Aber, sagte ich, ich habe Spaß daran, und wenn wir es hinkriegen, haben wir hinterher ein Ausnahmepferd. Die schwierige Aufgabe gepaart mit dem außergewöhnlichen Potenzial – das war die größte Faszination an Whisper.

Als er sechsjährig zu uns in den Stall kam, waren alle verblüfft von seinen Bewegungen. Uns war aber zu diesem Zeitpunkt auch bekannt, dass er »shiverte«. Das sogenannte Shivering Syndrom ist schwer zu erklären und bis heute medizinisch nicht eindeutig erforscht. Es handelt sich um eine Störung des zentralen Nervensystems. Man sagt zu Recht, dass ein krankes Pferd nicht im Sport gehen darf, auch ich stehe hinter dem Tierschutzgesetz. Aber dies ist keine Krankheit im eigentlichen Sinne, sondern tritt nur in besonderen Situationen zutage. Wenn das Pferd ein Bein hebt beim Beschlagen oder zum Auskratzen der Hufe zum Beispiel. Das ist die typische Symptomatik für das Syndrom: Du hebst ein Bein hoch und das Pferd hält dieses Bein zitternd ein bisschen länger in die Höhe, bevor es wieder absetzt.

Am Anfang war uns die Störung noch nicht negativ aufge-

fallen. Sie verschwand offenbar hinter diesem überdimensionierten Bewegungsablauf und hinter seiner schwierigen und temperamentvollen Art. Im Laufe der Zeit zeigte sich eine Unregelmäßigkeit in Form einer Verzögerung des Hinterbeines in den Trabverstärkungen.

Das Phänomen Shivering gibt es manchmal nur an einem, manchmal an zwei oder gar an allen vier Beinen. Es hat sich dann im Lauf der Ausbildung verstärkt. Als wir uns Richtung der schweren Aufgaben entwickelten.

Es war mein Traum, dieses Pferd in den Sport zu bringen. Diese Unregelmäßigkeit in den Trabverstärkungen hat Dr. Stihl mit dem betreffenden Medikament erfolgreich behandelt, nachdem andere Behandlungen fehlgeschlagen waren.

Ich habe versucht, alles in meiner Macht Stehende zu tun, um dieses Pferd optimal zu unterstützen und zu betreuen. Ich habe mein Handeln für absolut gerechtfertigt gehalten. Gleichzeitig stand ich einer Front in der Öffentlichkeit gegenüber. Ich war gezwungen, immer wieder zu bekennen: Mea culpa. Mea culpa. Aber eigentlich habe ich innerlich ganz anders empfunden. Ich wusste nicht, was ich verbrochen hatte. Ich dachte, ich würde es gerade wieder so machen, um Whisper zu helfen, wenn der Tierarzt mir dazu raten würde. Aber die Leute glaubten mir in der damaligen Stimmung nicht, dass ich meinem Pferd nur hatte helfen wollen.

Nach den Erfahrungen, die ich gemacht habe, würde ich nie wieder ein Pferd mit Shivering in den Stall aufnehmen. Obgleich das meiner grundsätzlichen Überzeugung entgegensteht, dass es für ein talentiertes Pferd immer einen Weg gibt. Damals dachte ich denn auch, das kriege ich hin.

Im Grunde handelte es sich um eine unglückliche Verkettung von Umständen. Whisper hatte nicht einmal auf meinem Turnierplan gestanden für Wiesbaden. Ich hatte mit ihm langfristige Ziele. Eine Prüfung wie diese war dafür nicht weiter wichtig. Tatsächlich war es umgekehrt. Mein ursprünglich eingeplantes Pferd Der Stern hatte sich das Griffelbein gebrochen und musste pausieren. Als ich beim Turnierveranstalter anrief, um meine Teilnahme an der Prüfung St. Georg abzusagen, baten sie mich, doch mit einem anderen Pferd zu starten, das Teilnehmerfeld sei so klein. Erst so kam ich auf die Idee, Whisper überhaupt zu aktivieren, um ihn ein bisschen Erfahrung sammeln zu lassen.

Dr. Stihl hat bei diesem Fall ebenfalls sehr gelitten, er hat auch nur nach bestem Wissen und Gewissen gehandelt. Er hat mich nach Lausanne zu der Verhandlung vor dem Tribunal der Internationalen Reiterlichen Vereinigung begleitet und keinen Hehl aus seiner Fehleinschätzung gemacht. Er hatte sich auf seine lange Erfahrung verlassen. Wir haben nie geleugnet, dass Whisper das Medikament bekommen hat, und haben den Grund auf den Tisch gelegt. Ich bin offen damit umgegangen, wir haben keinen Versuch gemacht, die Sache zu vertuschen oder schönzureden. Wir haben noch nicht einmal die Analyse der B-Probe beantragt.«

Schützenhilfe kam von höchster Stelle, von Haya bint al-Hussein, Prinzessin von Jordanien, damals Präsidentin des Weltverbands FEI und selbst ehemalige Turnierreiterin, die gegenüber Journalisten sagte: »Ich glaube keine Sekunde, dass sie für solch eine Sache ihre große Karriere riskieren würde. Sie ist unschuldig und keine Betrügerin, das glaube ich aus tiefstem Herzen. Sie ist sehr schlecht beraten worden.«

Das royale Votum hinderte das FEI-Tribunal allerdings nicht daran, Isabell Anfang September 2009 für ein halbes Jahr zu sperren. Und sie in der Urteilsbegründung noch einmal ins Gebet zu nehmen. Das dreiköpfige Gericht unter Vorsitz des norwegischen Berufsrichters Erik Elstad warf ihr Fahrlässigkeit im Umgang mit ihren Pferden vor. Das Gericht ließ Isabell auch nicht durchgehen, dass sie als erfahrene Profireiterin Stihl blind vertraut habe, da der Wirkstoff Fluphenazin seit dem Fall Cian O'Connor weithin bekannt sein müsste.

»Der Zusammenhang war mir nicht bekannt. Auf der Medikamentenschachtel stand nicht Fluphenazin, sondern Modecate. Ich habe die Inhaltsstoffe nicht recherchiert. Dieser Fall hat mich gelehrt, Behandlungen viel mehr zu hinterfragen. Was mich nicht davor bewahren kann, dass Fehler passieren. Es muss immer noch klar sein, dass ich keine Pharmakologin bin. Als Reiter bin ich grundsätzlich für alles verantwortlich, was an und mit dem Pferd passiert. Im Regelwerk wird das ›Person Responsible‹ genannt. Diese Verantwortung ist aber eigentlich nicht zu erfüllen, weil ich nicht alle Vorgänge überblicken und bewerten kann.«

Trotz der strengen Ermahnungen fiel das Urteil des Tribunals milde aus. Die sechsmonatige Sperre hatte schon im Juni mit der Suspendierung begonnen und lief am 22. Dezember aus. In diese Zeit fielen die Europameisterschaften in Windsor, bei denen die deutsche Mannschaft ohne Isabell den dritten Platz hinter den Niederlanden und Großbritannien erreichte. Im Oktober kam Isabells Sohn Frederik zur Welt, sie hätte also ohnehin über Monate hinweg nicht auf Turnieren starten können. Dazu bewies die Kammer offensichtlich Voraussicht: Einen Tag mehr, und Isabell wäre vom Deutschen Olympischen Sportbund nicht für die nächsten Olympischen Spiele drei Jahre später in London zugelassen gewesen. Die nationalen Regeln besagen, dass eine Dopingsperre von mehr als einem halben Jahr die Nominierung für die nächsten Spiele ausschließt.

Bundestrainer Holger Schmezer atmete beim Gedanken an London auf. Die Offiziellen der Deutschen Reiterlichen Vereinigung waren aber noch nicht zufrieden mit dem Urteil des FEI-Tribunals. Der Verband ging zwar nicht in Berufung wie im Fall Ahlmann, mit der Begründung, Isabell habe ihre Verfehlung ja nicht bei einem Championat, also mit dem Bundesadler auf der Brust, begangen. Aber trotzdem schlossen sie Isabell auf Empfehlung der Steiner-Kommission am 22. September bis zum folgenden Juni aus der Nationalmannschaft aus – also bis zu der Phase, in der die Qualifikationen für die Weltreiterspiele im kommenden Jahr in Kentucky anstanden. Es sah zu dieser Zeit nicht gut aus für die erfolgsverwöhnte deutsche Equipe. Dort brauchte man sie wieder.

Whispers Turnierkarriere im großen Sport war zu Ende, bevor sie richtig begonnen hatte. Matthias Bouten bestritt mit ihm noch einige leichtere Prüfungen. Danach wurde Whisper Lehrpferd für die Auszubildenden in Isabells Stall. Und danach ging er in Rente. Sein Zuckfuß wurde mit der Zeit schlimmer, doch sein Zuhause und sein Gnadenbrot in Rheinberg hat er nicht verloren.

»Der einzige Vorwurf, den ich mir machen könnte, ist, dass ich die Herausforderung angenommen habe. Es hat mich gereizt, dass dieses Pferd so schwierig war. Die Vorstellung, Probleme zu überwinden, die für andere unüberwindbar scheinen. Das entspricht meiner Persönlichkeit, so habe ich einst beim Doktor begonnen und so habe ich es häufig gemacht. Ich hätte mir sagen können, warum machst du dir das Leben schwer. Dann

wäre dieses Pferd eben nie in meinem Stall gewesen. Dann wären aber viele andere Pferde auch nicht in meinem Stall gewesen, mit denen ich sehr erfolgreich war und bin. Insofern müsste ich mein Erfolgsgeheimnis infrage stellen. Und es als Fehler bezeichnen, dass ich bin, was ich bin.«

Es folgten 2010 die Weltreiterspiele in Kentucky, sie startete mit Hannes, die deutsche Mannschaft wurde wieder Dritte. 2011 die Europameisterschaften in Rotterdam, wo wieder El Santo, genannt Ernie, ins Spiel kam. Es war das Championat, bei dem er das Piaffieren praktisch eingestellt hatte. Mit Platz sieben erlebte Isabell einen Tiefpunkt. Es stellte sich die Frage, ob sie inmitten dieser Krise für die Olympischen Spiele 2012 in London überhaupt noch infrage kam. Isabell kämpfte, doch so schnell ließ sich Ernies eklatante Schwäche nicht beheben. Anfang Juni 2012, als er sie bei den deutschen Meisterschaften in nie gekannte Niederungen geschickt hatte, beschloss sie, die Operation London aufzugeben. Als Ersatzpferd wäre Johnny in Betracht gekommen, aber der war ziemlich unerfahren, und sie wollte ihm die aufreibende Rolle nicht zumuten. Stattdessen vertiefte sie sich mit ganzer Kraft in Ernies Problematik und entschied spontan, bei den Rheinischen Meisterschaften in Langenfeld an den Start zu gehen. Ein Trainingsturnier für den verunsicherten Ernie.

»Ich sagte, komm, das üben wir jetzt noch mal. Und gerate da in eine eigenartige, sicherlich vor einem ordentlichen Gericht nicht verwertbare Dopingkontrolle. Ich wurde vor dem Start darüber informiert, dass ich zur Kontrolle gebeten werde, aber es kam niemand zu mir. Ich bin vom Pferd gestiegen und habe mich erkundigt, wie ich denn jetzt zu meinem Doping-

test kommen könnte. Nach mühsamem Durchfragen hat mich ein Steward dann endlich zum Tierarzt gebracht. Ich hätte das Pferd auch einfach aufladen und nach Hause fahren können. Aber es gab für mich keinen Grund, die Dopingkontrolle nicht zu absolvieren.«

Kurz darauf wurde sie mit einem positiven Test konfrontiert. Diesmal ging es nicht um Doping, sondern um die leichtere Variante, verbotene Medikation. Bei Ernie waren Spuren der Substanz Cimetidin festgestellt worden, eines Mittels, das gegen übermäßige Produktion von Magensäure eingesetzt wird. Das Widersprüchliche daran: Bei internationalen Turnieren, die dem Reglement des Weltverbandes unterstehen, ist Cimetidin erlaubt. Bei nationalen Turnieren unter der Aufsicht des deutschen Verbandes, ist es verboten. Isabell war aber nicht nur deswegen irritiert. Ernie hatte dieses Mittel ihres Wissens nie bekommen. Sie hatte keine Ahnung, wie es in seinen Organismus und die Abbauprodukte in seinen Urin gekommen waren.

Nicht nur, dass ihr nach drei Jahren schon wieder ein verbandsrechtliches Verfahren ins Haus stand. Sie musste auch die Möglichkeit in Betracht ziehen, dass in ihrem Stall eine Kontaminierung stattgefunden hatte, die sie sich nicht erklären konnte. Diesen Vorgang musste sie dringend klären, wollte sie nicht noch mit weiteren Pferden in die Bredouille kommen. Der Druck war extrem.

»Ich sagte, das Einzige, worum ich bitte, ist Zeit. Ich muss herausfinden, warum dieses Pferd eine positive Probe hatte. Wir haben alles auf den Kopf gestellt, angefangen vom Verlauf der Probe bis zu den Abläufen bei mir im Stall. Wir wussten lange nichts, dachten an alles, von Kontamination bis zur

Manipulation. Als Mensch kann ich meine Nahrungskette lückenlos verfolgen, bei einem Tier ist das nahezu unmöglich. Es kommt ja nicht von ungefähr, dass Sportler ihre Getränke nur noch aus geschlossenen Flaschen zu sich nehmen und abends in der Bar ihre Gläser mit Bierdeckeln verschließen – aus Angst, dass ihre Getränke mit einer Substanz versetzt werden. Es hört sich vielleicht ein wenig paranoid an, aber tatsächlich zieht man in einer solchen Lage auch in Betracht, dass einem andere Leute Böses wollen, und denkt über die Frage nach, wer womöglich ein Feind sein und zu so etwas Perfidem fähig sein könnte. Es ging schließlich bereits zum zweiten Mal um alles.

Wir stellten fest, dass der Umgang mit den Dopingproben in Langenfeld voller Fehler gewesen war. Angeblich wurden sie anonym in einem Computerraum gelagert, doch wir fanden heraus, dass das nicht hundertprozentig stimmen konnte. Sie hatten eine Dopingprobe in einem anderen Kühlschrank eingeschlossen, weil ein Springreiter sich derart auffällig nach der Lagerung erkundigt hatte, dass der Veranstalter befürchtete, er könnte sie entwenden. Anonym ist anders. Wir stellten fest, dass die Proben dann in einem Müllbeutel im Porsche zum Kölner Antidoping-Labor gefahren worden waren, nicht etwa offiziell verschickt, wie es eigentlich hätte sein müssen. Die Leichtfertigkeit im Umgang mit Dopingproben trotz der folgenschweren Konsequenzen, die ein positiver Test haben kann, fand ich erschreckend und empörend, aber ich musste feststellen, dass sich für dieses Thema niemand außer mir interessierte. Normalerweise wehren sich die Reiter ja auch nicht, sie akzeptieren eine milde Strafe, ein paar Wochen Sperre im Winter, und machen sich weiter keine Gedanken darüber. Aber für mich ging es um meine Karriere, meinen Beruf, meinen Sport und vor allen Dingen um meine Ehre.

Das Medikament Cimetidin gab es tatsächlich in meinem Stall. Ernies Boxennachbar Warum nicht, genannt Hannes, wurde damit behandelt. Er hatte sich die Hüfte gebrochen und erhielt über einen langen Zeitraum täglich den Schmerz- und Entzündungshemmer Phenylbutazon. Zum Schutz außerdem das Magenmittel. Der Tierarzt hätte ihm genauso gut eine auch auf nationaler Ebene erlaubte Substanz geben können, es gibt mit Gastrogard eine Alternative. Allerdings ist die um ein Vielfaches teurer – und es bestand ja keinerlei Gefahr, dass Hannes mit seiner schweren Verletzung so bald wieder auf dem Turnier auftreten würde.

Blieb die Frage: Wie gelangte das Cimetidin von der Nachbarbox in Ernies Organismus? Eine Verwechslung bei der Medikation war ausgeschlossen. Außerdem hatte das Labor ja nur das Cimetidin gefunden und kein Phenylbutazon. Wir zerbrachen uns die Köpfe. Es war zum Verrücktwerden.«

Anders als in fast allen Bereichen des öffentlichen Rechts gilt im Sport das Prinzip, dass ein Verbandsgericht einem Sportler oder Reiter im Fall von positiven Dopingproben kein schuldhaftes Vergehen nachweisen muss, um eine Strafe auszusprechen. Die positive Dopingprobe genügt. Wer behauptet, er habe keine Ahnung, wie die Substanz in seinen Körper oder den Körper seines Pferdes gekommen sei, profitiert nicht vom Prinzip der Unschuldsvermutung. Diese ist außer Kraft gesetzt, weil man andernfalls nur in den seltensten Fällen die Chance hätte, einen Doper zu bestrafen. Man müsste nachweisen können, dass er bewusst und in betrügerischer Absicht ein Mittel eingenommen oder, in der Reiterei, verabreicht hat – der ohnehin schon wenig effektive Antidopingkampf im Sport wäre vollends lahmgelegt.

Um diesen Verfahrensweg durchsetzen zu können, der es Athleten weitgehend verwehrt, ein ordentliches Gericht anzurufen, verlangen die Sportverbände, dass der Athlet eine schriftliche Vereinbarung unterschreibt. Ohne diese Unterschrift kann er nicht für ihre Nationalmannschaft starten. Einige Sportler betrachten dies als Erpressung, sie wollen nicht auf ihre Rechte verzichten. Dahinter steht hauptsächlich die Angst vor Pannen oder Dopingproben, die fälschlicherweise als positiv gewertet werden und eine Karriere zerstören können.

Der Athlet, oder der Reiter als verantwortliche Person im Pferdesport, müsste vor einem Verbandsgericht schon seine Unschuld beweisen, um sich zu entlasten. Auch bei einem möglichen Versehen bleibt immer noch der Vorwurf, die Sorgfaltspflicht verletzt zu haben. Die Verfahrensweise ähnelt im öffentlichen Recht dem Umgang mit alkoholisierten Autofahrern. Auch da genügt ein positiver Test bereits, um eine Strafe nach sich zu ziehen.

Isabell musste also unbedingt eine Version anbieten, irgendeine schlüssige Erklärung, die vom Gericht akzeptiert wurde. Diese muss, so steht es im Regelwerk der Deutschen Reiterlichen Vereinigung, eine Wahrscheinlichkeit von 50 Prozent haben.

Isabell stellte fest, dass es einige Wochen zuvor in Hessen einen Fall von Cimetidin-Medikation gegeben hatte, der sofort eingestellt worden war, nachdem der Tierarzt die Behandlung zugegeben hatte. Aber Ernie war ja nicht behandelt worden. Es gab keine einfache Erklärung.

»Ich habe sogar Wasserproben untersuchen lassen aus unserem Brunnen – ob dort Medikamente enthalten sind. Durch Zufall haben wir in dieser Zeit das Wassersystem überprüfen

lassen. Wir hatten Probleme mit der Stromversorgung, es konnte passieren, dass die Sicherungen herausflogen und damit das komplette Wassersystem ausfiel. Das heißt, dass in einer solchen Phase auch die Tränken in den Boxen nicht mehr funktionierten. Wenn wir sie wieder in Gang gebracht hatten, zogen natürlich alle Pferde gleichzeitig Wasser und es entstand Unterdruck, durch den etwas davon hätte zurücklaufen können. Wir fragten uns, ob es möglich war, dass dadurch Wasser aus der Tränke von Hannes in Ernies Box geraten war und dieses Wasser Reste von Hannes' Medikation enthalten hatte.

Das hielten wir für möglich. Weil Hannes das Cimetidin nicht gerne nahm, zog sein Pfleger es immer in einer großen Spritze auf und spritzte es ihm ins Maul, aber es blieb viel in der Spritze kleben. Also wusch er die Spritze in der Tränke aus, damit Hannes den Rest mit dem Wasser aufnahm.

Wir testeten die Theorie mit gefärbtem Wasser im Musterhaus-Park Viebrock in Harsefeld, bei der Firma, die meinen Stall gebaut hat. Und es zeigte sich, dass es so hätte gewesen sein können. Wir atmeten auf. So also hätte das Medikament wirklich zu Ernie gelangen können. Es waren ja auch nur sehr geringe Spuren gefunden worden. Endlich hatten wir eine Erklärung.«

Um sich ein praktisches Bild zu machen, erschien Ende Juni 2013 die Disziplinarkommission der Deutschen Reiterlichen Vereinigung in Rheinberg und ließ sich das Wassersystem vorführen. Die Herren nickten, und Isabell schöpfte Hoffnung.

Auch ihr Vater Heinrich begleitete sie zu der Verhandlung, in der dann alles anders kam. Im November desselben Jahres sperrte die Kammer unter Vorsitz von Jörg

Offeney, eines Rechtsanwalts aus Hannover, Isabell für sechs Monate. Die Kommission bezeichnete die Erklärung, dass das Mittel durch das Wassersystem in Ernies Box geraten wäre, als »äußerst unwahrscheinlich«. Die Wahrscheinlichkeit von 50 Prozent sei »bei Weitem nicht gegeben«. Die Kammer vermutete vielmehr, dass Hannes die Gitterstäbe seiner Box abgeleckt und Ernie das Mittel von dort übernommen habe. In diesem Fall aber liege eine Verletzung der Sorgfaltspflicht vor, weshalb eine sechsmonatige Sperre plus zweitausend Euro Geldbuße angemessen seien. Eine drastische Strafe für die durch eine Panne verursachte Gabe eines Magenmittels, das auf internationaler Ebene nicht einmal verboten war.

Isabell hatte die Möglichkeit, in Berufung zu gehen, und war wild entschlossen, das auch zu tun. Zuvor hatten ihre Anwälte von der Kanzlei Kleefisch und Baumeister bereits vergeblich versucht, alle drei Mitglieder der Disziplinarkammer für befangen erklären zu lassen. Aufgrund der Presseerklärung der Deutschen Reiterlichen Vereinigung zum Urteil der Disziplinarkommission erwirkte sie gar eine Einstweilige Verfügung gegen Soenke Lauterbach, weil er ihrer Meinung nach die Wertigkeit der Wassergutachten falsch wiedergegeben hatte. Die Verfügung wurde aber kurz darauf aufgehoben. Isabell war zum Kampf bereit, das war nicht zu übersehen.

»Das komplette Disziplinarverfahren war auch juristisch völlig inakzeptabel. Dass jemand behauptet, die Wassertheorie hat höchstens eine Wahrscheinlichkeit von 49 Prozent, die Theorie, dass das Pferd das Medikament von den Gitterstäben abgeleckt hat, ist dagegen zu 51 Prozent wahrscheinlich, und deshalb werde ich sechs Monate gesperrt. Das war

reine Willkür. Ich war mir vollkommen im Klaren darüber, dass ich diesen Fall bis vors ordentliche Gericht durchfechten würde. Mit einer Verurteilung und erst recht mit einer Sperre hätte ich mich nie abfinden können, das lief meinem Gerechtigkeitsempfinden absolut zuwider. Ich brauchte Anwälte ja nicht nur, um herauszufinden, was passiert ist. Ich brauchte sie auch, um mich gegen den Verband zur Wehr zu setzen. Und ich habe mich mit allen Mitteln gewehrt.«

Im März 2014 entschied das Große Schiedsgericht der Deutschen Reiterlichen Vereinigung, dass Isabell im Fall der Verbotenen Medikation ihres Pferdes El Santo zwar gegen die Regeln verstoßen habe. Allerdings handele es sich um einen »leichten Verstoß«. Professor Manfred Kietzmann, Pharmakologe an der Tierärztlichen Hochschule Hannover, hatte ein Gutachten erstellt, nach dem die Cimetidin-Spuren in Ernies Körper so geringfügig waren, dass das Mittel bei den Rheinischen Meisterschaften keinerlei Wirkung entwickelt hatte. Dazu werde berücksichtigt, erklärte das Gericht, dass das Mittel nur nach nationalem, aber nicht nach internationalem Reglement verboten sei. Isabell sollte lediglich die Geldbuße akzeptieren und die – nicht unerheblichen – Kosten des Verfahrens tragen.

Isabell hätte am liebsten auch jetzt noch nicht Ruhe gegeben.

»Ich habe gesagt, bis zum letzten Atemzug werde ich kämpfen. Bis zur letzten Instanz. Als dann aber die Nachricht von der Einstellung des Verfahrens kam, hat Madeleine gesagt: Bitte hör auf. Sie war ja immer noch Mitglied im Präsidium – und alle bedrängten sie. Also habe ich die Einstellung akzeptiert, obwohl ich mir keiner Schuld bewusst war.

Es ist mir schwergefallen, aber es war selbstverständlich, dass ich jetzt auf Madeleine Rücksicht nahm. Sie sagte, dann ist es wenigstens zu Ende. Als Madeleine dann 2017 vom Verband das Reiterkreuz in Gold mit Brillanten verliehen bekam, habe ich mich zwar riesig für sie gefreut. Aber da ging mir das alles noch einmal durch den Kopf. Warendorf hatte mich und Ludger als Überraschungsgäste zur Zeremonie nach Stuttgart geladen. Da waren wir wieder die Goldreiter.«

Isabell hat aus dem Fall Ernie Konsequenzen gezogen, die zeigen, zu welchen Absurditäten das – unleugbar vorhandene – Dopingproblem die handelnden Personen zwingt. Ihr Stall ist inzwischen mit Überwachungskameras ausgestattet, um eventuell nachverfolgen zu können, was dort passiert. Zumindest zu Hause. Im Stalltrakt der Turniere bleibt sie auf die Sorgfalt des Veranstalters angewiesen – nicht immer ist dieser Bereich so gut überwacht wie bei Olympischen Spielen. Und selbst da könnte ein überehrgeiziger Teilnehmer seinem Rivalen schaden wollen. Die Angst vor Sabotage ist groß, das Gefühl der Ohnmacht quälend.

»Ich habe früher darüber gelacht, wenn es hieß, der Läufer Dieter Baumann war positiv, weil er ein Mittel mit der Zahnpasta bekommen hat. Mittlerweile glaube ich fast alles, weil ich so viel recherchiert habe. Ich bekomme einen Schweißausbruch, wenn ich mir vorstelle, was alles passieren kann, ohne dass ich Einfluss darauf habe. Ich bin jederzeit ausgeliefert. Vor Kurzem sind Madeleine und ich vom Turnier in Isernhagen nach Hause gefahren und haben darüber gesprochen. Jemand hatte dort in der Nacht die Sattelschränke aufgebrochen. Am nächsten Morgen standen Reiter ohne Sattel und

Trense da. Jeder hätte dort ganz offensichtlich alles machen können. Auch einem Pferd ein verbotenes Mittel geben. Oder es verletzen. Oder es taucht ein selbst ernannter Tierschützer auf, der es ablehnt, dass Pferde in Boxen gehalten werden, und öffnet ihre Türen. All das versetzt mich in ohnmächtige Ängste.

Oder nehmen wir das Capsaicin, dessen Spuren sie in Christians Pferd gefunden haben. Es ist zum Beispiel auch immer wieder in Anti-Biss-Mitteln enthalten. Man schmiert es auf die Bandagen, mit denen man die Pferdebeine schützt – damit sie sich diese nicht abreißen. Man muss sich nur vorstellen, das Pferd hätte sie sich trotzdem abgezogen, trüge sie womöglich gerade im Maul, und zwei Stunden später käme ein Dopingkontrolleur vorbei. Schon müsste ich mit zwei Jahren Sperre rechnen, ohne dass ich mich wehren könnte. Und das hat ja wohl mit Doping etwa so viel zu tun wie eine Kuh mit Sonntag.

Man kann sich nie wirklich sicher fühlen. Diese Ohnmacht ist das Einzige, was mir meinen Beruf verleiden könnte.«

Der Antidoping-Kampf ist und bleibt ein zwiespältiges Thema – die Maßnahmen werden immer weiter verschärft, weil die Doper immer trickreicher werden. Gleichzeitig überschreiten sie immer wieder die Grenzen des Zumutbaren. Um die Absurdität auf die Spitze zu treiben: Auch die Reiter gehören den Testpools der Sportverbände an, genau wie ein Sprinter oder Gewichtheber. Und sie geben alle zu: Gäbe es eine Pille, durch deren Einnahme man besser reiten könnte – sie wären wohl versucht, sie zu nehmen. Die üblichen im Sport missbrauchten Substanzen aber, die Muskel-Booster Anabolika etwa oder der Blutverdicker Erythropoietin, würden einem Reiter nur wenig nutzen. Im Jahr 2006 gab es trotzdem einen positiven Test, betroffen war der Springreiter Thomas Frühmann, Zweiter der Olympischen Spiele in Barcelona, zum betreffenden Zeitpunkt fünfundfünfzig Jahre alt und nicht unbedingt für eine asketische Lebensweise bekannt. Der Stoff, mit dem ein Radprofi möglicherweise eine Doping-Einnahme hätte verschleiern können, war Bestandteil eines für Frühmann lebenswichtigen Herzmedikaments – ein Blutdrucksenker. Er hatte es versäumt, sich bei der Welt-Antidoping-Agentur eine Genehmigung dafür zu besorgen, und erhielt einen Verweis.

Dies ist nicht der einzige, aber bisher der einzig prominente Fall von Reiterdoping. Entsprechend schwierig ist es für Isabell und ihre Kollegen, zu akzeptieren, dass sie durch die Nationale Antidoping-Agentur in ähnlicher Intensität kontrolliert werden wie normale Athleten. Dass im Morgengrauen jemand an der Tür klingelt und eine Urinprobe einfordert, muss ein Leistungssportler akzeptieren. Auch wenn in seiner Disziplin das Pferd der Athlet ist. Andernfalls gefährdet er seinen Ruf – und womöglich seine Karriere.

»Ich muss drei Monate im Voraus angeben, wann ich wo bin. Ich muss für jeden Tag eine Stunde angeben, in der ich sicher für eine Dopingkontrolle zur Verfügung stehe. Ein einziges Mal in all den Jahren wurde ich zu Hause nicht angetroffen, weil ich schon nach Mannheim aufs Turnier gefahren war. Ich war also nicht irgendwo im Urlaub und bin untergetaucht, sondern bei der Arbeit. Man kreidete mir also eine verpasste Kontrolle an, die beim ersten Verstoß eine Verwarnung nach sich zieht, beim dritten Verstoß innerhalb von achtzehn Monaten bereits eine dreimonatige Sperre. Das

ganze System widerspricht meiner Auffassung von Grundrechten, meinem Freiheits- und meinen Persönlichkeitsrecht. Im Namen des Antidoping-Kampfs nehmen wir diese Einschränkungen in Kauf. Obwohl die Sportpolitik dies eigentlich nicht rechtfertigt.

Auch die Kontrollen an sich empfinde ich als unwürdig. Wenn ich auf dem Reitturnier zusammen mit der Kontrolleurin auf eine Minitoilette gebeten werde, in die man zu zweit kaum hineinpasst. Ich darf mir nur mit Wasser die Hände waschen, weil sie befürchten, ich könnte eine Substanz unter den Fingernägeln haben, mit der ich später die Probe kontaminiere. Wir müssen auf die Toilette gehen, alle Kleidung hochschieben, damit sie sehen können, dass nichts unter dem Pullover versteckt ist. Dann beträgt der Abstand von der Schüssel zur Tür vielleicht fünfzig Zentimeter, die Nähe zu einer fremden Person ist nur schwer erträglich. Wenn du gerade dabei bist, ins Töpfchen zu machen, sitzt sie dir fast auf dem Schoß. Das ist entwürdigend.«

Wer also ein entspanntes Gespräch über Doping führen will, sollte sich besser nicht Isabell dafür aussuchen. Bei diesem Thema gerät sie in Wallung. Obwohl sie ihre beiden Fälle durchgestanden hat und mit sich und ihrem Publikum wieder im Reinen ist. Ihr Verhältnis zu der Deutschen Reiterlichen Vereinigung allerdings ist inzwischen eher sachlicher Natur.

»Das Gefühl, beschädigt zu sein, habe ich nicht mehr. Ich habe eher den Eindruck, die Leute verstehen, dass das, was mir widerfahren ist, so etwas wie Schicksalsschläge waren. Dass ich nicht zu denen gehöre, die betrügen oder manipulieren. Ich glaube, dass ich die Menschen davon überzeugt habe,

dass ich etwas kann und mein Erfolg nicht aus der Tube oder Flasche kommt. So eine lange Karriere mit so vielen Pferden kann man sich nicht ergaunern.«

11 Weihegold

Mit Weihegold war alles anders. Diese schöne schwarze Stute war keine faszinierende Frühentdeckung. Sie entwickelte keine genialen Verrücktheiten. Sie zelebrierte keine spektakulären Ausraster. Sie war von Anfang an ein liebes, gelehriges und kooperatives Pferd, dem trotz seines extremen Talents für Piaffe und Passage zunächst kaum jemand anmerkte, zu welchen grandiosen Auftritten es einst fähig sein würde.

Weihegold nervte nicht, sie schaute sich nicht rebellisch nach Gelegenheiten zum Scheuen um, sie leistete keinen Widerstand, und sie spielte auch nicht mit ihren Grenzen. Kein Vulkan – ein stilles Wasser. Weihegold ein potenzielles Championatspferd? So richtig daran geglaubt hat zu Anfang keiner – bis auf Isabell. Doch obwohl ihr die Allüren fehlten, wurde Weihegold ein Star. Ihr Talent, ihre Schönheit und ihr unbedingter Leistungswille machten alle Geniestreiche wett.

Eigentlich ist Weihegold immer noch kein Isabell-Pferd. Kein Sparringspartner auf dem Spielplatz der Temperamente. Und doch war sie es, die ihre Reiterin im Jahr 2016, mit siebenundvierzig Jahren, in ihre sportliche Reifephase trug. Mit der Mannschafts-Goldmedaille bei den

Olympischen Spielen in Rio de Janeiro 2016 überschritt sie eine magische Grenze: Seitdem ist Isabell die erfolgreichste Olympiareiterin der Geschichte. Mit ihren sechs Goldmedaillen überholte sie den bisherigen Rekordhalter, den legendären Dressurreiter Reiner Klimke aus Münster. Und später kam in der Einzelwertung noch das vierte Silber hinzu – ihre insgesamt zehnte olympische Medaille. Wohlgemerkt: nach Gigolo und Satchmo bereits mit dem dritten Pferd.

Und das war noch nicht die ganze Ernte. Das größte Lob am Schauplatz in Rio kam von der Einzel-Olympiasiegerin, die sie zwar in der Final-Kür nicht ein weiteres Mal auf Distanz hatte halten können, der sie aber am Ende ganz schön eingeheizt hatte. Die Britin Charlotte Dujardin erklärte vor den versammelten Presseleuten, Isabell sei es, die sie das Kämpfen gelehrt habe. Sie sagte: »Sie ist unser aller Vorbild.« Isabell, die neben ihr saß, musste ein bisschen schlucken, als sie das hörte. Und dann schluckte sie noch einmal, als die Konkurrentin aus Großbritannien erklärte, die Karriere ihres ganggewaltigen Wallachs Valegro sei nun zu Ende. Und das, obwohl er erst vierzehn Jahre alt war – eigentlich zu früh für ein gesundes Pferd. Aber, so meinte sie, ihr mächtiger Dunkelbrauner habe genug gewonnen – bereits vier Jahre zuvor war sie bei ihren Heimspielen in London Doppel-Olympiasiegerin mit ihm geworden, danach Welt- und Europameisterin und Weltcupsiegerin. »Schade«, sagte Isabell in Rio. »Es macht Spaß gegen die Besten anzutreten. Er hätte sicher noch ein paar gute Jahre gehabt.«

»Valegro hat eine Ära geprägt. Klar wäre er noch weiter die Nummer eins gewesen, wenn er nicht verabschiedet worden

wäre. Aber irgendwann wäre auch für ihn der Tag gekommen, an dem er bei einem Championat geschlagen worden wäre. Was mich an ihm am meisten beeindruckt hat, war sein Auftritt. Er kam herein, und jeder hat hingeschaut. Er füllte den Raum. Er war so souverän, machte alles mit großer Selbstverständlichkeit, gepaart mit Dynamik und Kraft. Immer in sehr guter Anlehnung – da sah man keinen Zügel schlackern. Ich werde besonders einen Grand Prix Special von Charlotte mit Valegro nie vergessen. Das war in Hagen. Ein Weltrekord-Ritt. Gänsehaut pur. Ein wunderbarer Auftritt. Alles aus einem Guss. Selbstverständlich, schön, leicht und doch mit viel Power – dieser Ritt gehört für mich zu den ganz besonderen Highlights.«

Seit jenen gold-silbernen Tagen in Brasilien, zwanzig Jahre nach dem tränenreichen Doppelsieg von Atlanta mit Gigolo, wandelte sich geräuschlos das Isabell-Werth-Bild in der ganzen Dressurwelt. Diesmal schimmerten nur ein paar Tränchen in ihren Augen, als die Nationalhymne für die deutsche Equipe gespielt wurde, diesmal musste sich auch nicht eine fast übermenschliche Anspannung entladen, als die Fahnen hochgezogen wurden. Sie hatte nicht bis aufs Messer gekämpft wie sonst, sondern einfach nur all ihr Können und das Talent des Pferdes strahlen lassen. Und nun strahlte sie die Freude einer Siegerin aus, die eigentlich schon im Zugabenmodus ist. Der Neid und die Missgunst der Kollegen, sonst allgegenwärtig in dieser kleinen, meistens hermetischen Welt, schienen nach so vielen Jahren aufgebraucht. Die ganze Branche schaute geschlossen auf zu ihr.

Es hat nicht sollen sein – mit diesem Satz hatte sie sich oft trösten müssen, wenn sich wieder einmal das Glück gegen sie zu wenden schien. Wenn sie vor lauter Schwierigkeiten Olympische Spiele verpasst, ein Pferd verloren oder einfach nur Pech gehabt hatte. Nun stand sie da, beschenkt und geehrt, ohne Kampfspuren im Gesicht, ohne den üblichen Adrenalinrausch in den Adern, vielleicht sogar ein bisschen verwundert, dass solch softe Siege möglich sind. Heute, stellte sie glücklich fest, hatte es sollen sein.

Mit Weihegold hatte Isabell im Grand Prix Special, mit dem der Mannschaftswettbewerb von Rio entschieden wurde, das beste Resultat erzielt. Sie hatte auch Charlotte mit Valegro geschlagen. Diese beiden Stars, die alle an der Spitze der Liste erwartet hatten, leisteten sich ein paar völlig untypische Schnitzer. Aber so ist das nun mal im Sport: Es gilt nicht die Papierform, es gilt das Hier und Jetzt. Und Weihegold hatte an diesem Tag alles gegeben, was in ihr steckte.

Isabell hatte all ihre Erfahrung und Routine gebraucht, um dieses Pferd am richtigen Tag zur richtigen Stunde in einer solchen Topform zu präsentieren. Im Zeitraffer hatte sie mit Weihegold zusammenfinden müssen, denn ursprünglich hatte sie alles ganz anders geplant. Sie hatte mit Bella Rose in Rio brillieren wollen, ihrer feinen, hochbegabten, dauerverletzten Bella, und als klar war, dass die nicht rechtzeitig gesund werden würde, glaubte sie immer noch, auf Don Johnson zurückgreifen zu können. Doch dann verletzte sich auch Johnny beim Toben in seiner Box und fiel monatelang aus. Daraufhin beschloss Isabell das Wagnis Weihegold.

Jahrzehntelang hatte sie so etwas nicht gemacht: Ein Pferd zum Championat zu bringen, das sie nicht von Anfang an alleine ausgebildet hatte. Doch das Meisterstück gelang: Im April hatte sie die Hoffnungen auf Bella

Rose und Don Johnson endgültig aufgeben müssen. Im August stand sie oben auf dem Treppchen, gemeinsam mit Kristina Bröring-Sprehe, die den edlen Hengst Desperados geritten hatte, Dorothee Schneider, Reiterin des kraftvollen Showtime, und Sönke Rothenberger, genau wie sein Wallach Cosmo ein junger, vielversprechender Aufsteiger.

»Für mich war Rio eine Art Wiederauferstehung. Vier Jahre zuvor war ich wegen der Schwierigkeiten mit Ernie, und weil Johnny noch nicht gereift genug war, nicht bei den Olympischen Spielen in London am Start gewesen. Das war eine sehr schwierige Zeit, in der ich vieles neu hatte aufbauen müssen. Und dann dieses Jahr die Verletzungen von Bella und Johnny. Trotz dieses Pechs war ich mit Weihegold nach Rio geritten. Und ich habe große Anerkennung dafür gespürt, dass ich mich noch einmal aus diesem Loch gezogen hatte. Das war vielleicht der Grund, warum für viele Leute diesmal meine Person mehr im Vordergrund gestanden hat als die Leistung meiner Pferde. Das war eine neue Erfahrung für mich. Ich war selbst verwundert, dass ich so große Resonanz erfahren habe.

Es waren ganz andere Olympische Spiele als bisher. Der Ritt im Grand Prix Special, wo ich die Bestnote der ganzen Prüfung erreicht habe, hat mich längst nicht so aufgewühlt wie meine anderen entscheidenden Auftritte. Ich bin einfach hingefahren und wollte nicht mehr und nicht weniger als eine gute Prüfung reiten. Schließlich konnte ich nicht damit rechnen, in ähnliche sportliche und mentale Bereiche vorzustoßen wie mit Gigolo oder Satchmo. Und dann habe ich mich doch noch in ein emotionales Hoch hineingeschaukelt. Weihegold war gut drauf, und ich war dieses Mal nicht die Gejagte. Im Gegenteil: Diesmal hatte ich nichts zu verlieren, es gab keinen Erwartungsdruck, der auf mir gelastet hätte. Aber insgeheim wusste ich, es war was drin – und das hat mich natürlich gekitzelt. Schließlich war die erste Prüfung beim großen Test vor den Olympischen Spielen, dem CHIO in Aachen, gut gewesen, und das hatte ich im Hinterkopf.

Der Grand Prix Special von Rio war dann nahe am Optimum dessen, was in dieser Phase möglich war. Leicht, elegant und trotzdem nicht ohne Risiko.

Die Kür war auch gut – der Taktfehler, den Weihegold gemacht hat, war nicht mehr entscheidend, Valegro war unerreichbar mit seinen mehr als 93 Prozentpunkten. Es hat mir einfach einen Riesenspaß gemacht, und die Silbermedaille war noch ein Extra. Ich hatte mir ja vorher schon gesagt, lassen wir mal die Kirche im Dorf, wir können nicht darauf hoffen, dass Valegro noch einmal solche Fehler macht wie im Special. Und das hat er dann ja auch nicht getan.«

Nein, das tat er nicht. Die Zeit der Patzer war vorbei für ihn. Schon als Charlotte hereinritt, den muskulösen Hals ihres kraftvollen Pferdes aufgerichtet, und die beiden einen imponierenden Schatten auf den Sand warfen, wurde jedem klar, dass sie sich einen zweiten Tag der Schwäche nicht mehr leisten würden. Ihre Kür zu brasilianischer Musik war nicht nur fehlerlos, sondern souverän, im Sambarhythmus pflanzte das Pferd die Tritte seiner Piaffen in den Sand, und als die beiden sich zum Abschiedsgruß vor dem Chefrichter aufstellten, stand bereits fest: Die Olympiasiegerin von 2012 in London ließ sich auch in Rio das Gold nicht streitig machen, auch nicht von einer wiedergeborenen Isabell mit ihrer schwarzen Stute. Die war wie immer realistisch geblieben – und durfte doch ihre Medaillensammlung mit einem weiteren Silber ergänzen.

»Damit, dass ich zur erfolgreichsten Olympiareiterin würde aufsteigen können, hatte ich mich gar nicht besonders beschäftigt. Ich sagte mir, nichts ist so alt wie die Erfolge von gestern. Aber die Erkenntnis ist schön. Es gibt mir ein schönes, sattes Gefühl. Und die Bestätigung, dass meine Philosophie, junge Pferde selbst auszubilden und an die Spitze zu bringen, der richtige Weg ist. Und eine gute Basis, um gelassen sagen zu können, nein, ich muss für den Erfolg nicht alles mitmachen. Da ich bis dato schon vieles erreicht hatte, wovon viele träumen, konnte ich viel leichter Nein sagen. Zum Beispiel auch zu Totilas. Diese Gelassenheit habe ich mir erworben.«

Die neue Gelassenheit gab Isabell eine ganz neue Aura. Dabei hatte auch die Vorbereitung Weihegolds ihre eigenen Risiken mit sich gebracht. Ein Ritt auf der Rasierklinge war von dieser Stute zwar nicht zu erwarten gewesen. Aber ein ganz anderer Balanceakt war notwendig geworden. Isabell hatte den Werdegang Weihegolds, die zunächst von ihrer Bereiterin Beatrice Buchwald geritten worden war, zwar aus nächster Nähe mitgestaltet. Übernommen hatte sie sie aber erst zu Jahresbeginn. Die Frage lautete: Wie würde Isabell es schaffen, aus einem begabten Nachwuchspferd in kurzer Zeit ein Olympiapferd zu machen, dabei seinen Eifer nicht zu überfordern und trotzdem im entscheidenden Moment seine Bestleistung abzurufen? Gefragt war Präzisionsarbeit im Pferdemanagement.

»Die Stute ist ein ehrliches, unkompliziertes Pferd, das es dem Reiter sehr leicht macht. Sie ist total leistungsbereit und fokussiert auf das, was gefragt wird. Sie strengt sich immer wahnsinnig an, und das muss ich berücksichtigen. Sie ist stets

bereit, an ihre Grenzen zu gehen, dadurch besteht die Gefahr, dass sie in den roten Bereich gerät, und das kann ich nicht ständig herausfordern.

Wir sind einen spannenden Weg miteinander gegangen: Ich wusste von Anfang an, dass noch deutliches Potenzial vorhanden war. Ich hatte ja nicht eine Wundertüte übernommen, sondern hatte das Pferd mit Beatrice die ganze Zeit begleitet. Ich wusste, wie das Pferd tickt und worauf man achten muss. Lektionstechnisch war alles vorhanden, aber es gab in der Feinabstimmung und in der körperlichen Darstellung noch Defizite. Ich musste von Turnier zu Turnier lernen, wie die Vorbereitung am besten zu gestalten war. Die letzten Fortschritte bezüglich Kraft und Kondition bekommen die Pferde ja über Prüfungserfahrungen, weil man da ganz anders an das Leistungsniveau herangeht und alle Möglichkeiten ausschöpft, wie man das in der Regel beim Training zu Hause nicht tut.«

Noch im Juli, beim CHIO in Aachen, der einem Championat schon sehr nahekommt, weil er den Pferden drei Tage der hohen Belastung abfordert, hatte sie Weihegolds Kräfte nicht optimal eingeteilt. Kein Wunder: Es war das erste Mal, dass die Stute drei solch schwere Wettkampftage absolvieren musste. Die erste Prüfung, der Grand Prix, war den beiden noch herausragend gelungen. Doch dann senkte sich die Leistungskurve. Kein Vergleich mit einem Gigolo, diesem harten Burschen, der immer loslegen wollte, aus einem riesigen Energiereservoir schöpfte und unter Belastung wuchs. Isabell stand vor einer diametral anderen Aufgabe, und die Erfahrung von Aachen sollte sich als entscheidend für Rio erweisen.

»Ich habe in Aachen noch einmal ein Stück Lehrgeld für Rio bezahlt, was Weihegolds Vorbereitung angeht. Dieser Prozess war sehr hilfreich. Ich habe erkannt, dass ich ihr sehr spät einen Ruhetag geben und sie dann vier Tage lang aufbauen muss. Der fünfte Tag in Rio war der erste Prüfungstag, dann kamen aufgrund des Wettkampfmodus zwei Tage Pause, die ich wieder als Ruhetage genutzt habe. Wir machten nur leichte Gymnastik. Das ist ja die schwierige Frage: Wie viel muss man machen, um Form und Kraft zu erhalten, wie wenig muss man machen, um sie nicht zu ermüden, weil sonst die Leistungskurve wieder nach unten gegangen wäre?«

Jedes Pferd ein neuer Lehrer: Weihegold drängte sich als letzte Rettung, gewissermaßen als Plan C, in Isabells Karriere, obwohl die eigentlich ganz andere Vorstellungen gehabt hatte. Und erwies sich als Volltreffer. Und sie eröffnete Isabell noch eine weitere Herausforderung: Sie musste sich mit ihr den Kräften des freien Pferdemarktes stellen. Bis heute ist sie dem Besitzer-Ehepaar Christine und Frank Arns-Krogmann dankbar, dass sie in Weihegold viel mehr sehen als eine Investition, die eines Tages Früchte tragen muss. Denn in diesem Fall hätten die beiden das Pferd schon längst abholen müssen, womöglich schon vor den Olympischen Spielen in Rio, und an den Meistbietenden verkaufen. Die Angebote für ein so talentiertes Pferd wie Weihegold, dessen Qualität sich bereits in der Turniersituation bewährt hat, können in der heutigen Zeit astronomische Ausmaße annehmen. Siebenstellige Kaufpreise sind nicht selten.

Bedenkt man, dass ein Turnierpferd nicht nur Freude macht, sondern zunächst einmal Kosten verursacht für Pension, Ausbildung und Tierarzt zum Beispiel, und diese selten durch Preisgelder oder Nachkommen eingespielt werden können, erscheinen solche Angebote umso verlockender. Zumal sich um eventuelle Einnahmen die verschiedensten Deals zwischen Reitern und Besitzern ranken. Dazu kommt das alltägliche Risiko, dass ein Pferd erkrankt oder sich verletzt und der Millionenwert mit einem Mal dramatisch zusammenschrumpft.

Dass Madeleine Winter-Schulze es sich leisten kann, Spitzenreiter wie Isabell Werth oder Ludger Beerbaum aus reiner Freude an ihrer Qualität mit Pferden auszustatten, ohne jemals über Profit nachzudenken, ist auch unter diesem Gesichtspunkt ein enormer Glücksfall.

»Die ganze Situation hat ihren Grund darin, dass die Ausbildung so schwierig ist und deshalb nicht vielen Leuten gelingt. Also wählen einige Reiter und ihre Sponsoren die Variante des späten Einkaufs. Das heißt, dass es in diesen Fällen für den Reiter vor allem um die Fähigkeiten geht, das, was ein Pferd kann, auch abzurufen. Und nicht um die eigentlichen Grundlagen, die meine Passion und mein Berufsleben ausmachen: den Weg der Ausbildung.«

Das bedeutet im Umkehrschluss, dass die Wertschöpfung eines Ausbilders, der eigentlich auf Turniererfolge hinarbeitet, gleichzeitig die Wahrscheinlichkeit erhöht, dass er das Pferd, das er aufbaut, verliert. So sind schon viele Paare getrennt worden, die eigentlich dafür sorgen, dass der Pferdesport für die Öffentlichkeit attraktiv ist. Historische Traumpaare des Springsports wie Fritz Thiedemann und Meteor, Hans Günter Winkler und Halla, und später John Whitaker und Milton sind älteren Leuten immer noch ein Begriff. Heute zerbrechen viele Reiter-Pferd-

Verbindungen, bevor sie in der Öffentlichkeit überhaupt wahrgenommen werden.

Dass die amerikanischen Besitzer die Stute Bella Donna verkauften, beendete zum Beispiel große Hoffnungen in der deutschen Springreiter-Mannschaft. Mit diesem Pferd wollte Meredith Michaels-Beerbaum bei den Weltreiterspielen 2014 und den Olympischen Spielen 2016 in Rio starten. Bella Donna ging für sehr viel Geld an das Militär von Katar und wurde auf Championaten nicht mehr gesehen. Ein schmerzlicher Moment in Mereditths Karriere. Prominentestes Beispiel im Dressursport sind wieder einmal Edward Gal und Totilas, zwischen denen eines Tages eine astronomische Summe stand. Der beste Freund verwandelte sich über Nacht in Handelsware. Die Besitzer des Hengstes wussten aber genau, was sie taten. Sie verkauften ihn, bevor der Verschleiß des Pferdes seinen Millionenwert gemindert hätte.

Weihegold kam im Jahr 2012 nicht als unbeschriebenes Blatt nach Rheinberg. Sie war schon sieben Jahre alt und hatte den traditionellen Jungpferde-Weg erfolgreich hinter sich gebracht, angefangen mit dem Brillantring für die Siegerstute der Oldenburger Zucht. Sie war das Traumpferd der passionierten Züchterin Christine Arns-Krogmann aus dem Oldenburger Münsterland, die sie als sehr junge Stute mit ihrem zusammengesparten Geld gekauft hatte. Sie und ihr Mann Frank waren überzeugt davon, dass dieses Pferd eine große Zukunft vor sich habe. Und wirklich: Der renommierte Ausbilder Jo Hinnemann erkannte die Qualität der damals höchstens netten, eher unscheinbaren schwarzen Stute und nahm sie zur Ausbildung in seinen Stall auf. Allerdings kam der Tag, an dem die Besitzer den Ausbildungsstall wechseln wollten. So kam Isabell ins Spiel, die ein halbes Jahr vorher die Bereiterin Beatrice Buchwald von Hinnemann übernommen hatte. Sie einigten sich darauf, dass Beatrice, die Weihegold zuvor schon ein paar Monate geritten hatte, das Pferd zunächst weiter trainieren sollte.

»Das Pferd hat mich sehr angesprochen, weil es so unkompliziert war. Nicht spektakulär, kein großer Auftritt, aber sie hat alles so lernwillig und leicht aufgenommen. Und das energisch abfußende Hinterbein hat natürlich große Hoffnungen auf Piaffe und Passage gemacht, und als wir damit begannen, erwies sie sich tatsächlich als sehr talentiert. Ich habe dann früh gesagt, das ist ein superspannendes Pferd, möglicherweise ein Mannschaftspferd für Championate, und habe angefangen, mit Arns-Krogmanns Gespräche zu führen mit dem Ziel, Weihegold in unserem Stall zu halten. Gerade hatte Beatrice das Finale des Nürnberger Burgpokals mit ihr gewonnen, der wichtigsten Prüfungsserie für Nachwuchs-Dressurpferde, und Weihegold versprach, ein interessantes Grand-Prix-Pferd zu werden. Wir fanden gemeinsam mit Madeleine und den Besitzern zu der Vereinbarung, dass wir Weihegold mieten wollten, damit Beatrice und ich das Pferd weiterhin zur Verfügung hatten. Aber dann tauchte ein neues Problem auf.«

Zunächst nämlich hatte Isabell einen Plan im Kopf, der sich später als allzu kühn und utopisch entpuppte. Sie hoffte, Seite an Seite mit ihrer aufstrebenden Angestellten Beatrice Buchwald in der Equipe von Rio zu reiten. Beatrice mit der unkomplizierten Stute Weihegold fürs stabile Mannschaftsergebnis. Und sie mit der brillanten Bella Rose für Spitzennoten in der Team- und in der Einzelwertung. Auch darum wirkte Isabell immer wieder aktiv an Weihegolds Ausbildung mit und sorgte dafür, dass sie auf den Turnieren ein gutes Bild abgab.

Beim Turnier in Oldenburg 2014 stellte sie die Stute selbst vor – um das Pferd Erfahrung sammeln zu lassen und um den Funktionären die Bestätigung zu liefern, dass Weihegold tatsächlich das Potenzial zum Mannschaftspferd hatte. Die Überraschung war groß: Isabell und Weihegold wurden in einem hochkarätigen Feld prompt Zweite, sowohl im Grand Prix als auch im Special mit 73 und 77 Prozentpunkten. Kurz darauf gewann Beatrice mit Weihegold den Louisdor-Preis, eine bedeutende Nachwuchsserie.

Die Erfolge und Spitzennoten für das inzwischen neunjährige Pferd hatten zweierlei Folgen. Weihegold wurde mit dem Otto-Lörke-Preis geehrt, einer höchst renommierten Auszeichnung für Nachwuchspferde im Grand Prix. Und das Ehepaar Arns-Krogmann erhielt ein Kaufangebot aus Österreich. Es war ein seriöses Angebot in siebenstelliger Höhe. Plötzlich waren alle Absprachen überholt.

»So schwer es mir fiel, hatte ich doch Verständnis dafür, dass man bei einem so hohen Angebot auch einen entsprechenden Verkauf in Erwägung ziehen muss.«

Trotzdem bemühte sich Isabell weiter darum, Weihegold für Olympia zu sichern, und fand schließlich eine neue Lösung in Person eines Investors, der sich bereit erklärte, die Millionensumme aufzubringen, um das Pferd für seine Frau zu kaufen. Bis Rio hätte er sie dem Stall Werth zur Verfügung gestellt, danach wäre das Pferd abgeholt worden. Isabell schwebte weiter die Rheinberger Mannschafts-

Variante vor. Sie ging zu jenem Zeitpunkt nämlich immer noch davon aus, dass Bella Rose rechtzeitig für die Olympischen Spiele wieder fit würde. Ein Vertrag wurde formuliert – doch bevor er unterschrieben wurde, klingelte in Rheinberg das Telefon und es zeigte sich: Die Bindung der Besitzerin an dieses Pferd ließ sich auch durch ein Schmerzensgeld in Millionenhöhe nicht lösen.

»Christine hatte gerade ihr drittes Kind bekommen. Ihr Mann rief an und sagte: ›Ich habe eine gute Nachricht. Wir verkaufen doch nicht.‹«

Und wieder kam es zu einer Einigung. Madeleine mietete Weihegold weiterhin, zusammen mit dem Deutschen Olympiade-Komitee für Reiterei. Und das in weiser Voraussicht, denn nun zeichnete sich langsam ab, dass Isabell die Stute eventuell als Back-up für ihre eigenen Olympiapläne brauchen würde. Und der Gedanke daran fühlte sich für Isabell auch immer stimmiger an, weil Weihegold sich selbst ganz energisch in den Vordergrund drängte.

Das Olympiajahr 2016 begann mit einer weiteren Premiere: Weihegold ging mit Isabell ihre erste Kür, beim Weltcup-Turnier in Amsterdam im Januar. Isabell hatte Weihegold zu Hause nun häufiger trainiert. Ihre Sorge war, dass Beatrice, die sich auf dem Weg zu den ganz schweren Lektionen noch in der Lernphase befand, das Pferd und sich selbst überfordern könnte. Nach dem Motto: Wer mehr üben muss, dessen Pferd muss auch mehr arbeiten. Inzwischen hatte Weihegold in den Piaffen Unsicherheiten entwickelt und sollte mit Isabell im Sattel wieder mehr Sicherheit gewinnen. Doch Amsterdam wurde viel mehr als das.

»Es war eine Riesenüberraschung. Sie war im Grand Prix Sechste. Doch einen Tag später, in der Kür, war sie sensationell. Der Durchbruch. Als hätte sie den Finger gehoben. Wir gewannen mit 83 Prozent, mehrfach gaben die Richter für bestimmte Lektionen 9 von 10 Punkten. Und so nahm alles seinen Lauf. Ich ritt sie im Februar beim Weltcup-Turnier in Neumünster noch einmal. Von nun an war ich mit ihr für die Spiele selbst qualifiziert. Dann kam das Aus von Bella und Don Johnson. Und dann sagte auch Beatrice: Gut, jetzt ist alles klar.«

Beatrice verkraftete den Wechsel nur schwer. Schließlich hatte sie zunächst sogar auf einen Platz im deutschen Olympiateam mit Weihegold gehofft. Und nun übernahm die Chefin das Pferd selbst. Allerdings gibt es wohl wenige Personen auf der Welt, die das Zeug hätten, Weihegold in solch kurzer Zeit in olympische Gold-Form zu bringen, und das, ohne sie zu überfordern. Die Enttäuschung war groß, und am Ende des Jahres trennten sich die Wege der beiden Frauen.

»Ich habe großen Spaß daran, meine Leute bei ihrer Ausbildung zu unterstützen und ihnen in der jeweiligen Phase auch die passenden Pferde zur Verfügung zu stellen – in Absprache mit den Besitzern. Aber es gehört zu ihrem Job, und es ist eine große Chance für sie, die Pferde zu reiten, die bei mir im Stall zur Ausbildung stehen. Sie lernen dadurch sehr vieles, wovon sie für ihr ganzes weiteres Berufsleben profitieren.«

Diese Erfahrung konnte die Phase des Schwebens aber nicht beeinträchtigen, die für Isabell mit Rio begann: Die Energie und Leichtigkeit jener Tage, in denen alles bewiesen war und nichts mehr erkämpft werden musste, hielt lange an, monatelang sogar, und war auch im März des folgenden Jahres, beim Weltcup-Finale in Omaha, noch deutlich zu spüren. Hier trat eine Isabell auf, die es sich leisten konnte, im wichtigsten Hallenwettbewerb des Jahres sich und ihr Pferd noch einmal ausgiebig strahlen zu lassen. In der Kür wurden sie und Weihegold, mit der sie seit Rio noch enger zusammengewachsen war, enthusiastisch gefeiert. Das Pferd hatte sich körperlich weiterentwickelt. Schon zuvor, wiederum beim Turnier in Amsterdam im Januar 2017, hatten die beiden für die Kür eine Traumnote erhalten. 90,720 Prozentpunkte – so viel hatte Isabell in ihrer langen Karriere noch nie erreicht. Sie konnte endlich Weihegolds ganze Fähigkeiten ausreiten, weil die Stute die nötige Kraft zur Verfügung hatte, um ihr Talent auszuspielen. 90,704 Prozent in der Kür von Omaha waren die zweitbeste Note ihres Lebens, aber die interessierte das Publikum schon kaum mehr, weil es längst geahnt hatte, dass es hier einer ganz besonderen Spitzenleistung beiwohnte. Und so begann die After-Show-Party bereits, als die Übung noch gar nicht beendet war. Isabell hielt mit ihrem Pferd im starken Trab auf eine Ecke des Vierecks zu, und plötzlich fing sie, während Weihegold hurtig weiterstrebte, über das ganze Gesicht zu strahlen an. Was war ihr so plötzlich in den Sinn gekommen?

Sie freute sich auf die letzte Linie. Jetzt nach rechts abwenden und sich vom Pferd auf der Mittellinie zum Abschluss federnd tragen und beschwingen lassen in Passage und Piaffe. Isabell und Weihegold sonnten sich in der Bewunderung. »Weihegold konnte gefeiert werden«, sagte Isabell wenig später.

Zum dritten Mal in ihrer Karriere gewann sie den Weltcup der Dressurreiter – erstmals war ihr das fünfundzwanzig Jahre zuvor mit der Stute Fabienne gelungen. Doch diesmal war es eigentlich kein Wettkampf mehr gewesen, der ihr den Titel einbrachte, sondern ein einziges Fest. So geriet dann auch die Siegerehrung: Isabell war derart konfus vor lauter positiver Energie, dass sie noch lange auf ihrem Pferd sitzen blieb, als sie längst hätte absteigen sollen. Dann wiederum sprang sie viel zu früh aufs Podest. Dort verspritzte sie Champagner wie ein Formel-1-Champion, setzte dann aber die Flasche an die Lippen und nahm einen tiefen Zug. Danach ließ sie die Zweitplatzierte, die Amerikanerin Laura Graves, und den Dritten, den Briten Carl Hester trinken, bevor sie alle drei Pferdepfleger tränkte. Gerade noch hatte Steffi Wiegard, Isabells Groom, beim Klang der deutschen Nationalhymne verschämt in Weihegolds Fell geweint. Nun wurde sie von der Chefin mit Champagner bedacht.

Danach die Ehrenrunde. Und noch eine. Es schien, als wollte keiner der achttausend amerikanischen Isabell-Werth-Fans in der Halle jetzt schon nach Hause gehen. Isabell aber blieb sich selbst treu: Im Moment größter Leichtigkeit, als kein Zwang sie mehr einschnürte und keine besondere Willenskraft mehr nötig war, um die Herausforderungen des Tages zu meistern, dachte sie an all die Schwierigkeiten, denen sie sich mit den Jahren schon hatte stellen müssen. »Ich weiß, wie es unten ist«, sagte Isabell kurz nach diesem Auftritt noch atemlos. »Und ich bin froh, dass ich oben bin.«

Aber natürlich ging auch nach diesem überwältigenden Highlight das Leben weiter, und Isabell war immer klar: Die Konkurrenz schläft nicht. Schon in Omaha ballte Laura Graves ihre zarten Fäuste. Der Champagner, den Isabell ihr im Überschwang einflößte, schmeckte ihr sauer. Sie gab zwar ehrlich zu, dass sie an jenem Tag noch keine Chance gehabt hatte, Isabell und Weihegold anzugreifen. Aber sie machte auch unmissverständlich klar, dass dies nicht ihr letztes Wort gewesen sein sollte. Sie studiere ihre Gegner genau, erklärte die junge Frau mit einem kleinen, drohenden Vibrato in der Stimme. Ganz besonders studiere sie Isabell. Sie lerne von ihnen allen. Und sie wisse, woran sie arbeiten müsse daheim in Florida. Ihr Wallach Verdades ist ein eher grobknochiges, altmodisches Pferd vom Typ Karossier. Aber auch den prächtigen Auftritt und die grandiose Beweglichkeit hat er mit den Repräsentationspferden gemein, die Edelleute einst vor ihre Kutschen spannten.

Ein paar Monate später, beim CHIO im Sommer 2017 in Aachen, schlug sie erstmals Isabell und Weihegold im Grand Prix Special. Die beiden hatten sich ungewöhnliche Konzentrationsfehler erlaubt – und schon war Laura an ihnen vorbei. Tags darauf in der Kür wurde die Amerikanerin von Isabell aber in Grund und Boden geritten. Null Chance. Zumal Isabell im Stadion für ihren offensiven Auftritt lautstark gefeiert wurde, während Laura draußen noch auf ihren Einritt wartete und Verdades sich immer mehr über den Lärm aufregte.

Wieder ein paar Monate später, beim Weltcup-Finale 2018 in Paris, überraschte Laura die favorisierte Isabell mit einem Sieg in der Aufwärmprüfung. Weihegold hatte sich auf einem allzu kleinen Trainingsplatz beengt gefühlt und sich während der Prüfung in der Galopptour Luft verschafft, was viele Punkte kostete. Nach diesem Überraschungserfolg bekam Laura es allerdings mit der Angst. Sie fragte sich: Was würde Isabell diesmal in der Kür mit ihr machen?

Die Wirkung war tatsächlich krass. Isabells Miene wurde sehr ernst. Sie runzelte die Stirn. Sie holte tief Luft. Und es war beinahe von außen sichtbar, wie tief im Inneren ihre Adrenalinquellen, die mit den Jahren womöglich ein wenig träge geworden sind, sich öffneten und schließlich wieder zu sprudeln begannen. Nun endlich war sie im Wettkampfmodus, Weihegold zelebrierte ihre Stärke in Piaffe und Passage in voller Pracht, jedes Härchen legte sich richtig hin, es gelang den beiden eine perfekte Kür.

Laura und Verdades hatten auch diesmal keine Chance gegen die Meisterin auf ihrer eleganten Stute. Isabell gewann ihren vierten Weltcup-Titel, Laura musste die nächste Niederlage hinnehmen. Sie hatte sichtlich Schwierigkeiten, das Erlebte innerlich auszubalancieren. Doch kaum hatte sie sich wieder gefangen, erklärte sie entschlossen: Sie werde stärker zurückkommen.

Auch in der eigenen Mannschaft regte sich Widerstand gegen Isabells Dominanz. Ein paar Hundert Kilometer südlich von Rheinberg, in Bad Homburg bei Frankfurt, machte sich ein junger Herausforderer bereit, die große Meisterin anzugreifen: Der Wirtschaftsstudent Sönke Rothenberger mit seinem niederländischen Wallach Cosmo ist der Sohn der einstigen Olympiareiter für die Niederlande, Sven und Gonnelien Rothenberger. Bereits in Rio war er Isabells Mannschaftskollege gewesen, noch nicht einmal halb so alt wie sie. Sein Wallach hatte sich dort extrem ungehörig aufgeführt, aber das änderte nichts daran, dass seine Leistungskurve steil nach oben wies. Bei der Siegerehrung hatte er seinem Pfleger mit dem Huf eine hässliche Platzwunde an der Stirn beigebracht, die mit mehreren Stichen genäht werden musste. Bei der Siegerparty war der Mann allerdings schon wieder fröhlich dabei, während Cosmo im Stall sein Futter verzehrte, als wäre nichts geschehen.

Rothenberger und Cosmo hatten in der Mannschaftswertung noch das Streichresultat geliefert. Dass man die Leistung der beiden für den Olympiasieg nicht wirklich gebraucht hätte, lag allerdings vor allem an den starken Ritten seiner Mitstreiterinnen. Beide Male rangierte er trotzdem mit seinem erst neunjährigen Pferd unter den Top Ten. Und es war klar: Dieses Pferd mit seinen großen Grundqualitäten hatte noch lange nicht alles gezeigt.

Und Sönke ist nicht nur hungrig auf Erfolg. Er verfügt auch über die nötige Willenskraft und Zähigkeit, um Isabell auf lange Sicht mit ihrer Stute Weihegold unter Druck zu setzen. Er fühle sich wie ein Jongleur, sagte Sönke einmal, dessen Aufgabe es sei, zehn Teller gleichzeitig in der Luft zu halten. Sprich: jede Lektion einer Prüfung optimal herauszuarbeiten. Er fügte hinzu, Isabell sei seiner Ansicht nach in dieser Kunst besonders stark. Aber an dem Tag, an dem ihm diese Nummer ebenfalls gelinge, sollte das wohl heißen, werde er sie schlagen. Eine Kampfansage.

Bei den deutschen Meisterschaften 2017, im Jahr nach den Olympischen Spielen, ging sein Plan aber nicht auf. In allen drei Prüfungen, dem Grand Prix, dem Grand Prix Special und der Kür, lag Isabell vorn. Rothenberger mit Cosmo war dreimal Zweiter. Die Chefin hatte sich wieder einmal nicht die Butter vom Brot nehmen lassen. Und das wäre noch keine Überraschung gewesen, hätte sie den Titelkampf mit Weihegold bestritten. Aber nein, der wahre Schock lag in einer anderen Erkenntnis. Aus der zweiten Reihe des Stalles Werth, der weiterhin durch Bella Roses Ausfall dezimiert war, trat schon wieder ein Crack ins Rampenlicht: Emilio, der gerade noch als Problempferd gegolten hatte, und nun plötzlich auftrumpfte, als gäbe es kein Gestern. Schon wieder so ein Spitzenprodukt aus der Meisterschule in Rheinberg. Alle staunten: Es war, als ritte Isabell auf einer Glückswelle, die nicht so schnell auslaufen wollte.

Der braune Westfale schmiss die Beine zu den Klängen von Beethovens Neunter Sinfonie so energisch, dass man einen neuen Emilio vor sich zu sehen glaubte. Der eigentlich ein wenig plumpe Braune früherer Tage hatte sich in einen eleganten, feinen Balletttänzer verwandelt. »Freude, schöner Götterfunken« – diesen Teil der Musik hatte Isabell aus der Kür von Bella Rose übernommen. Eine Hommage an die ganze Pferdefamilie, denn Emilio hat den gleichen Großvater wie ihre Traumstute, den Anglo-Araber Cacir. Und er stammt von der gleichen erfahrenen Züchterfamilie.

Es war, als spürte Emilio, dass sein Karriere-Slot sich an diesem Wochenende im Juni 2017 geöffnet hatte, weil Weihegold unpässlich war. Die litt an einem dicken Bein, Folge einer harmlosen Entzündung, und musste mit Medikamenten behandelt werden. Die Qualifikation für die Europameisterschaften im Sommer in Göteborg stand Isabell mit Weihegold trotzdem offen. Und, wenn alle Stricke reißen sollten, auch mit Emilio. Plötzlich war Weihegold Isabells Pferd Nummer eins. Und Emilio das Pferd Nummer eins A.

»Emilio ist ein extrem dynamisches und schwungvolles Pferd, das inzwischen seine körperlichen Fähigkeiten auch sehr gut umsetzen kann. Wenn Emilio sich bewegt, dann bewegt sich jede Faser seines Körpers. Es dauerte seine Zeit, bis Emilios Körper und Geist zusammengewachsen waren,

denn Gelassenheit ist nicht sein Ding. Er ist immer wachsam, hält immer ein wenig die Luft an. Sobald er in Bewegung kommt, ist alles gut. Aber sonst: ein großer Skeptiker. Und hochsensibel.«

Der junge Emilio war so argwöhnisch und empfindlich gewesen, dass die Züchter Heinrich und Wilhelm Strunk in größte Schwierigkeiten gerieten. Es fand sich niemand in dem professionellen Stall, der es geschafft hätte, bei dem fünfjährigen Emilio aufzusitzen. Dadurch war klar: Sollte es weiterhin nicht gelingen, würde niemand jemals dieses Pferd wollen. Solche Schwierigkeiten würde sich niemand in den Stall holen – und sich auch nicht einer solchen Unfallgefahr aussetzen. Es sei denn, es handelte sich um einen ausgesprochen selbstsicheren Reiter, der sich der Problemlösung verschrieben hatte. Wie Isabell – und ihr damaliger Mitarbeiter Matthias Bouten.

»Es war wirklich die Frage, was passiert mit dem Pferd. Wird er ein Fall für die Himmelswiese, oder finden sie noch jemanden, der sich seiner annimmt? Ich habe gesagt, okay, Matthias, wir nehmen ihn. Aber du musst dich um ihn kümmern, und zwar so, dass es irgendwann funktioniert. Tatsächlich hatte Emilio schon einige Reiter in extrem gefährliche Situationen gebracht, und keiner wusste mehr Rat. Am Anfang hatte er zwar noch den einen oder anderen Reiter in der Stallgasse aufsteigen lassen. Aber sobald er in der Halle war, rannte er los, war nicht mehr aufzuhalten und wurde von Runde zu Runde schneller. Schließlich ließ er überhaupt niemanden mehr aufsteigen.

Matthias hat es dann mit viel Geduld geschafft. Aber es hat sechs Monate gedauert. Er merkte, dass das Pferd immer dann Angst bekam, wenn sich hinter seinem Auge etwas nach oben bewegte. In diesem Moment ist das Pferd sofort panisch losgerannt. Kein Mensch weiß, warum. Matthias hat ihn schließlich longiert und eine Puppe in seinen Sattel gebunden, um ihn an den Reiter zu gewöhnen, doch das brachte keinen Erfolg. Erst als er ihm eine Augenklappe aufsetzte, ging es ganz langsam vorwärts. Danach bekam er Scheuklappen wie ein Fahrpferd. Emilio fasste vorsichtig Vertrauen, und irgendwann wurde es möglich, in seinen Sattel zu steigen, ohne dass er durchdrehte. Heute ist alles gut. Das hat Matthias wirklich großartig gemacht. Ich habe Emilio übernommen, als Matthias meinen Stall verlassen hat.

Das Pferd ist ein Kontrollfreak geblieben. Es ist ihm heute noch unheimlich, wenn der Schmied kommt. Er hat nie eine negative Erfahrung mit dem Schmied gemacht, aber er hat trotzdem Angst.

Ich versuche immer noch, alles zu vermeiden, was ihm Angst machen könnte. Bei Siegerehrungen aber hat er mittlerweile ein großes Vertrauen bekommen. Trotzdem meide ich alles, was ihn in eine Situation bringen könnte, dass er flüchtet, damit er nicht in eine alte Erinnerung gerät und das Problem von vorne losgeht. Bisher ist das gelungen. Ich kann nur sagen: Toi, toi, toi.«

Es blieb nicht allein bei den deutschen Meistertiteln. Ende des Jahres 2017 hatte Emilio zwei Weltcup-Qualifikationen gewonnen und stand in der Dressur-Weltrangliste auf Platz drei. Und im folgenden Jahr steigerte er sich weiter.

Für die Europameisterschaften im August 2017 in Göteborg aber war Weihegold längst wieder fit. Eine weitere gemeinsame Sommersaison hatte das Verhältnis zwischen

Reiterin und Pferd noch inniger werden lassen, Weihegold war nun auf dem Höhepunkt ihres Könnens. Und das war auch nötig, um die Attacke aus der eigenen Mannschaft noch einmal parieren zu können. Ein Jahr zuvor in Rio war sie die Aufsteigerin gewesen, die keiner besonders ins Visier genommen hatte. Doch das war vorbei. Isabell war in die alte Rolle zurückgekehrt: Sie war wieder die Reiterin, die es zu schlagen galt.

Sönke Rothenberger tat gelassen, aber das Messer war längst gewetzt. Sein Cosmo – nun zehn Jahre alt und seit Rio deutlich gereifter – hatte sich in seiner Problem-Lektion, den Piaffen, gesteigert und seinen Vorwärtsdrang eingeschränkt. Und wenn das Pferd im starken Trab losschob, machten die Leute große Augen. Der starke Trab – ausgerechnet die nicht ganz so perfekte Übung der auf Piaffe und Passage spezialisierten Weihegold – war das Ass, das Sönke gegen Isabell auszuspielen gedachte. Das wusste sie wohl. Das traumwandlerische Intermezzo war vorüber, und die Europameisterschaften brachten ihr wieder die volle Dosis von dem Kampfstoff, den sie so liebte: Adrenalin.

Die Dramaturgie war filmreif: Am Mittwoch, im Grand Prix, war es noch ein Spaziergang für Isabell, am Freitag im Special ein belebender Kick, in der Kür am Sonntag ein Kampf bis aufs Messer: Dreimal trat Isabell mit Weihegold in Göteborg an, dreimal gewann sie den Titel, erst mit der Mannschaft, und dann zweimal in den Einzelwettbewerben. Und jedes Mal gelang es dem jungen Studenten mit seinem Wallach, sie heftiger zu bedrängen. Am letzten Tag drehte er den Grill, auf dem der Eleve die große Meisterin braten wollte, mit einer nahezu perfekten Kür so auf, dass sie nur mit äußerster Anstrengung eine Niederlage verhindern konnte. Sie durfte sich keinen Fehler erlauben, nicht einmal den kleinsten. Und damit nicht genug: Sie musste das Risiko erhöhen, begab sich nun auch mit der braven Stute Weihegold auf die rasiermesserscharfe Linie zwischen Gänsehaut und Scheitern. Sie wagte alles, und Weihegold gab alles.

Und doch: Nach ihrer Kür, der womöglich besten, die ihr mit Weihegold jemals gelungen war, saß Isabell mit ernstem Gesicht auf ihrem Pferd und wartete auf die Noten. Die Frage war: Würde das Optimum reichen, um den Herausforderer, der eine Traumvorstellung vorgelegt hatte, in Schach zu halten? Es reichte – aber nur äußerst knapp. Im Grand Prix hatte der Abstand noch 5,4 Prozentpunkte betragen, im Special schrumpfte er dramatisch auf 1,235, und in der Kür waren es hauchdünne 0,368. Isabells Gesicht entspannte sich wieder, als ihr Sieg feststand. Der Tag der nächsten großen Niederlage, mit dem sie schon aus Gewohnheit immer rechnete, rückte wieder in die Ferne.

Ein kurzer Moment des Innehaltens bei Isabell wich rasch der Dankbarkeit für den siebzehnten Europameistertitel ihrer langen Karriere, zu dem ihr Weihegold verholfen hatte. Die Stute war wieder einmal bereit gewesen, für sie durchs Feuer zu gehen. Und ganz offensichtlich war Isabell dankbar dafür, dass Sönke ihr zu einem solchen Energieschub verholfen hatte. Der hatte wirklich für einen kurzen Moment geglaubt, er hätte es geschafft. Auch er hatte von den Richtern mehr als 90 Prozentpunkte erhalten. Und einen Titelkampf mit zwei 90-Prozent-Ritten hatte es nie zuvor gegeben. Monica Theodorescu, die Bundestrainerin, schickte ein Dankgebet gen Himmel, an ihren verstorbenen Vater George, ihren großen Lehrer. Für sie als Trainerin war es ein herausragender Triumph, zwei so starke

Reiter am Start zu haben. Als ehemalige Championatsreiterin mag es für sie manchmal schon schwer gewesen sein, sich mit der Rolle als Betreuerin und Managerin zufrieden zu geben. An jenem Tag im August 2017 aber war sie nun auch als Coach an der Weltspitze angelangt.

»Göteborg war einfach toll. Zuvor, in Aachen, hatte ich schon gedacht, dass es schwer würde, das noch einmal hinzukriegen. Dass Weihegold drei Tage lang durchgehalten, drei Prüfungen auf solch hohem Niveau durchgezogen hat, war ihr absolutes Highlight. Monica sagt, dass es zurzeit kein anderes Pferd gebe, das die Anforderungen eines Grand Prix so gut erfülle wie Weihegold. Die Lektionen, die eine schwere Prüfung ausmachen: Piaffe, Passage, Pirouetten. Und das in einer solchen Selbstverständlichkeit. Das ist es, was wir unter Losgelassenheit verstehen.«

Die Spannung in Göteborg bis zur allerletzten Sekunde tat dem sportlichen Bild vom Dressurreiten gut. Es ist allerdings anzunehmen, dass bei einem zeitgemäßeren Wertungssystem Isabells Sieg deutlicher ausgefallen wäre. Der Weltverband FEI hatte bei den Europameisterschaften darauf verzichtet, eine bereits bestehende Neuerung umzusetzen. Dass nämlich, ähnlich dem Turnen oder Eiskunstlaufen, anhand des Schwierigkeitsgrads eine technische Grundnote festgelegt wird. Dies soll der Objektivierung der Notengebung dienen. Wäre der Schwierigkeitsgrad auf diese Weise mitbewertet worden, wäre angesichts des Feuerwerks von Höchstanforderungen in ihrer Kür Isabells Vorsprung vor Sönke wohl größer ausgefallen. Aber dieses System wurde bis dato nur zwingend im Weltcup angewandt.

»Klar wusste ich, dass ich die Gejagte war, und die Richter sahen das auch so. Dieser Cosmo mit dem Vorteil seines Trabs – das war unter diesen Umständen schon eine starke Kampfansage.«

Unübersehbar waren Weihegolds Stärken in ihren Paradelektionen, der Piaffe und Passage. Aber natürlich tendieren auch die Wertungsrichter dazu, Abwechslung zu schaffen. Sie haben die Neigung, bei einem Favoriten eher die Schwächen zu betonen, bei einem Herausforderer seine Stärken in den Blick zu nehmen. Doch was bedeutete das für die Zukunft? Würde es Isabell bei dieser Konstellation beim nächsten Kräftemessen abermals gelingen, den Angriff zu parieren?

»Ich war einfach glücklich, wie die Stute sich entwickelt hatte. Dass sie im Viereck so fokussiert war, alles auf die Straße brachte, was sie hatte, und keinen einzigen Fehler machte. Und für die Zukunft gilt: neues Spiel, neues Glück. Erst einmal müssen alle reiten, wie man so schön sagt.«

Die Dressurwelt verneigte sich noch einmal voller Respekt. Jeder hatte sehen können, dass Weihegold mit ihren zwölf Jahren in Göteborg ihr Bestes gegeben hatte. Ein Pferd, das sich für seine Reiterin derart zu zerreißen bereit war, auf einem solchen Leistungszenit zu erleben, war wieder ein ganz besonderer Moment. Die Frage, wie lange sich ein solches Niveau würde halten lassen, bestimmte Isabells weitere Pläne mit Weihegold. Nach wie vor galt, dass sie das Pferd nicht überlasten durfte, um seine Stärken möglichst lange zu erhalten. Der Balanceakt ging also weiter.

»Weihegold ist kein weiches Pferd, aber ich habe im Laufe der Jahre gelernt, dass ich das Potenzial eines Pferdes nicht ständig ausreizen darf. Das hat mich zum Beispiel ein Satchmo gelehrt: dass ich die Grenzen eines Pferdes akzeptieren muss. Irgendwann wirkt übertriebener Ehrgeiz nur noch kontraproduktiv. Manchmal ist weniger mehr.«

Das leuchtete auch Weihegolds Besitzern ein, die sich nach Göteborg dafür entschieden, das Leasing-Modell um weitere vier Jahre, also bis über die Olympischen Spiele 2020 in Tokio hinaus, zu verlängern. Wieder fiel die Entscheidung für die Freude an einem außergewöhnlichen Pferd und gegen einen lukrativen Verkauf. Die Stute musste nicht den Weg vieler Spitzenpferde gehen, die für viel Geld den Besitzer wechseln. Das Traumpaar wurde nicht für zweifelhafte Erfolgsaussichten auseinandergerissen.

»Ich will nicht überheblich sein, aber wenn Weihegold in andere Hände geraten wäre, hätte ich einem solchen Projekt äußerst skeptisch gegenübergestanden. Es würde wahrscheinlich schwer werden, es besser zu machen. Und wenn ein unerfahrener Reiter sie bekommen sollte, würde womöglich der Totilas-Effekt eintreten. Dass ein Reiter mit dem Pferd zusammen lernen muss, auf welche Weise er seine Spitzenleistung abrufen kann. Und wenn sich die beiden schließlich gefunden haben, ist es womöglich zu spät und die Gesundheit des Pferdes dahin. Zum Glück hält das Beispiel Totilas inzwischen so manchen Reiter davon ab, sich ein teures Erfolgspferd zu kaufen. Man möchte sich ja auch nicht blamieren. Aber vielleicht wäre das einem Japaner, der bei den nächsten Olympischen Spielen in Tokio ein gutes Bild abgeben will, ja

das Risiko wert? Zum Glück stellt sich diese Frage jetzt nicht mehr. Wir haben eine Einigung gefunden, die für alle Seiten die beste ist.«

Tokio 2020 also. Es wären Isabells sechste Olympische Spiele. Dann wird sie einundfünfzig Jahre alt sein – und am Ende des Weihegold-Vertrags sogar zweiundfünfzig. Aber das soll nicht heißen, dass sie danach ihre Karriere im Sattel beenden wird. Ihre größte Nachwuchshoffnung Belantis wird im nächsten Olympiajahr schließlich erst elf Jahre alt sein. Und in der Reiterei, deren Basis schließlich die Erfahrung ist, gilt: Hauptsache das Pferd gehört zur Jugend der Welt. Doch Isabell wünscht sich, irgendwann einen Bereiter oder eine Bereiterin zu finden, der oder die im Stall Werth ihre Nachfolge antreten kann.

»Ich möchte in einem Zeitrahmen von vielleicht fünf Jahren jemanden aufgebaut haben, mit dem ich reiterlich übereinstimme und bei dem die Chemie stimmt. Dem ich zutraue, dass er den Betrieb weiterführen kann. Es muss jemand sein, der vom Talent, vom Charakter und vom Umgang mit Menschen in die Rolle passt. Und der auch Gespür hat für Situationen. Ich möchte, dass die Verantwortung nicht nur auf meinen Schultern liegt und der Erfolg nicht mehr nur von meiner Person abhängig ist.«

Ein Gedanke, der auch für Weihegold – sollte sie überhaupt in die Zukunft denken können – naheliegen dürfte. Es gibt nämlich eine Sache, die sie noch viel lieber macht, als auf Turnieren für ihre Chefin zu schwitzen. Und das ist fressen, fressen, fressen. Eigentlich befindet sie sich, solange sie im Sport tätig ist, permanent auf Athleten-

Diät. Irgendwann will sie damit auch mal Schluss machen, und es sich gut gehen lassen. Piaffe und Passage hin oder her: Hafer ist besser. Der Sport ist vielleicht für ein paar Jahre ganz nett. Aber der Tag wird kommen, an dem sie sich auch so ein Bäuchlein anfressen wird wie ihr glücklicher Stallkollege, der gute Satchmo.

12 Der Mensch darf sich tragen lassen

Ein verregneter Nachmittag im Dezember, wir beide sitzen zusammen im Operncafé, dort, wo traditionell die Frankfurter Hautevolee ihren Champagner trinkt, und reden natürlich über Pferde. Vor ein paar Stunden hat Isabell in der Festhalle eine Prüfung gewonnen, sie hat überhaupt nur ein einziges Pferd zum Turnier mitgebracht, die Familie ist zu Hause geblieben, sodass sie ausnahmsweise ein paar Stunden Zeit für sich selbst hat. Wir haben Wein bestellt und stoßen an auf die Freude, die uns bis hierhin unser gemeinsames Buchprojekt gemacht hat.

Cheers! Bald ist Weihnachten.

Wir reden zum wiederholten Mal davon, was es eigentlich ist, das uns zusammengebracht hat. Und was das Grundmotiv unseres Buches sein soll. Es ist die Liebe zu den Pferden, von der wir wissen, dass viele Menschen sie teilen. Wahrscheinlich sogar so etwas wie eine schweigende Mehrheit. Menschen, die versonnen lächelnd nicken, wenn sie den Spruch aus dem Poesiealbum der Reiter hören: »Zwei Beine tragen meinen Körper – vier Beine tragen meine Seele.«

Als hätte es noch eines Beweises bedurft, tritt in diesem Moment eine elegante Dame an unseren Tisch, bereits im

Mantel, und sagt, sie sei außerstande, dieses Lokal zu verlassen, ohne Isabell noch rasch ein Frohes Fest gewünscht zu haben. Sie sei selbst eine Pferdeliebhaberin und Isabell ihr großes Vorbild. Ein bisschen Verlegenheit auf beiden Seiten, die Dame will schließlich nicht aufdringlich sein, und Isabell ist ja kein Fußballspieler, für den solche spontanen Sympathiebekundungen vollkommen normal wären. Aber man spürt, dass solch eine Begegnung der erfahrenen Isabell auch heute noch sichtlich guttut.

»Es gibt eine sehr hohe Zahl von Menschen, die irgendwie, irgendwo, irgendwann mit Pferden zu tun hatten. Das ist wirklich frappierend. Und wenn man sie darüber reden hört, merkt man, wie sehr sie von dieser Begegnung verzaubert wurden. Sie tragen eine große, mitunter verschüttete Zuneigung in ihren Herzen, und wenn sie wieder einmal mit Pferden zu tun haben, ist es wie eine besonders schöne Erinnerung. Es ist diese Begeisterung und Faszination, die uns alle ohne Ausnahme antreibt. Mich genauso wie einen passionierten Hobbyreiter oder einen Züchter, der nicht damit aufhören kann und will, über Pferde nachzudenken. Dass ich Spitzensport betreibe und von meinen Pferden auch Leistung fordere, steht außer Frage. Aber was uns Reiter jeden Tag in den Stall treibt, das ist etwas anderes. Der Ursprung von allem.

Es ist der unbedingte Wunsch, sich jeden Tag aufs Neue mit den Pferden zu beschäftigen. Dieses nie versiegende Interesse an ihren Charakteren, ihren Eigenheiten und Talenten. Das Aufgehen darin, ein Pferd zu beobachten und eine Vision von seinen künftigen Möglichkeiten zu entwickeln. Ich kann gar nicht genug Pferde auf mich wirken lassen, am liebsten würde ich tagelang auf einer Apfelsinenkiste sitzen und mir nichts als Pferde ansehen. Und das war immer so und wird immer so sein, auch noch in zwanzig Jahren, wenn ich schon lange nicht mehr auf den Turnierplätzen unterwegs bin.

Die Freude daran ist das Wichtigste. Der Erfolg ist nur die Krönung des Ganzen. Die Liebe und die Faszination, ein Pferd, und damit auch sein Talent, zu erkennen, ist die Grundlage meiner Verbindung zu diesen Tieren. Das hat mich ja schon als Kind zu meinem Pony getrieben. Und es ist zudem die Grundlage dessen, dass ich rund dreißig Pferde in den Spitzensport bringen konnte und nicht nur zwei oder drei und vielleicht noch ein paar gekauft wurden.«

Auf dem Turnier ist Isabell konzentriert. Ihr Gesicht ist ernst. Sie trägt eine korrekte Uniform, und das Pferd ist tadellos herausgeputzt, kein Härchen liegt falsch. Der Wettkampf verlangt von beiden eine Grundspannung, vom Spaß an der Freud ist für einen Außenstehenden nicht immer viel zu merken. Aber manchmal, und sei es mittendrin im großen Fight, spürt man es ganz deutlich: das feste Band, das sie mit ihren Pferden verbindet. Die blinde Übereinstimmung. Das eifrige Entgegenkommen des Pferdes. Ein Moment der Harmonie, ein aufblitzendes Lächeln zwischendurch.

Und manchmal gewährt sie der Öffentlichkeit auch einen Extraeinblick in die lustvollen Momente ihrer Arbeit. Vor ein paar Jahren zum Beispiel hat Isabell ein Video ins Internet gestellt, auf dem zu sehen ist, wie sie in ihrer Halle in Rheinberg den damals neunzehn Jahre alten Rentner Satchmo reitet. Sie hat keinen Sattel aufgelegt und sitzt auf seinem blanken Rücken. Er trägt auch keine Trense im Maul und erst recht keine Kandare. Ihm wurde lediglich ein Halfter über den Kopf gestreift, an dem ein Strick befestigt ist. Ohne jegliches Hilfsmittel führt sie mit ihrem alten Freund Lektionen der Hohen Schule vor, allein mithilfe ihrer Körpersprache. Er wirkt munter und lustig wie ein Junger, und sie genießt sichtlich die Einheit mit ihrem Herzenspferd. Man sieht, beide haben Spaß daran. Die Zeiten der Auseinandersetzung sind vergessen und vergeben. Jeder Amateur kann da nur sehnsüchtig staunen. Das Gefühl der ganz und gar entspannten Eintracht verbunden mit einem solch hohen Können muss wunderbar sein. Wahrscheinlich wirklich ein Stück vom vollkommenen Glück.

Doch das spürt nicht jeder, der sich das Video ansieht. Dass in den darunter stehenden Kommentaren trotz zahlreicher Sympathiebekundungen gelegentlich ein mäkeliger Ton auftaucht, ist fast schon erschreckend. Da gefällt dem einen absurderweise Isabells Sitz nicht. Der andere unterstellt auch jetzt noch, Isabells Pferd sei eine geknechtete Kreatur und müsse leiden – obwohl Satchmo in dieser Situation alle Möglichkeiten hätte, seinem Missfallen nachhaltig Ausdruck zu verleihen, aber stattdessen die Runden zu genießen scheint wie sie. Die Kritik – die der Pferdesport sicher zuweilen verdient – macht sich an einem falschen Beispiel fest. Woraus aber speist sich diese undifferenzierte Ablehnung aus dem Off?

Isabell will sich für ihren Sport nicht rechtfertigen müssen, sie weiß, was sie tut, und dass sie es verantworten kann. Aber manchmal klingt aus ihren Antworten auf die immer wieder lancierten Angriffe von außen beinahe so etwas wie der Zwang, sich zu verteidigen.

»Natürlich mache ich in der Ausbildung auch Fehler. Das ist wie in der Kindererziehung. Niemand wird von sich selbst behaupten können, dass er nicht einmal schlecht drauf war,

dass er sein Kind nie ungerecht behandelt oder es einmal zu Unrecht bestraft hat. Und so ist das ebenfalls mit Pferden. Dazu kommt, dass man durch die enge körperliche Zusammenarbeit sofort und spontan reagieren muss. Man reagiert intuitiv mit dem Körper und kann die Lage in der Regel nicht erst aus der Distanz beurteilen. Deswegen können mitunter Reflexe kommen, die man an einem schlechten Tag nicht sofort im Griff hat. Ich nehme aber für mich in Anspruch, dass ich nur so viel von den Pferden verlange, wie möglich ist, und dass die Fehler, die ich im Laufe der Zeit begehe, nur einen Bruchteil meiner Handlungen ausmachen. Wenn ich das Gefühl habe, ich war ungerecht zu meinem Pferd, oder irgendetwas läuft nicht rund, dann ist die Folge, dass ich eine Nacht nicht schlafe. Es lässt mich nicht los, und ich versuche, einen besseren Weg zu finden. Es ist schließlich nicht so, dass ich mich nicht dauernd hinterfragen würde. Dabei muss ich auch die Eigenheiten eines jeden Pferdes berücksichtigen. Von Pferd zu Pferd wird die Einwirkung des Reiters sehr unterschiedlich wahrgenommen. Es gibt Pferde, die sehr fein selbst auf die kleinsten Hilfen reagieren. Und es gibt Pferde, die sind viel weniger sensibel, darum muss die Einwirkung entsprechend stärker sein.

Aber egal, wie ähnlich oder nicht ähnlich die Gefühle von Menschen und Pferden sein mögen: Ich spüre, dass meine Pferde sich freuen, wenn sie etwas richtig gemacht haben. Manchmal platzen sie sogar regelrecht vor Stolz, und es freut mich, wenn sie das ausleben. Sie wachsen daran und bauen Selbstvertrauen auf. Ich wünsche jedem, dass er so etwas einmal fühlt.

Es gibt natürlich Pferde, die ein großes Phlegma ausleben, die einfach nur Dienst nach Vorschrift machen. Und es gibt Pferde, die gehen voll auf in dem, was sie tun. Sie wollen unbe-

dingt mitmachen, sind begeistert und hochmotiviert. Unser größtes Gut und Kapital ist ein gesundes und fittes Pferd, und wir tun alles dafür, dass es ihm gut geht. Das müsste eigentlich jedem einleuchten.«

Immer wieder wird Isabell mit der ernsthaft gestellten Forderung konfrontiert, Pferde müssten ein Selbstbestimmungsrecht haben wie Menschen. Verbunden mit dem Postulat, da sie sich nicht aktiv dafür entschieden hätten, geritten zu werden, sei das Reiten nicht legitim. Da Pferde nicht die natürliche Bestimmung hätten, Kutschen zu ziehen, müsse auch das verboten werden. Und überhaupt gehörten Pferde in die Freiheit und nicht in den Stall. Die Kernfrage, die über alldem steht, lautet: Hat der Mensch das Recht, sich von einem Tier tragen zu lassen?

Er hat sich dieses Recht jedenfalls über Jahrtausende hinweg herausgenommen. Was wäre der Mensch überhaupt ohne das Pferd und das Pferd ohne den Menschen? Diese Symbiose hat eine sehr lange Geschichte. Aber ausgerechnet jetzt, in dem Zeitalter, da der Mensch das Pferd nicht mehr zum Überleben und zur Bewältigung seines Alltags braucht, da es in der Industrie, der Landwirtschaft und beim Militär nahezu überflüssig geworden ist, soll zum Schutz seines Selbstbestimmungsrechts diese Verbindung vollends beendet werden?

»Gegen diese Argumente werde ich nicht ankommen. Man kann jede Begründung immer wieder mit der Tatsache aushebeln, dass wir sie nicht gefragt haben, ob wir uns auf ihren Rücken setzen dürfen. Ja, natürlich: Dass ich hier und heute reite, bestimme ich. Und ich bestimme, wann das Pferd den fliegenden Wechsel machen soll. Und natürlich wird es auf

einer Wiese nicht von sich aus einen Grand Prix vorführen. Bei dieser Grundsatzfrage werden sich immer die Geister scheiden. Denn ich sage, ich darf ein Tier als Partner wählen, sei es ein Pferd, ein Hund oder eine Katze, wenn ich das mit dem nötigen Respekt vor der Kreatur mache – das hat Vorrang vor allem anderen. Ich zwinge das Pferd auch nicht zu unnatürlichem Verhalten, wenn ich es reite. Ich schule sein Grundtalent und fördere es und kann gar nicht hoch genug einschätzen, was die Pferde nicht nur für mich als Leistungssportlerin, sondern für mich als Mensch tun.«

Die Grundsatzkritiker der Reiterei bilden eine Minderheit, aber eine lautstarke, die im Trend liegt. Anders als auf anderen Fachgebieten scheinen im Umgang mit Pferden das Wissen und die Kompetenz von Experten wie Isabell nicht allgemein respektiert zu werden. Es ist wie in manch anderen populären Bereichen: Die wenigsten wissen wirklich Bescheid, aber jeder weiß es besser.

Vor hundert Jahren hätte es für die Reiterei noch viel günstiger ausgesehen. Damals konnte sich in unserem Kulturkreis niemand ein Leben ohne Pferde vorstellen, sie waren ein essenzieller Teil des Alltags. Pferde wurden geritten, um von A nach B zu kommen. Sie zogen Postkutschen und Straßenbahnen, Bierwagen und Planwagen, liehen den Ackergeräten ihre Kraft und brachten die Ernte heim. Und sie zogen mit den Menschen in den Krieg.

Heute können die meisten Erwachsenen nicht mehr reiten, sondern fahren stattdessen ein Auto. Sie träumen nicht mehr von einem schmucken Gespann, sondern von einem Geländewagen. Gäbe es im heutigen Leben keine Pferde mehr, so würden zwar viele Menschen sie vermissen. Und auch als Wirtschaftsfaktor ist das Pferd nicht gering zu schätzen. Aber es träfe die Gesellschaft in unseren Breiten auf existenzieller Ebene nicht mehr so hart wie zu früheren Zeiten. Freizeit- und Hobbyreiter müssten umsteigen, die Rennbahnen, ohnehin in der Finanzkrise, müssten vollends schließen, und es gäbe keine Turnierreiter mehr. Die Industrie rings um den Pferdesport müsste sich ein neues Feld suchen. Aber viele Menschen wären ärmer ohne die Pferde, und ein ganzes, von vielen Generationen mit Akribie und Hingabe entwickeltes Kapitel des kollektiven Menschheitswissens würde mit der Reiterei in Vergessenheit geraten.

»Früher war das Pferd unser Fortbewegungsmittel. Das Reiten, der Umgang mit Pferden ist meiner Meinung nach ein Kulturgut, das gepflegt werden muss. Die Menschen, die meinen, das müsste alles wegsterben, haben offensichtlich gar keine Beziehung zum Tier und wissen auch gar nicht, wie sehr Mensch und Tier miteinander verwachsen können. Was das für eine beglückende Beziehung für beide sein kann. Sie kommen aus einer künstlichen Welt, in der vielleicht viele Worte gemacht werden, aber der praktische Bezug völlig fehlt. Klar, wir könnten jetzt sagen, wir machen die Stalltür auf, sie rennen raus und überleben dann irgendwie. Aber dieses Leben entspräche nicht dem sozialisierten und zivilisierten Standard unserer Pferde. Das sind Ergebnisse einer langen Zuchtentwicklung, und sie sind total auf den Menschen bezogen. Wir leben nicht mehr im Jahrtausend der Wildpferde und der Prärie.«

Eines der großen Missverständnisse: Das Pferd brauche den Menschen nicht, ja, es lehne ihn sogar ab und ziehe ein Leben in Freiheit vor. Dabei braucht das Pferd den Menschen mehr denn je, der ihm seinen Platz in der Welt sichert, der in unseren zersiedelten Landschaften seinen Lebensraum und seine Gesundheit schützt. Lieber tot, als von Menschen dominiert werden? Das mag für Tiere gelten, die man der Wildnis entrissen hat. Und die genetisch nicht das Bedürfnis oder die Fähigkeit haben, sich in Sozialstrukturen einzufügen. Doch Pferde sind seit Jahrtausenden auf das Leben mit den Menschen eingestellt und profitieren davon.

»Es gibt nur einen kleinen Prozentsatz von Pferden, die sich nicht auf den Menschen einlassen, weil sie schlimme Dinge erlebt haben. Oder, wie man das sagt, genetisch ein Charakterdefizit haben. Das sind wirklich extrem wenige, weil man diese Eigenschaften durch die Zucht herausselektiert hat. Wir haben ja heute, im Zeitalter der Freizeit- und Sportpferde, fast nur noch den eleganteren Typen – richtig schwere, für die Kutsche geeignete Pferde sind selten geworden. Früher brauchte man die etwas gröberen Pferde viel mehr. Aber abgesehen vom äußeren Erscheinungsbild hat die Zucht die Pferde auch innerlich verändert. Sie sind es gewohnt, sich domestizieren und vom Menschen führen zu lassen. Ja, ich gehe sogar so weit, zu sagen, sie sind darauf angewiesen. Unsere Pferde haben sich uns total anvertraut und sind vollkommen in unseren Lebensbereich integriert. Sie sind absolut bereit, sich auf den Menschen einzulassen. Sie sind eher dankbar, geführt zu werden. Wenn sie das nicht wären und ihre Kraft gegen uns ausspielen würden, wären wir chancenlos.

Darum wollen sie uns auch alles recht machen. Es ist ein dankbares Annehmen, mitgenommen und geführt zu werden. Das Pferd hat sich der Zivilisation angepasst, und das ist heute seine Rolle. Wenn wir Pferde nicht reiten dürften, gäbe es bald kaum noch welche. Es blieben höchstens noch ein paar Exemplare im Zoo übrig und ein paar aufwendig geschützte Wildpferde in Dülmen oder in der Camargue.«

Es ist eine leicht nachvollziehbare Tatsache, dass Pferde es in der Geschichte ihrer Domestizierung noch nie so gut hatten wie heute. Die Augen der Öffentlichkeit sind auf sie gerichtet, manches leidende Pferd erhält sogar mehr Aufmerksamkeit als ein leidender Mensch. Pferde sind keine Gebrauchsware mehr.

Und es ist keine falsche Sentimentalität, wenn man darauf hinweist, dass Pferde überall, wo sie ihren Dienst tun und taten, ganz nebenbei noch eine zusätzliche Aufgabe erfüllen: als Wärmespender und Seelentröster, die einen geplagten Menschen für einen Moment die zärtliche Gleichgültigkeit der Welt fühlen lassen. Wie viele Tränen die Menschheit schon ins duftende Fell von Pferden geweint hat, ist nicht bekannt, aber es kämen gewiss unendliche Ströme zusammen.

Wo soll man anfangen, wenn man sich mit dem Schicksal von Pferden in den Zeiten befasst, als die Industrie, die Landwirtschaft und das Militär noch nicht so technisiert waren wie heute? In allen Bereichen, wo schwer gezogen, getragen, Schweres bewegt werden musste, arbeiteten Pferde mit dem Menschen mit und teilten seine Lebensbedingungen.

Nur ein paar wenige Beispiele sollen genügen, um das harte Leben der Pferde in früheren Epochen zu umreißen. Im Bergbau fristeten sie bis fast in die Siebzigerjahre hinein freudlose Existenzen. Sie wurden als junge Pferde an Gurten in die Gruben hinuntergelassen und sahen erst viele Jahre später das Tageslicht wieder, wenn ihre Augen es nur noch schwer vertrugen. Dort unten zogen sie tagein, tagaus die schweren Loren an die Sammelstellen. Ihre unterirdischen Ställe waren eng, schlecht belüftet und dunkel, und in ihrem Futter fand sich kein einziger frischer Grashalm. Pferde trugen mit ihrer Arbeit elementar zum Aufschwung der Industrialisierung bei. Die Kumpels beschäftigten sich mit ihnen und beklagten die ungerechte Welt, in der ein braves, arbeitswilliges Tier viel härter arbeiten musste als ein faules, mit dem sich niemand gerne herumschlug.

Eine grauenvolle Tragödie ist die Geschichte der Pferde im Krieg. Einst konnte die Zahl der eingesetzten Pferde Schlachten entscheiden, und das reiterliche Können der Kavalleristen war überlebenswichtig. Wie viele Pferde insgesamt als Opfer der menschlichen Gewaltexzesse starben, ob vor römische Streitwagen gespannt, als lebende Waffen auf den diversen Schlachtfeldern oder als geräuschloses und schnelles Fortbewegungsmittel bei den Indianerkriegen, ist nicht überliefert. Millionen und Abermillionen Pferde wurden auf der Schlachtbank des politischen Versagens geopfert.

Es wird geschätzt, dass allein im Ersten Weltkrieg zwischen vierzehn und sechzehn Millionen Pferde eingesetzt wurden. Die wenigsten glänzten als Reittiere der Offiziere. Sie wurden buchstäblich eingespannt im Dienst der Armeen. Zwar begann damals schon die Mechanisierung des Krieges, doch die schweren Waffen wie etwa große Feldgeschütze mussten von sechs bis zwölf Pferden gezogen werden. Etwa acht Millionen Pferde kamen zu Tode, allein auf deutscher Seite 1,5 Millionen. Sie starben genauso elend wie die Soldaten: Vom Feind erschossen, von Granaten zerfetzt, sie verletzten sich und wurden krank in den unhygienischen Verhältnissen, sie verendeten elend im Gasbeschuss, starben an Hunger und Erschöpfung oder dienten gar ausgemergelten Soldaten als letzte Essensration. Weil Pferde in der Gruppe gehen müssen, damit sie nicht vor Angst ausbrechen, boten sie leichte und effektive Ziele für Flieger. Es wird berichtet, dass am Ende des Ersten Weltkrieges an der Westfront die Lebenserwartung eines Pferdes nur zehn Tage betrug.

Im Zweiten Weltkrieg spielten Pferde trotz des technischen Fortschritts immer noch eine bedeutende Rolle. Schätzungsweise 2,75 Millionen von ihnen taten allein für die Wehrmacht Dienst. Ohne sie wäre der Russlandfeldzug logistisch nicht so lange aufrechtzuerhalten gewesen, denn motorisierte Fahrzeuge blieben unweigerlich irgendwann im Schlamm stecken. Die Kavallerie kämpfte nicht mehr zu Pferde, sondern nutzte sie nur noch als Transportmittel und trug darüber hinaus in der Freizeit hinter der Front ihre Turniere aus. Die schweren Pferdetypen zogen die Kanonen und schafften den Nachschub von den Verladestationen der Bahn an den Ort des Geschehens. Und ohne die unterwegs erbeuteten russischen Panjepferde, die an karges Futter und das Ziehen im Schlamm gewöhnt waren, wäre der Vorwärtsdrang der Deutschen rasch zum Erliegen gekommen. Das Oberkommando der Wehrmacht errechnete, dass Pferde an der Ostfront eine Lebenserwartung von vier Jahren hätten – Kraftfahrzeuge aber nur von einem Jahr bis zum Totalausfall. Niemand kennt genaue Zahlen, aber es wird geschätzt, dass allein 1,5 Millionen deutsche Pferde im Zweiten Weltkrieg starben.

Der ehemalige Kavallerieoffizier Philipp von Boeselager, einer der Verschwörer des 20. Juli, beschrieb einige Jahre vor seinem Tod das enge Verhältnis des Soldaten zu seinem

Pferd im Kriegseinsatz. Sein tschechischer Wallach Moritz, ein Rappe mit edlem Kopf, begleitete ihn durch den Krieg und kehrte auch mit ihm zurück. Es schien geradezu, als nähme Moritz auf den langen Ritten ganz besondere Rücksicht auf seinen Reiter, indem er sich so geschickt bewegte, dass von Boeselager nie in Gefahr geriet, mit einem Knie einen Baum zu streifen.

»Wir ritten möglichst nah an den Feind heran, saßen dann ab. Dann führte der Spieß die Pferde in Deckung. Danach kämpften wir wie Infanteristen. Wenn das Gefecht vorbei war, wurde gefunkt, Handpferde nach vorne. Dann kamen sie zurück, und man saß wieder auf. Wenn die Pferde zurückkamen, fühlte man sich wieder zu Hause. Das war ein ganz besonderer Moment, das kann man sich gar nicht vorstellen. Jeder Soldat kramte in seiner Tasche nach einem Stück Zucker oder einem Stück Brot, weil er sich so freute, dass er wieder mit seinem Pferd zusammen war. Da konnte man sehen, wie die Soldaten mit den Pferden schmusten. In solchen Momenten war Frieden.«

Nach dem Zweiten Weltkrieg schaffte die deutsche Armee die Kavallerie ab – an die Stelle der Pferde traten als geländegängige Transportmittel die Panzer.

Nicht nur für die Menschen, auch für die Pferde in Deutschland herrscht seit 1945 ein langer, komfortabler Frieden. Gleichzeitig waren die Pferde aber nach Kriegsende so heftig bedroht wie nie zuvor. Und damit auch die Pferdezüchter. In der Landwirtschaft lösten Traktoren das Pferd ab, in der Industrie die schweren Maschinen – die Pferde wurden arbeitslos. Erst die Demokratisierung der Idee, dass man einfach nur zum Spaß reiten und Pferde halten könnte, brachte den Züchtern wieder neuen Auftrieb. Das Pferd wurde vom Arbeitstier zum Kameraden für Urlaub, Freizeit und Sport. Sein Prestige in der Männerwelt verlor es an Motorräder und Autos. Das Pferd ging immer mehr in die Hände pubertierender Mädchen über, die sie oft mit enormer Ausdauer herzen, pflegen, malen und ihr Taschengeld für Reitstunden aufsparen.

Im Spitzensport wiederum entwickelte sich die Reiterei zu einer erstaunlich gut funktionierenden Geldmaschine. Die Preisgelder stiegen zumindest im Springreiten enorm in die Höhe, die Preise für hochtalentierte Sportpferde auch, zumal die Superreichen und vor allem deren Töchter begannen, sich auf den exklusiven Turnierplätzen zu vergnügen. Am liebsten unter Gleichgesinnten. Die Pferdezucht erlebte in den klassischen Ländern also sogar einen neuen Boom.

Davon, dass jemals Millionenpreise für ein Spitzen-Sportpferd erlöst werden könnten, ahnte noch niemand etwas, als in der Nachkriegszeit der Paradigmenwechsel auf den Weg gebracht wurde. Heute werden teuer erkaufte Pferde mitunter beinahe übertrieben geschont und in Watte gepackt. Und es wird alles getan, um ihren Wert zu erhalten. Natürlich hat der Pferdesport mit ähnlichen Auswüchsen zu kämpfen wie der Menschensport: mit Leistungsmanipulation und Überforderung. Aber grundsätzlich wurden Pferde von körperlicher Arbeit im produzierenden Gewerbe noch unabhängiger als die Menschen selbst. Natürlich kommt es immer auf den Charakter des Menschen an, in dessen Hände Pferde geraten. Aber den meisten geht es heute vergleichsweise fürstlich.

Wenn jemand einem Bergbauern von einst, einem Kohlekumpel oder einem Soldaten im Krieg erzählt hätte, was an einem fernen Tag im April 2013 in Kronberg im Taunus passieren würde – er hätte wahrscheinlich nur gelacht. Damals erschien die Frankfurter Staatsanwaltschaft mit einem Gutachterteam auf dem Schafhof, dem weitläufigen Luxusanwesen, auf dem die Multimillionärin Ann Kathrin Linsenhoff mit Familie und Pferden residiert. Das Ziel der Aktion: Es sollte festgestellt werden, ob der teure Dressurhengst Totilas in seiner noblen Umgebung tierquälerisch gehalten werde. Im vorangegangenen Oktober hatte die Tierschutzorganisation Peta die Besitzer und den Reiter angezeigt. Peta ist die höchst öffentlichkeitswirksam agierende Organisation, die schon bis vor ein amerikanisches Bundesgericht zog, um die Bildrechte eines Affen einzuklagen, der mit der Kamera eines Berufsfotografen ein Selfie aufgenommen hatte, und die Einnahmen anschließend im Namen des Makaken zu verwalten.

Die Familie Linsenhoff, die es in ihrem Stall an nichts fehlen lässt, war durch die Attacke irritiert, musste aber den Behördenvertretern die Stalltür öffnen. Mit dem Ergebnis, dass das Verfahren eingestellt wurde. Die Haltung von Totilas widersprach offensichtlich keinem Gesetz, wohl aber dem Gefühl einer bestimmten Gruppe, die sich – in anderen Fällen wohl auch mit Kompetenz und triftigen Gründen – vehement Gehör verschafft.

Aber es gibt ja noch die andere Welt. Die Menschen, die mit Pferden leben, vielleicht sogar aufgewachsen sind, und der Reiterei ihre stabile Basis geben. Die in der alten Kultur leben oder ganz neu ihre Pferdebegeisterung entwickelt haben. Es sind Pferdeleute aller Schichten, die man zum Beispiel jeden Sommer in Aachen finden kann. Dort trifft sich die Gesellschaft, die sich in der Diskussion um die Existenzberechtigung der Reiterei nur selten Gehör verschafft. Der in Aachen jährlich ausgetragene CHIO ist das gesellschaftliche Highlight für solche Leute. Das glanzvollste Reitturnier, das die Branche weltweit zu bieten hat. Dort sind die Tribünen voller Menschen, die Hut-Dichte ist so hoch wie die der Kapuzenpullis – und die Plätze sind so begehrt, dass sie zum Teil von Generation zu Generation weitervererbt werden. Bei diesem unverwüstlichen Festival feiern sich die Traditionalisten seit fast hundert Jahren einmal im Jahr gnadenlos selbst, und alle tanken auf. Hier wissen sie alle wieder, wer sie sind: die Züchter, Halter, Hobbyreiter, Turnierreiter, Besitzer, Sponsoren, Trainer, Reitlehrer, Pferdesport-Funktionäre und Ponykinder.

»Aachen ist ein bisschen mein Wohnzimmer. Mein Zuhause. Das erste Mal war ich schon 1989 in Aachen. Mit Weingart bin ich noch in dem alten Dressurstadion mit der Holztribüne geritten. Aachen hatte ich bis dahin nur aus der Ferne oder im Fernsehen verfolgt, und es war für mich das Allergrößte, hier reiten zu dürfen, und das ist bis heute so geblieben. Meine Ehrfurcht und Begeisterung sind immer noch genauso groß wie damals. In Aachen will ich immer die beste Leistung zeigen, die möglich ist. Auch wegen der Atmosphäre, wegen des Publikums, das so fachkundig und begeisterungsfähig ist wie nirgends sonst. Deshalb schuldet man Aachen Topleistung. Die Pflege der Tradition wird dort ähnlich wichtig genommen wie die kommerzielle Weiterentwicklung. Darum hat man hier alles. Man isst Currywurst und trinkt Weißbier, man geht zur Sushibar oder zum Gourmetstand. Alles da. Es ist eine Mischung aus Sport, gesellschaftlichem Ereignis, VIP-Veranstaltung, Volksfest, es hat seine Bodenständigkeit und seine Tradition immer behalten.«

Es sind nicht nur die Damen und Herren mit den Hornknöpfen am Trachtenjanker, die konservativen, oft anglophilen Familien mit ihren stabilen ländlichen Wurzeln, die beim CHIO das Bild prägen. Hier trifft noch eine weitere Spezies von Pferdeverrückten im großen Stil zusammen, Leute, die ihr Leben den Pferden gewidmet haben: die meistens unsichtbaren und doch allgegenwärtigen Pferdepfleger. Sie kommen den Tieren wahrscheinlich am nächsten – und das ohne die Öffentlichkeit und den Ruhm. Sie bringen den Pferden Wasser und tränken sie, putzen und führen, salben und bürsten sie, sie machen sie fertig zum Reiten und heben später den Sattel wieder vom dampfenden Rücken. Pferd und Pfleger, das ist oft ein von tiefer Zuneigung geprägtes Vertrauensverhältnis.

Auch bei Isabell arbeiten solche Leute, die sich mit ihrem Job in hohem Maße identifizieren. Jahrelang wurde sie zum Beispiel von Hacki auf Turniere begleitet, er war in der ganzen Szene wohlbekannt, ihn musste man niemandem vorstellen. Hacki wurde einst vom Doktor engagiert. Er war Fahrer der Spedition gewesen, die zu Beginn Isabells Pferde zum Turnier brachte. Als die Firma die Transporte aufgab, wurde Hacki übernommen. Als Ergänzung zu Hacki kaufte der Doktor einen eigenen Pferdelastwagen. Als Isabell den Stall des Doktors verließ und nach Mellendorf zog, kam Hacki mit. Jahrelang gehörte er ganz selbstverständlich zum Isabell-Werth-Gesamtbild, und es war ein harter Schlag für ihn, als er eines Tages die Arbeit körperlich nicht mehr bewältigte. Die Knie machten nicht mehr mit. Er war untröstlich, als er sein altes Leben zwischen Stall und Turnier aufgeben musste.

Dann kam Anna, die zehn Jahre lang für Isabell arbeitete, bevor sie einen Gymnasiallehrer kennenlernte, heiratete und zwei Kinder bekam. Kaum war das erste Kind im Kindergarten, nahm sie wieder einen Teilzeitjob bei Isabell an.

Annas Nachfolgerin Steffi ist eigentlich Sachbearbeiterin in einem Baumarkt und reduzierte ihre Stelle zugunsten von Isabell und ihren Pferden auf eine Minimalzeit. Sie arbeitet vom Montag bis Mittwoch im Baumarkt und von Donnerstag bis Sonntag in Rheinberg. Parallel machte sie noch den Lastwagen-Führerschein. Ein Workaholic um der Pferde willen. Und dabei so penibel, dass der Rest der Mannschaft schon am Mittwochabend anfängt, verschärft aufzuräumen. Manchmal sieht man Steffi im Hintergrund des Fernsehbildes, bei der Siegerehrung. Sie hat nah am Wasser gebaut, genau wie die Chefin.

Die Liebe zu Pferden ist der rote Faden, der all diese Menschen zu einem Netzwerk verbindet, mögen sie auch aus ganz verschiedenen Welten kommen. Wer einmal die Laute gehört hat, mit denen eine Stute ihr neu geborenes Fohlen auf der Welt begrüßt, dieses freundliche, tiefe Wiehern, der weiß, dass die Pferde sich trotz ihrer Nähe zum Menschen ihr Eigenleben bewahrt haben – und wird neugierig. Automatisch fängt man an, gründlicher über Pferde nachzudenken. Vielleicht bietet sich gar die Gelegenheit, zu beobachten, mit welcher Sicherheit und innerer Unabhängigkeit diese Stute ihr Kind in der folgenden Zeit zu einem sozialen Wesen erzieht.

In früheren Zeiten, als die Pferde noch zum Alltag gehörten, wurden wohl in jeder Familie Anekdoten von braven Tieren erzählt, die sich mit ihrem besonderen Instinkt ins Leben der Menschen einbrachten und ihnen halfen. Von der Stute Helga zum Beispiel, die im Gespann neben ihrer Tochter lief und dieser die Kunst des Ziehens beibrachte. Von Lotte, die sich weigerte, mit einem schweren Erntewagen eine Brücke zu überqueren, obwohl der Bauer auf dem Bock irgendwann grob wurde. Und später stellte sich heraus, dass die Brücke beschädigt war und unter der Last zusammengebrochen wäre.

Große Bewunderung wurde in Deutschland jahrzehntelang Halla entgegengebracht, der Stute, die 1956 in Stockholm den Springreiter Hans Günter Winkler nahezu im Alleingang zum Olympiasieg trug. Schreiend vor Schmerz stieg er in den Sattel – er hatte sich am Morgen einen Muskelriss in der Leiste zugezogen. Mithilfe eines starken Zäpfchens und dann, um seine Sinne zu klären, einer großen Menge Kaffee, bestritt er die zweite olympische Runde. Seinem Pferd konnte er nur noch notdürftig die Richtung weisen, aber Halla überwand trotzdem alle Hindernisse fehlerfrei und wurde damit zum Sinnbild für Treue und Klugheit.

»Ich merke immer wieder, dass Pferde in bestimmten Momenten um Bruchteile von Sekunden schneller schalten als ich. Dass sie irgendetwas wissen, das mir verborgen bleibt, und instinktiv darauf reagieren, einfach cleverer sind. Das sind die Momente, in denen sie mich Demut lehren.«

Fast immer geht es in Isabells Reiterleben um Kontrolle. Um Erziehung. Um Anleitung. Die Hierarchie ist im Prinzip klar. Und doch gibt es auch in ihrem Leben Momente der Verletzlichkeit, in denen sie einmal nicht als Chefin und Beschützerin auftritt. In denen sie sich unter den Schutz eines Pferdes stellt.

»Satchmo ist das Pferd, das ich noch unmittelbar vor der Geburt meines Sohnes Frederik geritten habe, im Oktober 2009. Ich vertraute mich ihm an. Ich wusste, Satchmo passt auf mich auf. Heute passiert nichts. Er weiß, dass er jetzt aufpassen muss auf uns.«

Satchmo, der zu anderen Gelegenheiten solch ein heißer Ofen sein konnte, der sie in seiner Jugend immer wieder in den Sand geworfen hatte, spitzte seine Ohren und schritt ganz vorsichtig durch den Raum. So als wäre ihm vollkommen klar, dass er in diesem Moment mit seinen vier Beinen zwei Seelen trug.

Danksagung

Vor allen Dingen wollen wir uns beieinander bedanken – für die Intensität unserer Begegnungen und die inspirierende Kraft, die aus unserer Zusammenarbeit erwachsen ist. Erst durch die gemeinsame Arbeit an dem Buch ist uns bewusst geworden, dass wir uns schon seit mehr als fünfundzwanzig Jahren kennen und dass diese lange Verbindung ein besonderes Geschenk ist. Großer Dank gebührt Isabells Lebenspartner Wolfgang Urban und Evis Ehemann Manfred Wagner. Ohne die Liebe, Loyalität und Geduld unserer Männer wären wir beide nicht, was wir sind. Vielen Dank an Isabells Eltern Brigitte und Heinrich Werth, dass es sie gibt und dass sie ihre geerdete Sicht der Dinge in das Buch eingebracht haben. Und natürlich danke, Madeleine Winter-Schulze, die Isabell unerschütterlich zur Seite steht und Evi für die Recherche in Mellendorf ihre Tür geöffnet hat. Evi bedankt sich bei der »Frankfurter Allgemeinen Zeitung«, dafür, dass sie ihr über Jahrzehnte viele Erfahrungen ermöglicht hat, die in dieses Buch eingeflossen sind. Und ganz speziell bei Mitherausgeber Holger Steltzner, der ihr den nötigen Freiraum gegeben hat, um ein solch aufwendiges Projekt zu realisieren. Evis weiterer Dank gebührt Seravina, Hankey und Goody, die während der Produktionsphase nicht müde wurden, ihr das Wesen der Pferde immer wieder von vorne zu erklären. Isabells Dank an die Pferde liegt vor uns in Form dieses Buches.

Anhang

Isabell Werths wichtigste Pferde

Fabienne – Westfalen, Fuchsstute.
Vater: Feuerschein, Muttervater: Dilettant.
Geboren 1980, gestorben 2010

Gigolo FRH – Hannover, Dunkelfuchswallach,
Vater: Graditz, Muttervater: Busoni.
Geboren 1983, gestorben am 29.9.2009

Antony FRH – Hannover, dunkelbrauner Wallach,
Vater: Argument, Muttervater: Wenzel I.
Geboren am 1.1.1986, gestorben am 9.12.2013

Amaretto – Westfalen, brauner Wallach,
Vater: Angentinus, Muttervater: Ehrenfried.
Geboren 1986, gestorben 1999

Satchmo – Hannover, brauner Wallach,
Vater: Sao Paulo, Muttervater: Legat.
Geboren 1994

Warum nicht FRH, genannt Hannes – Hannover, Fuchswallach,
Vater: Weltmeyer, Muttervater: Wenzel.
Geboren am 1.1.1996, gestorben am 30.7.2015

El Santo, genannt Ernie – Rheinland, brauner Wallach,
Vater: Ehrentusch, Muttervater: Rhythmus.
Geboren am 5.2.2001

Don Johnson, genannt Johnny – Hannover, brauner Wallach,
Vater: Don Frederico, Muttervater: Warkant.
Geboren am 14.12.2001

Bella Rose – Westfalen, Fuchsstute,
Vater: Belissimo, Muttervater: Cacir.
Geboren 2004

Weihegold – Oldenburg, Rappstute,
Vater: Don Schufro, Muttervater: Sandro Hit.
Geboren 2005

Emilio – Westfalen, brauner Wallach,
Vater: Ehrenpreis, Muttervater: Cacir.
Geboren 2006

Belantis – Schimmelhengst vom Landgestüt Brandenburg,
Vater: Benetton Dream FRH, Muttervater: Exposé.
Geboren am 3.4.2009

Isabell Werths größte Erfolge

Olympische Spiele

1992 in Barcelona
Gold Mannschaft
Silber Einzel
mit GIGOLO

1996 in Atlanta
Gold Mannschaft
Gold Einzel
mit GIGOLO

2000 in Sydney
Gold Mannschaft
Silber Einzel
mit GIGOLO

2008 in Hongkong
Gold Mannschaft
Silber Einzel
mit SATCHMO

2016 in Rio de Janeiro
Gold Mannschaft
Silber Einzel
mit WEIHEGOLD

Weltmeisterschaften

1994 in Den Haag
Gold Mannschaft
Gold Einzel im
Grand Prix Special
mit GIGOLO

1998 in Rom
Gold Mannschaft
Gold Einzel
mit GIGOLO

2006 in Aachen
Gold Mannschaft
Gold Einzel im
Grand Prix Special
Bronze Einzel in der Kür
mit SATCHMO

2010 in Kentucky
Bronze Mannschaft
mit WARUM NICHT

2014 in Caen
Gold Mannschaft
mit BELLA ROSE

2018 in Tryon
Gold Mannschaft
Gold Einzel im
Grand Prix Special
mit BELLA ROSE

Europameisterschaften

1989 in Mondorf
Gold Mannschaft
mit WEINGART

1991 in Donaueschingen
Gold Mannschaft
Gold Einzel im
Grand Prix Special
mit GIGOLO

1993 in Lipica
Gold Mannschaft
Gold Einzel im
Grand Prix Special
mit GIGOLO

1995 in Mondorf
Gold Mannschaft
Gold Einzel
mit GIGOLO

1997 in Verden
Gold Mannschaft
Gold Einzel
mit GIGOLO

1999 in Arnheim
Gold Mannschaft
mit ANTONY

2001 in Verden
Gold Mannschaft
mit ANTONY

2003 in Hickstead
Gold Mannschaft
mit SATCHMO

2007 in La Mandria
Silber Mannschaft
Gold Einzel im
Grand Prix Special
Silber Einzel in der Kür
mit SATCHMO

2011 in Rotterdam
Silber Mannschaft
mit EL SANTO

2013 in Herning
Gold Mannschaft
mit DON JOHNSON

2015 in Aachen
Bronze Mannschaft
mit DON JOHNSON

2017 in Göteborg
Gold Mannschaft
Gold Einzel im
Grand Prix Special
Gold Einzel in der Kür
mit WEIHEGOLD

2019 in Rotterdam
Gold Mannschaft
Gold Einzel im
Grand Prix Special
Gold Einzel in der Kür
mit BELLA ROSE

Bildnachweis

Hugo. M. Czerny: 6
hz / Foto, Heribert Herbertz: 8
Jacques Toffi: 10, 12, 13, 19–27
Lutz Bongarts / Bongarts / Getty Images: 14
privat: 1, 2, 5, 7, 11, 15–18, 28
Rob Carr / Getty Images: 29
Werner Ernst: 3, 4, 9

Die besondere Resilienz von Tieren und Pflanzen

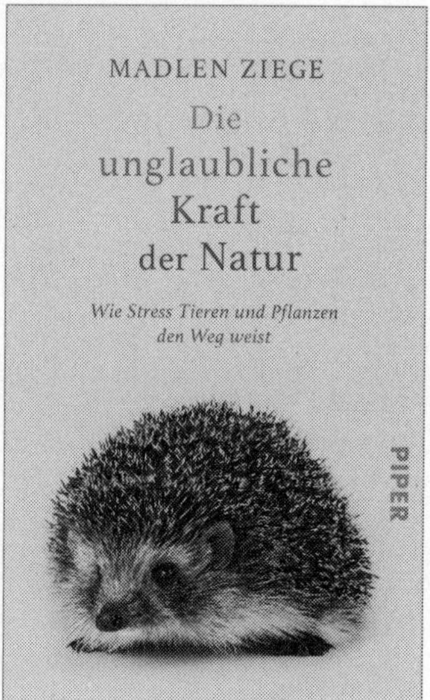

Coveränderungen vorbehalten

Madlen Ziege

Die unglaubliche Kraft der Natur

Wie Stress Tieren und Pflanzen den Weg weist

Piper, 240 Seiten
ISBN 978-3-492-07136-9

Im Job, zu Hause, selbst im Urlaub – überall lauert der Stress. Die Verhaltensbiologin Dr. Madlen Ziege zeigt, dass nicht nur Menschen, sondern alle Lebewesen Stress erfahren und dass er ein wichtiger Motor der Evolution ist. Da gibt es Schnecken, die ihre Köpfe verlieren. Bärtierchen, die zu einer Tonne werden. Oder Stadtigel, die nicht gern im Rampenlicht stehen. Dieses Buch führt uns die unglaubliche Kraft der Natur vor Augen und zeigt uns, wie wir sie für unser eigenes Leben nutzen können.

PIPER

Leseproben, E-Books und mehr unter www.piper.de

Die faszinierende Tierwelt unserer Erde

Rettet die Tiere